W0338207

Bescherelle

La grammaire du latin

Bernard Bortolussi

Agrégé de Grammaire

Maître de conférences en latin

à l'université Paris-Ouest Nanterre La Défense

Hatier

© **HATIER - Paris 2008 - ISBN 978-2-218-93175-8 - ISSN 2101-1249**
Toute représentation, traduction, adaptation ou reproduction, même partielle, par tous procédés, en tous pays, faite sans autorisation préalable est illicite et exposerait le contrevenant à des poursuites judiciaires.
Réf. : loi du 11 mars 1957, alinéas 2 et 3 de l'article 41.
Une représentation ou reproduction sans autorisation de l'éditeur ou du Centre Français d'Exploitation du droit de Copie (20, rue des Grands Augustins, 75006 Paris) constituerait une contrefaçon sanctionnée par les articles 425 et suivants du Code Pénal.

Avant-propos

Le *Bescherelle Grammaire du latin* est une grammaire très simple et complète de la langue latine. Il a pour objectif de permettre la lecture, la traduction et l'interprétation des textes.

Comment l'ouvrage est-il construit ?

Le *Bescherelle Grammaire du latin* suit une progression méthodique, des constituants élémentaires (le nom, l'adjectif, le verbe, etc.) aux agencements les plus complexes (la proposition, la phrase, etc.).
Il comprend quatre parties :
• écriture et prononciation ;
• morphologie ;
• syntaxe ;
• grammaire de l'énoncé et du texte. Ce dernier chapitre permet de dépasser le cadre traditionnel de la phrase ; il prend en compte les apports de la linguistique contemporaine.
La description de la langue s'appuie sur des exemples littéraires authentiques, extraits de genres et de périodes historiques variés, qui font régulièrement l'objet d'un commentaire. L'accent est mis en priorité sur les constructions les plus fréquemment observées dans les textes.

À qui l'ouvrage est-il destiné ?

Le *Bescherelle Grammaire du latin* s'adresse aussi bien aux latinistes débutants, qui y trouveront toutes les informations permettant de se repérer dans la langue (des tableaux clairs et en couleur, des règles simples, de nombreuses synthèses), qu'aux latinistes confirmés, soucieux d'une compréhension approfondie des textes.
Chacun y circulera selon ses besoins :

- Pour un usage ponctuel, une question de déclinaison ou de conjugaison, les index permettent de se rendre aux paragraphes concernés.
- Pour une recherche plus approfondie, portant sur les différents types de coordination par exemple, on peut utiliser directement le sommaire (⟶ paragraphes 245-259) ou les index si le problème ne fait pas l'objet d'un chapitre complet. Les renvois internes indiquent les paragraphes où le point est également développé.

Une table des abréviations et un glossaire grammatical, en début d'ouvrage, facilitent la lecture et la compréhension.

ÉCRITURE ET PRONONCIATION

MORPHOLOGIE

SYNTAXE

GRAMMAIRE DE L'ÉNONCÉ ET DU TEXTE

TABLEAUX DE SYNTHÈSE

INDEX

LES SYMBOLES UTILISÉS

⟶
renvoie à un ou plusieurs paragraphes où la notion est également traitée ; ou bien indique une filiation entre deux formes ou deux mots

⟵
indique d'où vient une forme ou un mot

/
en poésie, signe de la fin du vers

ā
notation d'une voyelle longue

ă
notation d'une voyelle brève

(...)
interruption dans la citation

[ ]
délimitation du groupe de mots ou de la proposition que l'on veut étudier

>
passage d'une forme préhistorique (signalée par *) à une forme attestée en latin

REM
signale les exceptions, propose un approfondissement de la notion ou des compléments linguistiques

⚠
attire l'attention sur les erreurs de traduction à éviter

•
renvoi au glossaire

LES ABRÉVIATIONS GRAMMATICALES

Abl.	ablatif
Acc.	accusatif
adj.	adjectif
adv.	adverbe
attr.	attribut
CC	complément circonstanciel
compl.	complément
D.	datif
f.	féminin
fut.	futur
fut. ant.	futur antérieur
G.	génitif
GN	groupe nominal
GV	groupe verbal
imparf.	imparfait
impér.	impératif
ind.	indicatif
inf.	infinitif
Loc.	locatif
m.	masculin
N.	nominatif
n.	neutre
parf.	parfait
part.	participe
pl.	pluriel
p-q-p.	plus-que-parfait
prés.	présent
prop.	proposition
rad.	radical
sg.	singulier
subj.	subjonctif
V.	vocatif

LES AUTEURS ET LES ŒUVRES CITÉS

Apic. : Apicius

Apul. : Apulée
met. *: Les Métamorphoses*

Aug. : Augustin
Conf. *: Les Confessions*

Caes. : César
civ. *: La Guerre civile*
Gall. *: La Guerre des Gaules*

Cato : Caton
agr. *: Sur l'agriculture*

Catul. : Catulle
carm. *: Poèmes*

Cic. : Cicéron
ac. *: Les Académiques*
ad Q. fr. *: Lettres à son frère Quintus*
Arch. *: Pour Archias*
Att. *: Lettres à Atticus*
Balb. *: Pour Balbus*
Brut. *: Brutus*
Cael. *: Pour Caelius*
Catil. *: Les Catilinaires (Contre Catilina)*
Cato. *: Caton l'ancien, Sur la vieillesse*
Cluent. *: Pour Cluentius*
Dejot. *: Pour le roi Déjotarus*

***de orat.* :** *Sur l'orateur*
***div.* :** *Sur la divination*
***div. in Caecil.* :** *Discours contre Cécilius*
***Fam.* :** *Lettres aux familiers*
***fat.* :** *Sur le Destin*
***fin.* :** *Sur les biens extrêmes*
***imp. Cn. Pomp.* :** *Sur les pouvoirs de Pompée*
***inv.* :** *Sur l'invention*
***Lael.* :** *Laelius, Sur l'amitié*
***leg.* :** *Sur les lois*
***Manil.* :** *Sur la loi Manilia*
***Mil.* :** *Pour Milon*
Mur. : *Pour Muréna*
nat. deor. : *Sur la nature des dieux*
off. : *Sur les devoirs*
orat. : *L'Orateur*
Phil. : *Les Philippiques*
Pis. : *Contre Pison*
Planc. : *Pour Plancius*
p. red. in sen. : *Discours au Sénat après son retour*
prov. : *Sur les provinces consulaires*
***Quinct.* :** *Discours pour Quinctius*
***Quir.* :** *Discours devant le peuple, après son retour*
Rab. Post. : *Discours pour Rabirius Postumus*
rep. : *Sur la République*
Q. Rosc. : *Pour Roscius le comédien*
***Sest.* :** *Discours pour Sestius*
S. Rosc. : *Pour Roscius Amérinus*
Sull. : *Pour Sylla*
Tim. : *Timée*
top. : *Les Topiques*
Tusc. : *Les Tusculanes*
Vatin. : *Contre Vatinius*
Verr. : *Contre Verrès*

Curt. : Quinte-Curce

Gell. : Aulu-Gelle,
Les Nuits Attiques

Heren. *(anonyme)* :
Rhétorique à Hérennius

Hor. : Horace
carm. : *Les Odes*
epod. : *Les Épodes*
sat. : *Les Satires*

Juv. : Juvénal
sat. : *Les Satires*

Liv. : Tite-Live,
L'Histoire romaine

Lucr. : Lucrèce,
Sur la nature des choses

Nep. : Cornélius Népos
Aris. : *Aristidès*
Att. : *Atticus*
***Chabr.* :** *Chabrias*
Epam. : *Épaminondas*
Eum. : *Eumènes*
Hann. : *Hannibal*
Iph. : *Iphicratès*
***Pyr.* :** *Pyrrhus*
Reg. : *Les Rois*
***Tim.* :** *Timothée*

Ov. : Ovide
am. : *Les Amours*
ars : *L'Art d'aimer*
met. : *Les Métamorphoses*
Pont. : *Les Pontiques*
trist. : *Les Tristes*

Petron. : Pétrone,
Le Satiricon

Plaut. : Plaute
Amph. : *Amphitryon*
Asin. : *Asinaria*
Aul. : *Aulularia*
Bacch. : *Bacchides*
Capt. : *Les Captifs*
Cas. : *Casina*
Cist. : *Cistellaria*
Curc. : *Curculio*
Epid. : *Epidicus*
Men. : *Les Ménechmes*
Merc. : *Le Marchand*
Mil. : *Le Soldat fanfaron*
Most. : *Mostellaria*
Pers. : *Persa*
Poen. : *Poenulus*
***Pseud.* :** *Pseudolus*
Rud. : *Rudens*
Stich. : *Stichus*
Trin. : *Trinummus*
Truc. : *Truculentus*

Plin. : Pline le Jeune
epist. : *Lettres*

Prop. : Properce,
Élégies

Quint. : Quintilien
inst. : *L'Institution oratoire*

Sall. : Salluste
Catil. : *Catilina*
Jug. : *La Guerre contre Jugurtha*

Sen. : Sénèque
benef. : *Sur les bienfaits*
epist. : *Lettres à Lucilius*
ir. : *Sur la colère*
***nat.* :** *Questions naturelles*
ot. : *Sur le loisir*

Sen. Rhet. : Sénèque le Rhéteur
***contr.* :** *Controverses*

Suet. : Suétone
Aug. : *Auguste*
Tib. : *Tibère*
Claud. : *Claude*
Ner. : *Néron*

Tac. : Tacite
ann. : *Les Annales*
hist. : *Les Histoires*

Ter. : Térence
Ad. : *Les Adelphes*
Andr. : *L'Andrienne*
Eun. : *L'Eunuque*
Haut. : *L'Heautontimorouménos*
Hec. : *Hécyre*
Phor. : *Phormion*

Verg. : Virgile
Aen. : *L'Énéide*
ecl. : *Les Bucoliques*
georg. : *Les Géorgiques*

***Vit. Patr.* :** *Vies des Pères de l'Église*

GLOSSAIRE

Anaphorique :
pronom-adjectif ou adverbe qui renvoie à un élément du contexte antérieur.

Aspect :
indique le degré d'avancée d'une action ou d'un événement, leur début (aspect inchoatif), leur déroulement en cours (aspect progressif), leur achèvement (aspect accompli).

Auxiliaire :
verbe qui sert à former les temps composés d'un autre verbe.

Cataphorique :
pronom-adjectif ou adverbe qui annonce un élément du contexte postérieur.

Commutation (commuter) :
opération de substitution d'un syntagme par un autre qui a la même valeur dans le même contexte.

Composé :
mot formé à l'aide de plusieurs radicaux (à ne pas confondre avec "dérivé").

Corrélatif :
adverbe ou pronom-adjectif qui renvoie à une conjonction ou un autre pronom-adjectif de la même phrase.

Défectif :
mot auquel il manque une ou plusieurs formes.

Déictique :
terme qui sert à repérer l'énoncé dans l'espace et dans le temps, par rapport au lieu et au moment de l'énonciation.

Déontique (modalité) :
modalité qui marque l'obligation.

Dérivé :
mot formé à partir d'un radical, par l'adjonction de préfixes ou suffixes (à ne pas confondre avec "composé").

Focalisation :
opération de mise en relief d'un élément important de l'énoncé, apportant une information généralement nouvelle (à ne pas confondre avec la notion de "point de vue").

Incise :
proposition indépendante insérée dans le discours direct et qui l'introduit.

Indéfini à polarité négative :
pronom ou pronom-adjectif indéfini qui ne se rencontre que dans une proposition contenant une négation ou de sens négatif.

Mode personnel :
mode qui présente des variations de personne (indicatif, subjonctif, impératif) par opposition aux modes dépourvus de variations de personne (infinitif, participe, gérondif, supin).

Morphophonologique :
qui concerne à la fois la phonétique et la morphologie.

Passivation :
modification syntaxique provoquée par l'emploi d'un verbe à la voix passive, à la place d'un verbe à la voix active.

Présentatif :
mot ou tournure qui sert à introduire un élément constituant une information nouvelle.

Procès :
action ou événement qui se déroule dans le temps.

Référence :
élément du réel désigné par un mot ou un syntagme.

Rhotacisme :
transformation phonétique de [s] en [r] (la lettre *rho* en grec) entre voyelles.

Semi-auxiliaire :
verbe qui sert à indiquer l'aspect ou la modalité du verbe qu'il accompagne (à l'infinitif).

Sujet réel :
GN qui, pour le sens, est le sujet du verbe, mais qui grammaticalement n'est pas au cas attendu pour le sujet.

Syntagme :
groupe de mots qui a une fonction dans la phrase.

Thème :
élément, généralement connu, sur lequel l'énoncé apporte une information nouvelle (un propos, ou rhème).

ÉCRITURE ET PRONONCIATION

L'ÉCRITURE DU LATIN

1 L'alphabet latin

Les Latins ont emprunté aux Étrusques un alphabet que ceux-ci tenaient des Grecs, qui l'avaient eux-mêmes emprunté aux Phéniciens.
Cet alphabet comporte les vingt-trois lettres suivantes ; ces lettres ont persisté jusqu'à la fin de la latinité (Ve siècle après J.-C.), puis ont été utilisées par les langues romanes (langues issues du latin), avant de servir dans quantité de langues très diverses.

majuscules	A	B	C	D	E	F	G	H	I	K	L	M	N	O	P	Q	R	S	T	V	X	Y	Z
minuscules	a	b	c	d	e	f	g	h	i	k	l	m	n	o	p	q	r	s	t	u	x	y	z

Ces lettres servent de base à l'Alphabet Phonétique International, avec généralement la prononciation qu'elles avaient en latin (⟶ paragraphes 6 à 12).

2 L'introduction de nouvelles lettres

Plusieurs tentatives ont été faites par les Latins pour introduire de nouvelles lettres dans leur alphabet, en raison soit de l'évolution de la langue, soit de l'acclimatation de mots étrangers :
– La lettre G a été formée à partir de C, pour noter un son qui n'existait pas en étrusque. Deux abréviations de prénoms présentent encore un C qui vaut un G : C. = Gaius ; Cn. = Gnaeus (⟶ paragraphe 5).
– Les lettres Y et Z, empruntées à l'alphabet grec, se sont installées à partir du Ier siècle avant J.-C.

3 La forme des lettres

Le format

Il a existé des formats de lettres très différents : des lettres majuscules (capitales) créées par les Latins pour les inscriptions officielles ; des lettres minuscules, destinées notamment à l'édition des livres.

L'écriture cursive

On a également trouvé des témoignages d'écriture cursive (écriture dans laquelle les lettres sont attachées les unes aux autres). Cette écriture était utilisée pour prendre des notes, rédiger des lettres, ou dans les graffitis.

4 L'écriture et la ponctuation

L'écriture

Jusqu'au IIe siècle après J.-C., les Latins séparaient les mots, puis ils sont passés à une écriture continue, probablement sur le modèle des Grecs. Il en a résulté des difficultés de lecture et des problèmes dans la transmission des textes : incultoloco, par exemple, doit-il se lire in culto loco (*dans un lieu cultivé*), ou inculto loco (*dans un lieu inculte*) ?

La ponctuation

Les grammairiens de l'Antiquité (dont la plupart sont postérieurs au IIIe siècle après J.-C.) ont essayé d'améliorer la notation en introduisant des rudiments de ponctuation : le point, suivant sa position (en haut ou en bas), servait à marquer des pauses.

5 Les abréviations

Par souci d'économie, des mots et des formules fréquents étaient abrégés dans les inscriptions ; ce sont surtout des indications de parenté et des fonctions politico-administratives :

F = filius (*le fils*)	PRAE. = praetor
COS. = consul	TR. PL. = tribunus plebis, etc.

D'autre part, un certain nombre d'abréviations sont d'usage courant dans les textes littéraires.

L'abréviation du prénom

La dénomination complète des personnes citées comprend successivement prénom, nom et surnom : M. Tullius Cicero (*Cicéron*).

Les prénoms sont en nombre limité et abrégés de la façon suivante :

A. = Aulus	L. = Lucius	Q. = Quintus
Ap. = Appius	M. = Marcus	Ser. = Servius
C. = Gaius	M'. = Manius	S(ex). = Sextus
Cn. = Gnaeus	Mam. = Mamercus	Sp. = Spurius
D. = Decimus	N(um). = Numerius	T. = Titus
K. = Kaeso	P. = Publius	Ti(b). = Tiberius

Les abréviations politico-administratives

S. P. Q. R. = senatus populusque Romanus (*le sénat et le peuple romains*)
P. C. = Patres Conscripti (*Pères Conscrits = Sénateurs*)
Quir. = Quirites (*Quirites = citoyens*)
Resp. = Respublica (*l'État, la République*)
Cos. = consul (*consul*)
Coss. = consules (*consuls*)
Procos. = proconsul (*proconsul*)

Les abréviations utilisées dans la datation

Les mois sont abrégés comme suit :

Jan. = Januarius (*janvier*)
Febr. = Februarius (*février*)
Mart. = Martius (*mars*)
Apr. = Aprilis (*avril*)
Maj. = Majus (*mai*)
Jun. = Junius (*juin*)
Quint. = Quintilis (*juillet*)
Sext. = Sextilis (*août*)
Sept. = September (*septembre*)
Oct. = October (*octobre*)
Nov. = November (*novembre*)
Dec. = December (*décembre*)

La date est indiquée en comptant le nombre de jours qui restent (signalés par a. d. = ante diem) jusqu'à certains jours fixes du mois :
Kal. = Kalendae (*les Calendes* = le 1er du mois)
Non. = Nonae (*les Nones* = le 5 ou le 7, suivant le mois)
Id. = Idus (*les Ides* = le 13 ou le 15, suivant le mois)

Nos a te, ut scis, discessimus a. d. IIII. Non. Nov. ; Leucadem venimus a. d. VIII Id. Nov., a. d. VII Actium. (Cic., *Fam.*, 16, 9, 1)

Nous t'avons quitté, comme tu le sais, le quatrième jour avant les Nones de novembre (= 2 novembre) ; nous sommes arrivés à Leucade le huitième jour avant les Ides de novembre (= 6 novembre), à Actium le septième jour (= 7 novembre).

Le millésime est généralement calculé à partir de la fondation de Rome (a. V. C. = ab Urbe condita) ou en indiquant les consuls en exercice cette année-là (⟶ paragraphe 231).

Les abréviations utilisées dans la correspondance

SAL. = salutem
S. (P.) D. = salutem (plurimum) dat/dicit (*Salut !* en début de lettre)
S. v. b. (e. e. v.) = Si vales, bene (est; ego valeo). (*Si tu vas bien, c'est bien ; moi, je vais bien.*)

Tullius s. d. Tironi suo (Cic., *Fam.*, 16, 12)

Tullius salue son cher Tiron.

LA PRONONCIATION DU LATIN

6 L'usage moderne et la prononciation latine

Le principe général de prononciation latine est qu'à chaque lettre correspond un son, et vice versa. Ce principe connaît des exceptions qui figurent ⟶ paragraphes 8, 9, 11.

La prononciation moderne en usage en France est supposée reproduire assez fidèlement la prononciation des Latins de la période classique (Ier siècle avant J.-C.).

7 La prononciation des voyelles

Il existe douze voyelles : six brèves et six longues correspondantes.

LETTRE	PRONONCIATION	EXEMPLE
A	[a]	amat (*il aime*)
	[a:]	amās (*tu aimes*)
E	[ɛ]	legit (*il lit*)
	[e:]	lēgit (*il a lu*)
I	[i]	videt (*il voit*)
	[i:]	vīdit (*il a vu*)
O	[ɔ]	populus (*le peuple*)
	[o:]	pōpulus (*le peuplier*)
V	[u]	senatus (*le sénat* ; N. sg.)
	[u:]	senatūs (*du sénat* ; G. sg.)
Y	[y]	lysis (*la moulure*)
	[y:]	Lȳsis (*Lysis* : nom propre)

La notation des longueurs

Dans l'enseignement scolaire, on utilise traditionnellement le signe ¯ placé au-dessus de la voyelle pour indiquer qu'elle est longue, et le signe ˘ pour indiquer qu'elle est brève.
La différence de longueur n'était généralement pas notée par les Romains eux-mêmes. Seules les inscriptions la mentionnent occasionnellement, soit par un accent, l'apex : MV́RVS (*le mur*), soit par un allongement de la hampe du -i- : PRÍMVS (*premier*).
Cette différence de longueur a disparu au cours du IVe siècle après J.-C.

Syllabes et voyelles en poésie

La longueur des voyelles joue un rôle important en poésie : la place du mot dans le vers est en partie déterminée par la longueur des syllabes, et donc des voyelles qui les composent (⟶ paragraphes 353 et 354).
Ainsi, explique Ovide, le nom propre Tūtĭcānus ne peut pas entrer dans un vers, sauf si on change la longueur des voyelles :

Et pudeat, si te, qua syllaba parte moratur,
artius adpellem, Tūtĭcănumque vocem.
Et potes in versum Tŭtĭcāni more venire,
fiat ut e longa syllaba prima brevis. (Ov., *Pont.*, 4, 12, 9-12)

Et j'aurais honte si je te nommais en abrégeant une syllabe longue et que je t'appelais Tuticanus. Tu pourrais aussi entrer dans le vers sous la forme Tuticanus, avec abrégement de la première syllabe longue.

8 Les lettres u / v et i / j

Consonne ou voyelle ?

Pour les Latins, V, u et I, i correspondaient tantôt à une consonne, tantôt à une voyelle. Pour éviter que la même lettre note successivement une consonne, puis une voyelle, comme dans seruus, les Latins ont parfois conservé des graphies anciennes : seruos, mais avec une prononciation [sɛrwus]. De même, on rencontre souvent quom, forme ancienne de cum.

Les pratiques éditoriales modernes

La distinction graphique entre consonne et voyelle que l'on utilise souvent est due à La Ramée, savant de la Renaissance ; il a opposé j et i, d'une part, et v et u, d'autre part (d'où le nom de “lettres ramistes”).
Suivant les éditions, on peut donc rencontrer le même mot écrit de deux manières différentes : iuuenis / juvenis (*le jeune homme*).

9 Les diphtongues

Les diphtongues sont des voyelles qui changent de timbre au cours de leur prononciation.

Leur valeur

Une diphtongue vaut une voyelle longue (⟶ paragraphe 7).
La graphie combine deux voyelles :
-au- : [a͜u]
-ae- : [a͜ɛ]
-oe- : [o͜ɛ]

Leur évolution

Au cours de l'histoire, les diphtongues sont devenues des voyelles simples. Cette évolution s'accomplit en latin populaire avant notre ère :
haedus ⟶ hēdus (*le chevreau*).
Puis elle se produit progressivement dans les autres niveaux de langue :
– La diphtongue -au- est devenue -ō-. Ainsi, Clodius est le nom d'une famille plébéienne distincte de la famille noble Claudius. La diphtongue -au- s'est conservée en latin soutenu jusqu'aux origines du français.
– Les deux diphtongues -ae- et -oe- sont devenues -ē- [ɛ:].

10 La prononciation des consonnes

LETTRE	PRONONCIATION	EXEMPLE	COMME EN FRANÇAIS DANS
B	[b]	barba (*la barbe*)	bar
C, K	[k]	collum (*le cou*)	car
D	[d]	dea (*la déesse*)	dard
F, PH	[f]	femina (*la femme*) plisosophus	fard
G	[g]	gula (*la gueule*)	gare
J	[j]	janua (*la porte*)	yaourt
L	[l]	luna (*la lune*)	lard
M	[m]	murus (*le mur*)	mare

LETTRE	PRONONCIATION	EXEMPLE	COMME EN FRANÇAIS DANS
N	[n]	novus (*nouveau*)	non
P	[p]	purus (*pur*)	par
R	[r]	rarus (*rare*)	rare
S	[s]	sum (*je suis*)	son
T	[t]	tuus (*ton*)	tard
V	[w]	vos (*vous*)	western
X	[ks]	sex (*six*)	axe
Z	[ts, dz, z]	zona (*la ceinture*)	zone
QV	[kʷ]	qui (*qui*)	quatuor
GV	[gʷ]	sanguis (*le sang*)	guano

II Quelques lettres particulières

La lettre X

Elle correspond à deux sons : [ks].

La lettre H

Elle n'est pas prononcée comme une consonne aspirée de manière systématique ; son usage est incertain pour plusieurs mots :
harena / arena (*le sable*)
pulcer / pulcher (*beau*)
Elle sert souvent à identifier des mots issus du grec et caractérise des prononciations savantes ou affectées :

Chommoda dicebat, si quando commoda vellet
dicere, et insidias Arrius hinsidias,
Et tum mirifice sperabat se esse locutum,
cum quantum poterat dixerat hinsidias. (Catul., *Carm.*, 84)

"Havantages", disait Arrius, quand il voulait dire avantages et "hembûches", au lieu de "embûches" ; il se figurait avoir parlé merveilleusement, quand il avait dit de toute sa force "hembûches".

La fonction du H, dans la langue courante, est surtout de maintenir des voyelles en hiatus : dans nihil [niil] (*rien*), -h- évite la contraction des voyelles (mais cette contraction s'est opérée dans la langue familière, en nil).

La lettre K

Elle n'est pas d'un emploi courant ; elle ne se rencontre que dans certains mots et surtout dans des abréviations :
K. = Kalendae (*les Calendes :* le Ier jour du mois ⟶ paragraphe 4).
Le même son [k] se notait anciennement, par héritage étrusque, k- devant -a-, c- devant -e- et -i-, et q- devant -o- et -u-. La graphie a neutralisé ces différences en généralisant la lettre c.

La lettre Q

Elle n'a plus d'emploi qu'en combinaison avec la lettre -u- pour noter l'occlusive labio-vélaire [kʷ] ; on a parallèlement la combinaison -gu- pour noter [gʷ].

12 L'évolution de la graphie et de la prononciation

Du latin classique aux langues romanes

La graphie reste pratiquement stable jusqu'à la fin de l'Antiquité et même au-delà, alors que la prononciation a considérablement évolué, comme en témoignent les "fautes" d'orthographe qu'un grammairien de la fin de l'Antiquité a cherché à relever :

angulus non anglus (...) *auctor non autor* (Appendix Probi)

(Dire) *angulus*, et non *anglus*, *auctor*, et non *autor*.

Cette évolution est également perceptible à travers la prononciation du latin véhiculé par l'Église et à travers les langues romanes, langues issues du latin.

Comment prononcer le latin aujourd'hui ?

La prononciation dite "restituée", utilisée dans l'enseignement contemporain, s'efforce de reproduire la prononciation de la période classique, avec les équivalences phonétiques indiquées ⟶ paragraphes 7 et 10. Elle est fatalement assez éloignée de la façon dont le latin était prononcé à la fin de l'Antiquité.

13 L'accentuation

Les mots toniques

La plupart des mots présentent un accent : ce sont des mots toniques.
Cet accent n'est pas noté dans la graphie. La syllabe particulière sur laquelle porte l'accent s'est conservée dans les langues romanes, où elle est souvent restée accentuée :

veníre ⟶ *venir.*

L'accent a progressivement changé de nature au cours de la période impériale : d'accent de hauteur (dit "musical"), il est devenu accent d'intensité (on prononce plus fort la syllabe accentuée).

Les mots atones

Il existe, cependant, des mots dépourvus d'accent, des mots atones, qui sont généralement des mots invariables et monosyllabiques. Deux catégories sont distinguées :

– les proclitiques : ils se placent devant un mot accentué ;
il s'agit, essentiellement des prépositions : ad úrbem (*vers la ville*) ;

– les enclitiques : ils s'accolent à un mot accentué ;
il s'agit de -ne (*est-ce que ?*), -ve (*ou*) et -que (*et*) :
senátus populúsque Románus (*le sénat et le peuple romains*).

La place de l'accent

La place de l'accent dépend pour chaque mot de sa structure phonétique :

– Les monosyllabes sont accentués : mós (*la coutume*).

– Dans les mots de deux syllabes, la première syllabe est accentuée :
ámo (*j'aime*).

– Dans les mots d'au moins trois syllabes, la place est déterminée par la quantité de l'avant-dernière syllabe ; si elle est longue (syllabe fermée ou comportant une voyelle longue), elle porte l'accent :
venímus (*nous venons*).
Sinon, l'accent remonte sur la syllabe précédente (l'antépénultième) :
vénĭmus (*nous sommes venus*).

– La présence d'un enclitique "attire" l'accent sur la syllabe qui le précède :
pópulus (*le peuple*)
senatus populúsque (*le sénat et le peuple*)

MORPHOLOGIE

14 Définitions

Qu'est-ce qu'une langue flexionnelle ?

En latin, la plupart des mots peuvent prendre des formes différentes selon leur emploi. Cette variation dans la forme, qu'on appelle aussi *flexion*, affecte la fin du mot : la *désinence*. La liste des formes d'un nom, pronom ou adjectif, s'appelle la *déclinaison* ; celle d'un verbe, la *conjugaison*.

Dans une langue flexionnelle, tous les mots ne connaissent pas des variations de forme. En latin, les noms, adjectifs, pronoms et verbes ont une flexion, à l'exception de rares noms et adjectifs invariables : fas, n (*le permis*) / nefas, n (*l'interdit*), pondo, n (*la livre*), nequam (*mauvais*), frugi (*vertueux*).

Les adverbes, conjonctions et prépositions sont invariables.

Les six cas du latin

Pour les noms, pronoms et adjectifs, la désinence donne à la fois des indications morphologiques de nombre (et de genre pour les adjectifs) et la fonction du mot.

La déclinaison comporte six cas différents : nominatif, vocatif, accusatif, génitif, datif, ablatif, avec des formes différentes au singulier et au pluriel.

Il existe pour certains noms un septième cas, le locatif, qui sert à indiquer le lieu où l'on est (⟶ paragraphes 18, 20, 23, 34).

La disparition des cas

Les langues romanes modernes (langues issues du latin) ont perdu les déclinaisons : de six cas en latin, on est passé à deux en ancien français, puis à une forme unique en français moderne. Quelques pronoms, cependant, présentent des vestiges de déclinaison : *je / me / moi*, *qui / que / quoi / dont*.

LA DÉCLINAISON DES NOMS

15 Le genre des noms

Les trois genres du latin

Il existe trois genres : le masculin, le féminin et le neutre. Le genre des noms est arbitraire, même s'il peut être influencé par le genre "naturel" : pater, -tris (*le père*) est masculin et mater, -tris (*la mère*) féminin. Le neutre est généralement réservé à des objets inanimés : templum, -i (*le temple*).

Repérer les noms neutres

Il n'existe pas de marque spécifique du genre pour les noms, contrairement aux adjectifs (⟶ paragraphes 36, 47, 55) ; mais à certains cas, la forme de la désinence permet de repérer les neutres. De manière générale, les nominatif, vocatif et accusatif neutres présentent la même désinence (⟶ paragraphes 21, 29, 30, 33).

16 Le nombre des noms

Les deux nombres du latin

Il existe deux nombres : le singulier et le pluriel. Certains noms n'existent qu'au singulier, en particulier les noms abstraits : rigor, -oris, m (*la raideur*).
D'autres existent seulement au pluriel : castra, -orum, n (*le camp*).
D'autres, enfin, changent de sens entre le singulier et le pluriel : copia, -ae, f (*l'abondance*) / copiae, -arum, f pl (*les troupes*).

Repérer le neutre pluriel

Il n'existe pas de marque spécifique de pluriel, comparable au -s français. Cependant, le neutre pluriel est caractérisé dans toutes les déclinaisons par une désinence -a aux nominatif, vocatif et accusatif (⟶ paragraphes 21, 29, 30, 33).

17 Les types de déclinaisons

Les noms se répartissent en cinq grands types, distingués à la fois par la forme de leur radical et par les désinences utilisées.

Pour chaque mot, les dictionnaires donnent deux formes, le nominatif et le génitif singuliers, qui permettent de connaître son type et donc l'ensemble de sa déclinaison.
Grâce au génitif, on saura, par exemple, que dominus et manus n'appartiennent pas à la même déclinaison.

	1re DÉCLINAISON	2e DÉCLINAISON	3e DÉCLINAISON		4e DÉCLINAISON	5e DÉCLINAISON
	rosa, -ae, f : *la rose*	dominus, -i, m : *le maître*	consul, -is, m : *le consul*	civis, -is, m : *le citoyen*	manus, -us, f : *la main*	res, rei, f : *la chose*
N.	rosa	dominus	consul	civis	manus	res
G.	rosae	dominī	consulis	civis	manūs	reī

LA 1re DÉCLINAISON

18 La 1re déclinaison : type rosa, -ae, f (*la rose*)

rosa, -ae, f : *la rose*

	SINGULIER	PLURIEL
N.	rosa	rosae
V.	rosa	rosae
Acc.	rosam	rosās
G.	rosae	rosārum
D.	rosae	rosīs
Abl.	rosā	rosīs

Les désinences

Les noms de la 1re déclinaison sont identifiables à leurs désinences, qui commencent presque toutes par un a-.

Abl. pl. N. sg. N. sg. Abl. sg.

Igitur ex divitiis juventutem luxuriă atque avaritiă cum superbiā invasere. (Sall., *Catil.*, 12, 2)

Donc, à la suite des richesses, le goût des plaisirs et la cupidité s'emparèrent, avec l'orgueil, de la jeunesse.

Le genre des noms

Les noms de la 1re déclinaison sont généralement féminins. On rencontre quelques masculins, surtout des noms de métiers, mais aucun neutre : nauta, -ae, m (*le marin*), agricola, -ae, m (*l'agriculteur*), poeta, -ae, m (*le poète*).

Les descendants de ces noms dans les langues contemporaines sont généralement féminins avec, en français, le -e caduc caractéristique des féminins : rosam ⟶ rose.

REM – Quelques noms propres empruntés au grec ont un nominatif irrégulier : Aeneas, -ae, m (*Énée*). Le reste de leur déclinaison, cependant, suit le modèle de rosa.
– Des désinences archaïques se rencontrent pour quelques mots, surtout dans des écrits techniques ou en poésie ; génitif singulier en -as : pater familias (*le père de famille*) ; génitif singulier en -ai : viai (*de la route*) ; datif pluriel en -abus : deis deabusque (*aux dieux et aux déesses*).
– Le locatif, cas qui sert à indiquer le lieu où l'on est, existe au singulier pour quelques noms propres désignant des villes et pour le nom militia, -ae, f (*la campagne militaire*) ; il est toujours identique au génitif singulier :
Romae (*à Rome*)
militiae (*sous les armes, en temps de guerre*)

LA 2e DÉCLINAISON

19 La 2e déclinaison : généralités

La formation des noms

La 2e déclinaison, appelée déclinaison thématique, contient des noms dont le radical se terminait originellement par une voyelle alternante (dite "voyelle thématique"), tantôt -ĕ-, tantôt -ŏ-, qui s'est combinée avec la désinence.

At cum regna senex caeli Saturnus haberet,
omne lucrum tenebris alta premebat humus. (Ov., *am.*, 3, 8, 35-36)

Mais quand le vieux Saturne dirigeait les royaumes du ciel, la terre profonde tenait enfermée dans les ténèbres toute la richesse.

Le genre des noms

La 2e déclinaison comprend majoritairement des noms masculins (ici Saturnus, -i : *Saturne*) et des noms neutres (regnum, -i : *le règne*, caelum, - i : *le ciel*, lucrum, -i : *la richesse*), mais aussi quelques féminins (humus, -i : *la terre*).
Les noms d'arbres, en particulier, sont féminins :
pōpulus, -i (*le peuplier*), fagus, -i (*le hêtre*).
Modèles ⟶ paragraphes 20 à 22.

20 Les noms masculins et féminins de la 2e déclinaison : type dominus, -ī, m (*le maître*)

dominus, -ī, m : *le maître*

	SINGULIER	PLURIEL
N.	dominus	dominī
V.	domine	dominī
Acc.	dominum	dominōs
G.	dominī	dominōrum
D.	dominō	dominīs
Abl.	dominō	dominīs

REM – Le vocatif singulier des noms en -ius est le plus souvent en -i:
filius, -ii, m (*le fils*) ⟶ V.: fili
Pour quelques mots, le vocatif est identique au nominatif:
deus, -i, m (*le dieu*) ⟶ V.: deus
– Pour éviter la succession graphique -uu-, des formes archaïques de nominatif en -os (avec -ŏ- bref) ont été parfois conservées (⟶ paragraphe 8).
Il ne faut pas les confondre avec des accusatifs pluriels (avec -ō- long).
– On observe un génitif pluriel archaïque, surtout en poésie, pour deus, -i, m (*le dieu*) : dans pater deum hominumque (*le père des dieux et des hommes*), deum = deorum.
– Le locatif, cas qui sert à indiquer le lieu où l'on est, existe au singulier pour quelques noms propres désignant des villes et pour les noms humus, -i, f (*la terre*) et bellum, n (*la guerre*) ; il est toujours identique au génitif singulier:
Tarenti (*à Tarente*), humi (*à terre*), belli (*en temps de guerre*).

21 Les noms neutres de la 2e déclinaison : type templum, -ī, n (*le temple*)

templum, -ī, n: *le temple*

	SINGULIER	PLURIEL
N.	templum	templa
V.	templum	templa
Acc.	templum	templa
G.	templī	templōrum
D.	templō	templīs
Abl.	templō	templīs

Les noms neutres de la 2e déclinaison présentent une désinence spécifique aux nominatif et vocatif singuliers et aux nominatif, vocatif et accusatif pluriels (en grisé dans le tableau).

REM Quelques noms neutres ont un nominatif et un accusatif singuliers en -us: virus, -i, n (*le poison*), vulgus, -i, n (*le peuple*), pelagus, -i, n (*la mer*).

22 La 2e déclinaison : types puer, -ī, m (*l'enfant*) et ager, -ī, m (*le champ*)

	puer, -i, m : *l'enfant*		ager, -i, m: le *champ*	
	SINGULIER	**PLURIEL**	**SINGULIER**	**PLURIEL**
N.	puer	puerī	ager	agrī
V.	puer	puerī	ager	agrī
Acc.	puerum	puerōs	agrum	agrōs
G.	puerī	puerōrum	agrī	agrōrum
D.	puerō	puerīs	agrō	agrīs
Abl.	puerō	puerīs	agrō	agrīs

Les désinences de nominatif et vocatif singuliers -us et -e de 2e déclinaison ont disparu dans les mots dont le radical se terminait par un [r]:
puer, puer-ī, m (*l'enfant*).
En outre, quand le radical se terminait par un groupe consonantique à [r] final, une voyelle intermédiaire s'est développée au nominatif et au vocatif, permettant la prononciation : *agr- > ager (*le champ*).

REM Le nom vir, -i, m (*l'homme*) suit la déclinaison de puer.

LA 3e DÉCLINAISON

23 La 3e déclinaison : généralités

La 3e déclinaison est particulièrement riche et variée : elle comporte, en effet, des noms aux radicaux très différents et quelques variations dans les désinences.

Le genre des noms

La 3e déclinaison comprend des noms des trois genres. Pour pouvoir les identifier, il faut connaître quelques grands types (⟶ paragraphes 24 à 28 pour les masculins-féminins et 29-30 pour les neutres).

Les désinences

En dehors du nominatif singulier, les désinences de la 3e déclinaison sont communes, pour la plupart des cas, à l'ensemble des types.

	NOMS MASCULINS ET FÉMININS		NOMS NEUTRES	
	SINGULIER	PLURIEL	SINGULIER	PLURIEL
N.	.	-ēs	.	-(i)a
V.	.	-ēs	.	-(i)a
Acc.	-em	-ēs	.	-(i)a
G.	-is	-(i)um	-is	-(i)um
D.	-ī	-ibus	-ī	-ibus
Abl.	-e	-ibus	.	-ibus

REM Il existe un locatif (cas qui sert à indiquer le lieu où l'on se trouve) en -ī pour quelques très rares noms:

Carthagō, -inis, f (*Carthage* ⟶ type natiō, -onis, paragraphe 26) ⟶ Carthaginī (*à Carthage*)

rus, -ris, n (*la campagne* ⟶ type flumen, -inis, paragraphe 29) ⟶ rurī (*à la campagne*)

24 La 3e déclinaison : type dux, -cis, m (*le chef*)

dux, -cis, m : *le chef*

	SINGULIER	PLURIEL
N.	dux	ducēs
V.	dux	ducēs
Acc.	ducem	ducēs
G.	ducis	ducum
D.	ducī	ducibus
Abl.	duce	ducibus

Les mots du type dux, -cis sont caractérisés par une désinence -s de nominatif-vocatif et par un génitif pluriel en -um (en grisé dans le tableau). Le -s de nominatif a pu entraîner une modification de la consonne qui terminait le radical, consonne que l'on retrouve à partir de l'accusatif:

*reg-s > rex, regis, m (*le roi*) ⟶ Acc. : reg-em

*egestat-s > egestās, -ātis, f (*la misère*) ⟶ Acc. : egestāt-em

25 La 3e déclinaison : type consul, -ulis, m (*le consul*)

consul, -ulis, m : *le consul*

	SINGULIER	PLURIEL
N.	consul	consulēs
V.	consul	consulēs
Acc.	consulem	consulēs
G.	consulis	consulum
D.	consulī	consulibus
Abl.	consule	consulibus

Le radical des noms du type consul, -ulis se termine par -r ou -l.
Leur nominatif-vocatif ne présente pas de désinence et leur génitif pluriel est en -um (en grisé dans le tableau).

26 La 3e déclinaison : type natiō, -ōnis, f (*la nation*)

natio, -ōnis, f: *la nation*

	SINGULIER	PLURIEL
N.	natiō	natiōnēs
V.	natiō	natiōnēs
Acc.	natiōnem	natiōnēs
G.	natiōnis	natiōnum
D.	natiōnī	natiōnibus
Abl.	natiōne	natiōnibus

Aux nominatif et vocatif singuliers, les noms du type natiō, -ōnis n'ont pas de désinence et ont perdu la consonne finale du radical (-n-) ; cette consonne se retrouve dans le reste de la déclinaison : oratiō, oratiō-nis, f (*le discours*). Le génitif pluriel est en -um (en grisé dans le tableau).

27 La 3e déclinaison : type civis, -is, m (*le citoyen*)

Le nominatif-vocatif singulier des noms du type civis, -is présente la désinence -is (ou -ēs) et le génitif pluriel est en -ium (en grisé dans le tableau). Il s'agit de noms présentant anciennement un radical en -i qui ont conservé cette voyelle dans plusieurs désinences.

civis, -is, m : *le citoyen*	SINGULIER	PLURIEL
N.	civis	civēs
V.	civis	civēs
Acc.	civem	civēs
G.	civis	civium
D.	civī	civibus
Abl.	cive	civibus

REM – Les noms de ce type présentent régulièrement une désinence -īs d'accusatif pluriel jusqu'au début de notre ère. Les éditions modernes la conservent surtout en poésie et chez les auteurs archaïsants :

Ex illis testis signatoresque falsos commodare. (Sall., *Catil.*, 16, 2)

Il faisait d'eux des faux témoins et des faux signataires.

– Quelques noms ont conservé, en outre, un accusatif singulier en -im et un ablatif en -ī : febris, is, f (*la fièvre*), puppis, -is, f (*la poupe*), securis, -is, f (*la hache*), turris, -is, f (*la tour*), tussis, -is, f (*la toux*).

– Juvenis, -is, m (*le jeune homme*), canis, -is, m (*le chien*), senex, -is, m (*le vieillard*), vates, -is, m (*le devin, le poète*) ont un génitif pluriel en -um.

Vīs, f (*la force*) est irrégulier et défectif•.

vīs, f : *la force*	SINGULIER	PLURIEL
N.	vīs	vīrēs
V.	.	vīrēs
Acc.	vim	vīrēs
G.	.	vīrium
D.	.	vīribus
Abl.	vī	vīribus

28 La 3e déclinaison : type urbs, -is, f (*la ville*)

Le radical des noms du type urbs, -is se termine par deux consonnes ; la désinence de nominatif-vocatif singulier est -s, mais le génitif pluriel est en -ium (en grisé dans le tableau).

urbs, -is, f : *la ville*	SINGULIER	PLURIEL
N.	urbs	urbēs
V.	urbs	urbēs
Acc.	urbem	urbēs
G.	urbis	urbium
D.	urbī	urbibus
Abl.	urbe	urbibus

29 La 3e déclinaison : type flumen, -inis, n (*le fleuve*)

flumen, -inis, n : *le fleuve*	SINGULIER	PLURIEL
N.	flumen	flumina
V.	flumen	flumina
Acc.	flumen	flumina
G.	fluminis	fluminum
D.	fluminī	fluminibus
Abl.	flumine	fluminibus

Le type flumen, -inis ne présente pas de désinence aux nominatif, vocatif, accusatif singuliers (en grisé dans le tableau). L'ablatif singulier est en -e. Les nominatif, vocatif, accusatif pluriels sont en -a. Le génitif pluriel est en -um.

REM Les noms de ce type présentent souvent un radical différent au nominatif-vocatif-accusatif et aux autres cas :
– avec changement de voyelle : flumen (N.), fluminis (G.) ;
– avec changement de voyelle et alternance -s-/-r- ou -r-/-n- à la fin du radical : genus (N.), generis (G. : *le genre*) ; iter (N.), itineris (G. : *le chemin*).

30 La 3e déclinaison : type mare, -is, n (*la mer*)

mare, -is, n : *la mer*	SINGULIER	PLURIEL
N.	mare	maria
V.	mare	maria
Acc.	mare	maria
G.	maris	marium
D.	marī	maribus
Abl.	marī	maribus

Les quelques noms neutres du type mare, -is présentent un radical en -r et des désinences spécifiques : -e aux nominatif, vocatif et accusatif singuliers, -ia au pluriel, -i à l'ablatif singulier, -ium au génitif pluriel.

REM Quelques noms en -al ou -ar n'ont pas de désinence aux nominatif, vocatif, accusatif singuliers : animal, -alis, n (*l'animal*), exemplar, -aris, n (*l'exemple*).

LA 4e DÉCLINAISON

31 La 4e déclinaison : généralités

La 4e déclinaison comporte des noms des trois genres et présente, pour la majorité des désinences, la voyelle -u-. La plupart des noms sont des noms d'action dérivés de verbes :

cantus, -ūs, m (*le chant*) ⟵ cano (*chanter*)
jussus, -ūs, m (*l'ordre*) ⟵ jubeo (*ordonner*)

Galli occursant in ripa cum variis ululatibus cantuque moris sui. (Liv., 21, 28, 1)

Les Gaulois se précipitent sur la rive avec des hurlements variés et un chant propre à leur race.

Modèles ⟶ paragraphes 32 à 34.

32 La 4e déclinaison : type manus, -ūs, f (*la main*)

manus, -ūs, f : *la main*

	SINGULIER	PLURIEL
N.	manus	manūs
V.	manus	manūs
Acc.	manum	manūs
G.	manūs	manuum
D.	manuī	manibus
Abl.	manū	manibus

REM – Le nominatif-vocatif singulier manus a un [u] bref, tandis que le génitif singulier et le nominatif-vocatif-accusatif pluriel ont un [u:] long.
– Le datif singulier est parfois en -ū, comme l'ablatif : manū.
– Le datif-ablatif pluriel est parfois en -ubus. Cette forme est usuelle pour quelques noms : arcus, -ūs, m (*l'arc*) ⟶ D. et Abl. pl. : arcubus.

33 La 4e déclinaison : type cornu, -ūs, n (*la corne*)

cornu, -ūs, n : *la corne*		
	SINGULIER	**PLURIEL**
N.	cornu	cornua
V.	cornu	cornua
Acc.	cornu	cornua
G.	cornūs	cornuum
D.	cornuī	cornibus
Abl.	cornū	cornibus

REM Le nominatif-vocatif-accusatif singulier de cornu présente un [u] dont la longueur est incertaine ; l'ablatif, lui, a un [u:] long.

34 La 4e déclinaison : une exception, domus, -ūs, f (*la maison*)

domus, -ūs, f : *la maison*		
	SINGULIER	**PLURIEL**
N.	domus	domūs
V.	domus	domūs
Acc.	domum	domōs / domūs
G.	domūs / domī	domōrum / domuum
D.	domuī / domō	domibus
Abl.	domō / domū	domibus

Le mot domus hésite entre la 2e et la 4e déclinaison. Parfois, il présente même deux formes pour le même cas : aux génitif, datif et ablatif singuliers, à l'accusatif pluriel et au génitif pluriel.

REM Il existe un locatif (cas qui sert à indiquer le lieu où l'on se trouve) : domī (*à la maison*). Il entre souvent dans la locution domi bellique ou domi militiaeque (*en temps de paix et en temps de guerre*).

LA 5e DÉCLINAISON

35 La 5e déclinaison : type rēs, reī, f (*la chose*)

rēs, reī, f : *la chose*

	SINGULIER	PLURIEL
N.	rēs	rēs
V.	rēs	rēs
Acc.	rem	rēs
G.	reī	rērum
D.	reī	rēbus
Abl.	rē	rēbus

Repérer les noms de la 5e déclinaison

La 5e déclinaison, qui contient peu de noms, est caractérisée par la voyelle -e-.

Quo minus mirandum est homines egentis, malis moribus, maxuma spe, rei publicae juxta ac sibi consuluisse. (Sall., *Catil.*, 37, 8)

Il ne faut donc pas s'étonner si des hommes dans le besoin, aux mœurs dépravées, aux espérances immenses, ont fait aussi bon marché de la république que de leur personne.

Le genre des noms de la 5e déclinaison

La 5e déclinaison ne comporte que des noms féminins, à l'exception de dies, -ei (*le jour*), qui est généralement masculin ; mais il peut être féminin quand il signifie *la date*, notamment dans l'expression dies dicta (*le jour fixé*).

REM – Hormis res, dies et spes, -ei, f (*l'espoir*), la 5e déclinaison ne présente guère que des noms abstraits qui ne s'emploient pas usuellement au pluriel : canities, -ei, f (*la blancheur*).

– Dans le nom composé res publica (ou respublica), les deux éléments se déclinent : rempublicam (Acc.), reipublicae (G.), etc.

– Quelques noms hésitent entre la 3e et la 5e déclinaison : quies, -tis, f (*le repos*) est de la 3e déclinaison avec un accusatif quietem, mais son dérivé• requies, -quietis, f (*le repos*) présente des formes soit de 3e déclinaison, soit de 5e déclinaison.

Acc. : requietem ou requiem

Abl. : requiete ou requie

LES ADJECTIFS QUALIFICATIFS

36 Les adjectifs qualificatifs : généralités

Les adjectifs qualificatifs sont variables en cas et en nombre, comme les noms, mais ils peuvent aussi avoir des formes différentes suivant le genre.

La présentation des adjectifs dans les dictionnaires

Les dictionnaires indiquent, en général, les différentes formes de nominatif singulier (masculin, féminin et neutre) : bonus, -a, -um (*bon*).

Deux classes d'adjectifs

Les adjectifs qualificatifs sont répartis en deux classes, suivant le type de déclinaison qu'ils suivent :

– les adjectifs de la 1re classe ⟶ paragraphe 37 ;

– les adjectifs de la 2e classe ⟶ paragraphes 38 à 41.

Sur les différents degrés de l'adjectif (comparatif de supériorité et superlatif) ⟶ paragraphes 42 à 46.

Sur la syntaxe des adjectifs qualificatifs ⟶ paragraphes 144 à 149.

LES ADJECTIFS DE LA 1re CLASSE

37 Les adjectifs de la 1re classe : type bonus, -a, -um (*bon*)

bonus, -a, -um : *bon*

SINGULIER

	MASCULIN (type dominus)	FÉMININ (type rosa)	NEUTRE (type templum)
N.	bonus	bona	bonum
V.	bone	bona	bonum
Acc.	bonum	bonam	bonum
G.	bonī	bonae	bonī
D.	bonō	bonae	bonō
Abl.	bonō	bonā	bonō

bonus, -a, -um : *bon*

PLURIEL

	MASCULIN (type dominus)	FÉMININ (type rosa)	NEUTRE (type templum)
N.	bonī	bonae	bona
V.	bonī	bonae	bona
Acc.	bonōs	bonās	bona
G.	bonōrum	bonārum	bonōrum
D.	bonīs	bonīs	bonīs
Abl.	bonīs	bonīs	bonīs

Les adjectifs de la 1re classe suivent le modèle :
– des noms de la 2e déclinaison pour le masculin
(type dominus ⟶ paragraphe 20) ;
– des noms de la 1re déclinaison pour le féminin
(type rosa ⟶ paragraphe 18) ;
– des noms neutres de la 2e déclinaison pour le neutre
(type templum ⟶ paragraphe 21).

N. n. sg. — N. n. pl. — N. m. pl.

Plenum est forum, plena templa circa forum, pleni omnes aditus hujus templi ac loci. (Cic., *Catil.*, 4, 14)

Le forum est plein, pleins les temples autour du forum, pleins tous les accès à ce temple et à cette place.

REM – Quelques adjectifs, comme pulcher, pulchra, pulchrum (*beau*), suivent au masculin le modèle de ager (⟶ paragraphe 22).
– Quelques adjectifs, comme miser, misera, miserum (*malheureux*), suivent au masculin le modèle de puer (⟶ paragraphe 22).

LES ADJECTIFS DE LA 2e CLASSE

38 Les adjectifs de la 2e classe : généralités

Les adjectifs de la 2e classe suivent, pour les trois genres, des modèles de la 3e déclinaison. Ces modèles, au nombre de deux, sont indiqués dans les dictionnaires. On y trouve, en effet, pour chaque adjectif :
– soit les différentes formes de nominatif :
fortis, forte (masculin-féminin, puis neutre) ⟶ paragraphes 39 et 41 ;
acer, -ris, -re (masculin, féminin, neutre) ;

– soit le nominatif et le génitif, quand le nominatif présente une forme unique pour les trois genres : prudens, -tis (*avisé*) ⟶ paragraphe 40.

39 Les adjectifs de la 2e classe : type fortis, -e (*courageux*)

fortis, -e : *courageux*

	SINGULIER		PLURIEL	
	MASCULIN ET FÉMININ	NEUTRE	MASCULIN ET FÉMININ	NEUTRE
	(type civis)	(type mare)	(type civis)	(type mare)
N.	fortis	forte	fortēs	fortia
V.	fortis	forte	fortēs	fortia
Acc.	fortem	forte	fortēs	fortia
G.	fortis	fortis	fortium	fortium
D.	fortī	fortī	fortibus	fortibus
Abl.	fortī	fortī	fortibus	fortibus

Les adjectifs du type fortis se déclinent, au masculin et au féminin, sur le modèle de civis (⟶ paragraphe 27), et au neutre, comme mare (⟶ paragraphe 30).

REM – L'ablatif singulier masculin et féminin est en -i (forti, en grisé dans le tableau), contrairement à civis, qui fait cive.

– Quelques adjectifs, dont le radical se termine par -r-, ont un nominatif et un vocatif masculins différents du nominatif féminin :

celer, celeris, celere (*rapide*) ; acer, acris, acre (*vif*).

Pour le reste de la déclinaison, ils suivent le modèle de fortis.

40 Les adjectifs de la 2e classe : type prudens, -tis (*prévoyant*)

prudens, -tis : *prévoyant*

	SINGULIER		PLURIEL	
	MASCULIN ET FÉMININ	NEUTRE	MASCULIN ET FÉMININ	NEUTRE
N.	prudens	prudens	prudentēs	prudentia
V.	prudens	prudens	prudentēs	prudentia
Acc.	prudentem	prudens	prudentēs	prudentia
G.	prudentis	prudentis	prudentium	prudentium
D.	prudentī	prudentī	prudentibus	prudentibus
Abl.	prudentī/e	prudentī	prudentibus	prudentibus

Les adjectifs du type prudens **suivent le modèle de** urbs **(⟶ paragraphe 28) au masculin et au féminin. Le neutre singulier ne se distingue des autres genres qu'à l'accusatif. Le neutre pluriel suit le modèle de** mare **(⟶ paragraphe 30).**

REM – L'ablatif singulier est en **-i** lorsque l'adjectif s'accorde avec un nom d'inanimé et en **-e**, lorsqu'il s'applique à un nom d'animé :
prudenti oratione (*un discours avisé*)
prudente homine (*un homme avisé*)
– Les adjectifs en **-x** se déclinent sur le modèle de **prudens** : **audax, -acis** (*audacieux*), **felix, -icis** (*heureux*), **ferox, -ocis** (*intrépide*).
– Les participes présents suivent également cette déclinaison, leur ablatif prend deux formes ; il est en **-i** lorsque le participe a une valeur adjectivale (épithète, attribut ou apposé) :
Pugnat ardenti animo. *Il combat avec un esprit ardent.*
Il est en **-e** dans l'ablatif absolu, où il a une valeur verbale :
Pugnant ardente urbe. *Ils combattent, tandis que la ville brûle.*
Morphologie du participe ⟶ paragraphes 120 à 122.

41 Les adjectifs de la 2e classe : type major, -ius (*plus grand*)

major, -ius : *plus grand*

	SINGULIER		PLURIEL	
	MASCULIN ET FEMININ	NEUTRE	MASCULIN ET FEMININ	NEUTRE
N.	major	majus	majōrēs	majōra
V.	major	majus	majōrēs	majōra
Acc.	majōrem	majus	majōrēs	majōra
G.	majōris	majōris	majōrum	majōrum
D.	majōri	majōrī	majōribus	majōribus
Abl.	majōre	majōre	majōribus	majōribus

Les adjectifs de type major **suivent la déclinaison de** consul **pour le masculin et le féminin (⟶ paragraphe 25) et de** flumen **(⟶ paragraphe 29) pour le neutre.**

REM – Outre les comparatifs (⟶ paragraphe 43) comme **major**, ce type ne comprend qu'un petit nombre d'adjectifs : **vetus, -eris** (*vieux*), **pauper, -eris** (*pauvre*), **memor, -oris** (*qui se souvient*), **plures, -ium** (*plus nombreux* : forme de pluriel).
– Certains de ces adjectifs hésitent entre deux types : **memor** a un ablatif singulier en **-i** et **plures** un génitif pluriel en **-ium**, comme **fortis** (⟶ paragraphe 39).

42 Le comparatif et le superlatif des adjectifs : généralités

Les adjectifs qualificatifs peuvent prendre des formes différentes suivant le degré de la qualité exprimée : comparatif de supériorité ou superlatif.

Le comparatif de supériorité

Formation ⟶ paragraphes 43-44 ; emploi ⟶ paragraphes 149, 206, 225, 226, 238.

Nec enim melior vir fuit Africano quisquam nec clarior. (Cic., *Lael.*, 6)

Et personne, en effet, ne fut meilleur que l'Africain, ni plus illustre.

Le superlatif

Formation ⟶ paragraphes 45-46 ; emploi ⟶ paragraphes 149, 187.

Hoc vere tamen licet dicere, P. Scipioni ex multis diebus, quos in vita celeberrimos laetissimosque viderit, illum diem clarissimum fuisse. (Cic., *Lael.*, 12)

Mais on peut dire à coup sûr que, parmi les nombreux jours de très grande liesse et très grande joie que Scipion connut dans sa vie, celui-ci fut le plus brillant.

Relatif ou absolu ?

Le comparatif relatif (*plus... que*) et le comparatif absolu (*un peu, assez, trop...*) ont la même forme, en latin. Le superlatif relatif (*le plus...*) et le superlatif absolu (*très*) ont également la même forme.

43 La formation du comparatif de supériorité

La plupart des comparatifs sont formés à l'aide du suffixe -ior, -ius ajouté au radical. Ils se déclinent sur le modèle de major, -jus (⟶ paragraphe 41) :

– les adjectifs de la 1re classe (⟶ paragraphe 37) :

doct-us, -a, -um (*savant*) ⟶ doct-ior, -ius (*plus / un peu / assez / trop savant*)

– les adjectifs de la 2e classe (⟶ paragraphes 39 et 40) :

fort-is, -e (*courageux*) ⟶ fort-ior (*plus / un peu / assez / trop courageux*)

prudens, -tis (*avisé*) ⟶ prudent-ior (*plus / un peu / assez / trop avisé*)

44 Les comparatifs irréguliers

Formation avec un radical différent

Quelques adjectifs très usuels ont un comparatif formé sur un radical différent :

bonus (*bon*) ⟶ melior (*meilleur, assez… bon*)
magnus (*grand*) ⟶ major (*plus / assez… grand*)
multi (*nombreux*) ⟶ plures (*plus / assez… nombreux*)
malus (*mauvais*) ⟶ pejor (*pire, plus / assez… mauvais*)
novus (*nouveau*) ⟶ recentior (*plus / assez… nouveau*)
parvus (*petit*) ⟶ minor (*plus / assez… petit*)
propinquus (*proche*) ⟶ propior (*plus / assez… proche*)
vetus (*vieux*) ⟶ vetustior (*plus / assez… vieux*)

Les adjectifs en -eus, -ius, -uus

Au comparatif, ils sont précédés de l'adverbe magis (*plus*) :

pius (*pieux*) ⟶ magis pius (*plus / assez… pieux*)
arduus (*escarpé*) ⟶ magis arduus (*plus / assez… escarpé*)

Les adjectifs en -quus sont réguliers :

antiquus (*ancien*) ⟶ antiquior (*plus / assez… ancien*)

Les adjectifs en -dicus, -ficus, -volus

Leur radical apparaît, au comparatif, avec le suffixe -ent- :

magnificus (*généreux*) ⟶ magnific-ent-ior (*plus / assez… généreux*)
maledicus (*médisant*) ⟶ maledic-ent-ior (*plus / assez… médisant*)
benevolus (*bienveillant*) ⟶ benevol-ent-ior (*plus / assez… bienveillant*)

Autres formations

Quelques comparatifs ne correspondent à aucun adjectif, mais sont formés sur le même radical que des adverbes (ou prépositions) :

exterior (*plus à l'extérieur*) ⟵ extra (*à l'extérieur*)
interior (*plus à l'intérieur*) ⟵ intra (*à l'intérieur*)
citerior (*plus en deçà*) ⟵ citra (*en deçà*)
ulterior (*plus éloigné*) ⟵ ultra (*au-delà*)
prior (*premier*) ⟵ prae (*devant*)
inferior (*inférieur*) ⟵ infra (*au-dessous*)

Quelques comparatifs ne correspondent à aucun adjectif, mais sont formés sur le même radical que des noms :

junior (*plus / assez… jeune*) ⟵ juvenis (*le jeune homme*)
senior (*plus / assez… vieux*) ⟵ senex (*le vieillard*)

45 La formation du superlatif

La formation des superlatifs réguliers

Le superlatif est généralement formé à l'aide du suffixe -issimus, -a, -um ajouté au radical :

– les adjectifs de la Ire classe (⟶ paragraphe 37) :

doct-us (*savant*) ⟶ doct-issimus (*très / le plus savant*)

– les adjectifs de la 2e classe (⟶ paragraphes 39 et 40) :

fort-is (*courageux*) ⟶ fort-issimus (*très / le plus courageux*)

Le superlatif se décline sur le modèle des adjectifs de la Ire classe (⟶ paragraphe 37).

Le renforcement du superlatif

La forme de superlatif peut être renforcée :

– par quam (potest) et se traduit alors par *le plus possible* ;

Igitur Jugurtha quam maxumas potest copias armat. (Sall., *Jug.*, 13, 2)

Donc Jugurtha arme le plus de troupes possible.

– par unus :

Quem unum nostrae civitatis praestantissimum audeo dicere (Cic, *Lael.*, 1)

Lui que j'ose appeler l'homme le plus illustre de notre cité

46 Les superlatifs irréguliers

Formation avec un radical différent

Quelques adjectifs très usuels ont un superlatif formé sur un radical différent :

bonus (*bon*)	⟶	optimus (*très bon / le meilleur*)
malus (*mauvais*)	⟶	pessimus (*très / le plus mauvais*)
magnus (*grand*)	⟶	maximus (*très / le plus grand*)
parvus (*petit*)	⟶	minimus (*très / le plus petit*)
multi (*nombreux*)	⟶	plurimi (*très / les plus nombreux*)
novus (*nouveau*)	⟶	recentissimus (*très / le plus nouveau*)
propinquus (*proche*)	⟶	proximus (*très / le plus proche*)
vetus (*vieux*)	⟶	veterrimus (*très / le plus vieux*)

Les adjectifs en -er

Ils ont un superlatif en -rimus, -a, -um:

miser (*malheureux*) ⟶ miser-rimus (*très / le plus malheureux*)
acer (*vif*) ⟶ acer-rimus (*très / le plus vif*)

Les adjectifs en -lis

Quelques adjectifs en -lis ont un superlatif en -limus, -a, -um.
Les plus fréquents sont facilis (*facile*), similis (*semblable*), humilis (*humble*) et les dérivés difficilis, dissimilis:

facilis (*facile*) ⟶ facil-limus (*très / le plus facile*)

Les adjectifs en -eus, -ius, -uus

Au superlatif, ils sont précédés de l'adverbe maxime (*très, le plus*):

pius (*pieux*) ⟶ maxime pius (*très / le plus pieux*)
arduus (*escarpé*) ⟶ maxime arduus (*très / le plus escarpé*)

Les adjectifs en -quus sont réguliers:

antiquus (*ancien*) ⟶ antiquissimus (*très / le plus ancien*)

Les adjectifs en -dicus, -ficus, -volus

Leur radical est accompagné, au superlatif, du suffixe -ent-:

magnificus (*magnifique*) ⟶ magnific-ent-issimus (*très / le plus magnifique*)
maledicus (*médisant*) ⟶ maledic-ent-issimus (*très / le plus médisant*)
benevolus (*bienveillant*) ⟶ benevol-ent-issimus (*très / le plus bienveillant*)

Autres formations

Quelques superlatifs ne correspondent à aucun adjectif, mais sont formés sur le même radical que des adverbes (ou prépositions):

extremus (*extrême*) ⟵ extra (*à l'extérieur*)
intimus (*le plus à l'intérieur*) ⟵ intra (*à l'intérieur*)
ultimus (*le dernier*) ⟵ ultra (*au-delà*)
primus (*le premier*) ⟵ prae (*devant*)
infimus (*le plus inférieur*) ⟵ infra (*au-dessous*)

LES ADJECTIFS ET ADVERBES NUMÉRAUX

47 Les adjectifs et adverbes numéraux : généralités

Les numéraux comprennent quatre classes :

– les adjectifs cardinaux : unus (*un*), duo (*deux*), etc. ⟶ paragraphe 48 ;

– les adjectifs ordinaux : primus (*premier*), secundus (*second*), etc. ⟶ paragraphe 49 ;

– les adjectifs distributifs : singuli (*un par un*), bini (*deux par deux*), etc. ⟶ paragraphe 50 ;

– les adjectifs et adverbes multiplicatifs : duplex (*double*), bis (*deux fois*), etc. ⟶ paragraphe 51.

Les fractions sont exprimées à l'aide de pars. ⟶ paragraphe 52.

48 Les adjectifs numéraux cardinaux

Les adjectifs cardinaux sont invariables, sauf unus, duo, tres, les multiples de cent et milia (utilisé pour les multiples de mille).

unus, -a, -um : *un*

	MASCULIN	FÉMININ	NEUTRE
N.	unus	una	unum
Acc.	unum	unam	unum
G.	unius	unius	unius
D.	unī	unī	unī
Abl.	unō	unā	unō

duo, duae, duo : *deux*

	MASCULIN	FÉMININ	NEUTRE
N.	duo	duae	duo
Acc.	duōs	duās	duo
G.	duōrum	duārum	duōrum
D.	duōbus	duābus	duōbus
Abl.	duōbus	duābus	duōbus

	tres, tria : *trois*			milia : *milliers*
	MASCULIN	FÉMININ	NEUTRE	
N.	tres	tres	tria	milia
Acc.	tres	tres	tria	milia
G.	trium	trium	trium	milium
D.	tribus	tribus	tribus	milibus
Abl.	tribus	tribus	tribus	milibus

Unus, -a, -um (*un*)

Unus suit la déclinaison de bonus, -a, -um (⟶ paragraphe 37), sauf au génitif et au datif, où il présente des désinences caractéristiques des pronoms-adjectifs (en grisé dans le tableau ⟶ paragraphe 55).
Il ne se rencontre qu'au singulier, sauf quand il se rapporte à un nom qui n'existe qu'au pluriel, tel castra, -orum (n. pluriel de 2e déclinaison) : una castra (*un camp*).

Duo, duae, duo (*deux*)

Duo présente, aux nominatifs masculin et neutre, une désinence -o caractéristique d'un nombre disparu : le duel (utilisé pour ce qui va par deux : yeux, oreilles, etc.).
Pour l'accusatif et le génitif, il suit le pluriel de la déclinaison de bonus, -a, -um (⟶ paragraphe 37) mais au datif-ablatif, il présente une désinence (o / a)bus.

Tres, tria (*trois*)

Tres se décline comme un adjectif de la 2e classe du type fortis au pluriel (⟶ paragraphe 39).

Les multiples de cent

Ce sont des adjectifs de la 1re classe qui se déclinent sur le modèle de bonus, -a, -um au pluriel (⟶ paragraphe 37) : ducenti, -ae, -a (*deux cents*), trecenti, -ae, -a (*trois cents*), etc.
Synthèse ⟶ paragraphe 53.

Milia ou millia (*milliers*) et les multiples de mille (indéclinable)

Milia est un nom neutre pluriel employé comme numéral ; il est alors précédé d'un autre nombre. Il se décline sur le modèle de mare au pluriel (⟶ paragraphe 30).
Il se construit comme un nom, avec un complément au génitif :

capitum Helvetiorum milia CCLXIII (Caes., *Gall.*, I, 29, 2)
263 000 Helvètes (littéralement : 263 milliers de têtes d'Helvètes)

Les chiffres romains

En dehors des petits nombres (jusqu'à 20) et des chiffres ronds (100, 1 000), on rencontre plutôt dans les textes les chiffres dits "romains":

Quarum omnium rerum summa erat capitum Helvetiorum milia CCLXIII, Tulingorum milia XXXVI, Latobicorum XIV, Rauracorum XXIII, Boiorum XXXII; ex his, qui arma ferre possent, ad milia nonaginta duo. Summa omnium fuerunt ad milia CCCLXVIII. (Caes., *Gall.*, I, 29, 2-3)

Au total, il y avait 263 000 Helvètes, 36 000 Tulinges, 14 000 Latobices, 23 000 Rauraques, 32 000 Boïens ; sur cet ensemble, il y avait environ 92 000 hommes capables de porter les armes. Cela faisait donc en tout 368 000 personnes.

Synthèse ⟶ paragraphe 53.

49 Les adjectifs numéraux ordinaux

Les adjectifs ordinaux se déclinent sur le modèle de bonus, -a, -um (⟶ paragraphe 37), à l'exception de alter, -a, -um (*second* ⟶ paragraphe 76) : primus, -a, -um (*premier*), secundus, -a, -um (*deuxième, second*), etc.
Synthèse ⟶ paragraphe 53.

50 Les adjectifs distributifs

Les adjectifs distributifs se déclinent sur le modèle des adjectifs de la Ire classe au pluriel (boni, -ae, -a ⟶ paragraphe 37) : terni, -ae, -a (*chacun trois, par trois*).
Synthèse ⟶ paragraphe 53.

51 Les adjectifs et adverbes multiplicatifs

Les adverbes multiplicatifs sont invariables. Ils sont utilisés pour former les adjectifs ordinaux à partir de 2 000 : bis millesimus (*2 000e*).
Il existe également quelques adjectifs multiplicatifs, qui se déclinent sur le modèle de prudens, -tis (⟶ paragraphe 40) : duplex, -icis (*double*), triplex, -icis (*triple*), etc.
Synthèse ⟶ paragraphe 53.

52 Les fractions

Les fractions sont exprimées à l'aide du nom pars, -tis, f (*la partie*), qui se décline sur le modèle de urbs (⟶ paragraphe 28), accompagné d'adjectifs indiquant la quantième partie.

L'emploi d'adjectifs ordinaux

Le latin emploie les adjectifs ordinaux seuls quand le numérateur est 1 : tertia pars (*1/3, un tiers*), quarta pars (*1/4, un quart*), etc.
Pour 1/2 (*la moitié*), on trouve dimidia pars (dimidius, -a, -um : *demi*).

L'emploi d'adjectifs cardinaux

On rencontre les adjectifs cardinaux seuls quand le numérateur est supérieur à 1 et immédiatement inférieur au dénominateur : duae partes (*2/3*), tres partes (*3/4*), etc.

L'emploi d'adjectifs cardinaux et ordinaux

On trouve les adjectifs cardinaux suivis des adjectifs ordinaux pour les autres fractions où le numérateur est supérieur à 1 ; le mot partes est alors sous-entendu : duae quintae (*2/5*), tres quintae (*3/5*), etc.

53 Récapitulatif des adjectifs et adverbes numéraux

CHIFFRES ARABES	ADJECTIFS CARDINAUX	ADJECTIFS ORDINAUX	ADJECTIFS DISTRIBUTIFS	ADVERBES MULTIPLICATIFS	CHIFFRES ROMAINS
1	unus, -a, -um	primus / prior	singuli, -ae, -a	semel	I
2	duo, -ae, -o	secundus / alter	bini	bis	II
3	tres, -ia	tertius	terni	ter	III
4	quattuor	quartus	quaterni	quater	IIII ou IV
5	quinque	quintus	quini	quinquies	V
6	sex	sextus	seni	sexies	VI
7	septem	septimus	septeni	septies	VII
8	octo	octavus	octoni	octies	VIII
9	novem	nonus	noveni	novies	VIIII ou IX
10	decem	decimus	deni	decies	X
11	undecim	undecimus	undeni	undecies	XI
12	duodecim	duodecimus	duodeni	duodecies	XII
13	tredecim	tertius decimus	terni deni	ter decies	XIII
14	quattuordecim	quartus decimus	quaterni deni	quater decies	XIIII ou XIV
15	quindecim	quintus decimus	quini deni	quin(quies) decies	XV
16	sedecim	sextus decimus	seni deni	se(xies) decies	XVI
17	septemdecim	septimus decimus	septeni deni	septies decies	XVII
18	duodeviginti	duodevicesimus	duodeviceni	duodevicies	XVIII
19	undeviginti	undevicesimus	undeviceni	undevicies	XVIIII ou XIX

CHIFFRES ARABES	NOMBRES CARDINAUX	NOMBRES ORDINAUX	ADJECTIFS DISTRIBUTIFS	ADVERBES MULTIPLICATIFS	CHIFFRES ROMAINS
20	viginti	vicesimus	viceni	vicies	XX
21	viginti unus/ unus et viginti	vicesimus primus/ unus et vicesimus	viceni singuli/ singuli et viceni	vicies semel/ semel et uicies	XXI
22	viginti duo/ duo et viginti	vicesimus alter/ alter et vicesimus	viceni bini/ bini et viceni	vicies bis/ bis et vicies	XXII
...	...	...	...	...	...
28	duodetriginta	duodetricesimus	duodetriceni	duodetricies	XXVIII
29	undetriginta	undetricesimus	undetriceni	undetricies	XXIX
30	triginta	tricesimus	triceni	tricies	XXX
40	quadraginta	quadragesimus	quadrageni	quadragies	XL
50	quinquaginta	quinquagesimus	quinquageni	quinquagies	L
60	sexaginta	sexagesimus	sexageni	sexagies	LX
70	septuaginta	septuagesimus	septuageni	septuagies	LXX
80	octoginta	octogesimus	octogeni	octogies	LXXX
90	nonaginta	nonagesimus	nonageni	nonagies	XC
100	centum	centesimus	centeni	centies	C
101	centum unus	centesimus primus	centeni singuli	centies semel	CI
...	...	...	...	...	...
200	ducenti, -ae, -a	ducentesimus	duceni	ducenties	CC
300	trecenti	trecentesimus	treceni	trecenties	CCC
400	quadringenti	quadringentesimus	quadringeni	quadringenties	CCCC ou CD
500	quingenti	quingentesimus	quingeni	quingenties	D
600	sescenti	sescentesimus	sesceni	sescenties	DC
700	septingenti	septingentesimus	septingeni	septingenties	DCC
800	octingenti	octingentesimus	octingeni	octingenties	DCCC
900	nongenti	nongentesimus	nongeni	nongenties	DCCCC
1 000	mille	millesimus	singula milia	milies	M ou CIↃ
2 000	duo milia	bis millesimus	bina milia	bis milies	MM ou $\overline{\text{II}}$
5 000	quinque milia	quinquies millesimus	quina milia	quinquies milies	$\overline{\text{V}}$
10 000	decem milia	decies millesimus	dena milia	decies milies	X
50 000	quinquaginta milia	quinquagies millesimus	quinquagena milia	quinquagies milies	$\overline{\text{L}}$
100 000	centum milia	centies millesimus	centena milia	centies milies	$\overline{\text{C}}$ ou $\left\|\overline{\text{I}}\right\|$
1 000 000	decies centena milia	decies centies millesimus	decies centena milia	decies centies milies	$\left\|\overline{\text{X}}\right\|$

LES PRONOMS ET PRONOMS-ADJECTIFS

54 Les pronoms et pronoms-adjectifs : généralités

Les pronoms servent de substituts aux noms, aux GN et aux propositions. Ils peuvent les remplacer dans toutes leurs fonctions (⟶ paragraphe 142).

On appelle pronoms-adjectifs les mots qui peuvent s'employer soit comme pronoms, soit comme adjectifs.

Quand ces pronoms-adjectifs sont employés comme adjectifs, ils servent de déterminants du nom (⟶ paragraphe 143).

55 Les désinences caractéristiques des pronoms et pronoms-adjectifs

Même si les pronoms-adjectifs ne constituent pas une classe entièrement homogène, la plupart (les anaphoriques, démonstratifs, relatifs, interrogatifs et certains indéfinis) présentent au singulier (plus rarement au pluriel) quelques désinences spécifiques (⟶ paragraphes 59 à 76).

	SINGULIER			PLURIEL		
	MASCULIN	FÉMININ	NEUTRE	MASCULIN	FÉMININ	NEUTRE
N.	.	.	-d	.	.	-ae
V.	.	.	-d	.	.	-ae
Acc.	.	.	-d	.	.	-ae
G.	-ius	-ius	-ius	.	.	.
D.	-i	-i	-i	.	.	.
Abl.	.	.	.	.	.	.

Pour le reste, les désinences des pronoms-adjectifs sont comparables à celles des adjectifs qualificatifs, soit de la 1re classe (⟶ paragraphe 37), soit de la 2e classe (⟶ paragraphes 38 à 41).

56 Les pronoms personnels et les pronoms-adjectifs possessifs : généralités

Les pronoms personnels et les pronoms-adjectifs possessifs renvoient aux personnes de l'énonciation (⟶ paragraphes 280 à 286).

Les pronoms personnels ne varient pas en genre.

Il n'existe pas de pronom personnel de 3e personne, sauf un pronom réfléchi.

57 Les pronoms personnels

	SINGULIER		PLURIEL		RÉFLÉCHI
	Ire PERSONNE	2e PERSONNE	Ire PERSONNE	2e PERSONNE	3e PERSONNE
	ego : *je, moi*	tū : *tu, toi*	nōs : *nous*	vōs : *vous*	sē : *soi*
N.	ego	tū	nōs	vōs	.
V.	.	tū	.	vōs	.
Acc.	mē	tē	nōs	vōs	sē
G.	meī	tuī	nostrī, nostrum	vestrī, vestrum	suī
D.	mihi	tibi	nōbīs	vōbīs	sibi
Abl.	mē	tē	nōbīs	vōbīs	sē

REM – Les pronoms personnels sont parfois renforcés par des particules : egomet (*moi-même*), tute (*toi-même*), sese (*soi-même, eux-mêmes*).

– Le pronom de 3e personne réfléchi renvoie le plus souvent au sujet et ne peut donc se rencontrer au nominatif (emplois ⟶ paragraphes 284 à 286).

– La 3e personne non réfléchie peut être exprimée par les pronoms-adjectifs anaphoriques (is, ea, id ⟶ paragraphes 60, 293) ou démonstratifs (⟶ paragraphes 63 à 66, 287 à 290).

58 Les pronoms-adjectifs possessifs

SINGULIER		PLURIEL		RÉFLÉCHI
Ire PERSONNE	2e PERSONNE	Ire PERSONNE	2e PERSONNE	3e PERSONNE
meus, -a, -um (*mon, le mien*)	tuus, -a, -um (*ton, le tien*)	noster, -ra, -rum (*notre, le nôtre*)	vester, -ra, -rum (*votre, le vôtre*)	suus, -a, -um (*son, leur, le sien*)

Les adjectifs traditionnellement appelés possessifs sont les formes adjectivales correspondant aux pronoms personnels. Ils sont également employés comme pronoms possessifs (⟶ paragraphe 282).
Ils se déclinent sur le modèle des adjectifs de la Ire classe :
– type bonus, -a, -um (⟶ paragraphe 37) pour meus, tuus et suus ;
– type pulcher, -ra, -rum (⟶ paragraphe 37) pour noster et vester.

REM – Les adjectifs possessifs peuvent être renforcés par une particule qui se place après la désinence : à l'ablatif singulier, on rencontre suopte (*son propre, le sien propre*), formé à partir de suus.
– Le vocatif masculin de meus est mi : mi fili (*mon fils*).

LES PRONOMS-ADJECTIFS ANAPHORIQUES

59 Les pronoms-adjectifs anaphoriques : généralités

Les pronoms-adjectifs anaphoriques renvoient à un nom, un GN ou une proposition présents dans le même énoncé (⟶ paragraphe 260) :

Deum agnoscis ex operibus ejus. (Cic., *Tusc.*, I, 70)

On reconnaît dieu à ses œuvres.

Déclinaisons ⟶ paragraphes 60 à 66 ; emplois ⟶ paragraphes 287, 291 à 297.

60 Is, ea, id (*le, il, son*)

is, ea, id : *le, il, son*

	SINGULIER			PLURIEL		
	MASCULIN	FÉMININ	NEUTRE	MASCULIN	FÉMININ	NEUTRE
N.	is	ea	id	ii (ei)	eae	ea
Acc.	eum	eam	id	eos	eas	ea
G.	ejus	ejus	ejus	eorum	earum	eorum
D.	ei	ei	ei	eis (iis)	eis (iis)	eis (iis)
Abl.	eo	ea	eo	eis (iis)	eis (iis)	eis (iis)

La déclinaison de is, ea, id

Ce pronom-adjectif se décline comme un adjectif qualificatif de la Ire classe (type bonus, -a, -um ⟶ paragraphe 37), à l'exception des formes grisées du singulier.

Traduction par l'article défini

Employé comme adjectif, is, ea, id sert de déterminant défini ; il correspond alors souvent à l'article défini du français.

Traduction par la 3e personne ou par l'adjectif possessif

Employé comme pronom, is, ea, id remplit la fonction de pronom anaphorique (⟶ paragraphe 293). Il correspond au pronom personnel de 3e personne du français (*il, le, lui*) ou à l'adjectif possessif (*son, sa, ses*).

61 Idem, eadem, idem (*le même*)

īdem, eadem, idem : *le même*

SINGULIER

	MASCULIN	FÉMININ	NEUTRE
N.	īdem	eadem	idem
Acc.	eumdem	eamdem	idem
G.	ejusdem	ejusdem	ejusdem
D.	eīdem	eīdem	eīdem
Abl.	eōdem	eādem	eōdem

PLURIEL

	MASCULIN	FÉMININ	NEUTRE
N.	eīdem (iidem)	eaedem	eadem
Acc.	eōsdem	easdem	eadem
G.	eōrumdem	eārumdem	eōrumdem
D.	iisdem (eisdem)	iisdem (eisdem)	iisdem (eisdem)
Abl.	iisdem (eisdem)	iisdem (eisdem)	iisdem (eisdem)

Le pronom-adjectif īdem, eadem, idem est formé du pronom-adjectif is, ea, id décliné (⟶ paragraphe 60), suivi de la particule invariable -dem.
Emploi ⟶ paragraphe 294.

REM – Le nominatif masculin singulier idem < *is-dem a un [iː] long, alors que le neutre idem a un [i] bref.
– Le [m] des désinences est devenu [n] sous l'influence du [d] qui le suit. On a donc parfois eundem à la place de eumdem, eandem à la place de eamdem, etc.

62 Ipse, ipsa, ipsum (*lui-même*)

ipse, ipsa, ipsum : *lui-même*

	SINGULIER			PLURIEL		
	MASCULIN	FÉMININ	NEUTRE	MASCULIN	FÉMININ	NEUTRE
N.	ipse	ipsa	ipsum	ipsī	ipsae	ipsa
Acc.	ipsum	ipsam	ipsum	ipsōs	ipsās	ipsa
G.	ipsius	ipsius	ipsius	ipsōrum	ipsārum	ipsōrum
D.	ipsī	ipsī	ipsī	ipsīs	ipsīs	ipsīs
Abl.	ipsō	ipsā	ipsā	ipsīs	ipsīs	ipsīs

Ipse, -a, -um est formé à partir de is, ea, id (⟶ paragraphe 60) suivi de la particule -pse ; seule la fin du mot se décline, comme un adjectif qualificatif de la Ire classe, du type bonus, -a, -um (⟶ paragraphe 37 ; sauf les formes en grisé).

Emplois ⟶ paragraphe 295.

REM On rencontre des formes anciennes dans lesquelles, comme pour idem (paragraphe ⟶ 61), c'est is qui se décline : eumpse (acc. m. sg.), eampse (acc. f. sg.), etc.

LES PRONOMS-ADJECTIFS DÉMONSTRATIFS

63 Les pronoms-adjectifs démonstratifs : généralités

Les pronoms-adjectifs démonstratifs renvoient aux repères spatio-temporels de l'énonciation (⟶ paragraphes 260, 287).

Leur forme

Une particule déictique• -c(e) s'accole à ces pronoms ; elle peut être fixe (hic ⟶ paragraphe 64) ou facultative (istac pour ista ⟶ paragraphe 65, illac pour illa ⟶ paragraphe 66, etc.).

Leur déclinaison

Ces pronoms-adjectifs se déclinent pour une large part comme des adjectifs de la Ire classe (type bonus, -a, -um ⟶ paragraphe 37). Les formes particulières sont en grisé dans les tableaux ci-après (⟶ paragraphes 64 à 66).

64 Hic, haec, hoc (*ce, celui-ci*)

hic, haec, hoc : *ce, celui-ci*						
	SINGULIER			**PLURIEL**		
	MASCULIN	FÉMININ	NEUTRE	MASCULIN	FÉMININ	NEUTRE
N.	hic	haec	hoc	hī	hae	haec
Acc.	hunc	hanc	hoc	hōs	hās	haec
G.	hujus	hujus	hujus	hōrum	hārum	hōrum
D.	huic	huic	huic	hīs	hīs	hīs
Abl.	hōc	hāc	hōc	hīs	hīs	hīs

Emplois ⟶ paragraphes 287 à 290.

65 Iste, ista, istud (*ce, celui-ci*)

iste, ista, istud : *ce, celui-ci*						
	SINGULIER			**PLURIEL**		
	MASCULIN	FÉMININ	NEUTRE	MASCULIN	FÉMININ	NEUTRE
N.	iste	ista	istud	istī	istae	ista
Acc.	istum	istam	istud	istōs	istās	ista
G.	istius	istius	istius	istōrum	istārum	istōrum
D.	istī	istī	istī	istīs	istīs	istīs
Abl.	istō	istā	istō	istīs	istīs	istīs

Emplois ⟶ paragraphes 287 à 289.

66 Ille, illa, illud (*ce, celui-là*)

ille, illa, illud : *ce, celui-là*						
	SINGULIER			**PLURIEL**		
	MASCULIN	FÉMININ	NEUTRE	MASCULIN	FÉMININ	NEUTRE
N.	ille	illa	illud	illī	illae	illa
Acc.	illum	illam	illud	illōs	illās	illa
G.	illius	illius	illius	illōrum	illārum	illōrum
D.	illī	illī	illī	illīs	illīs	illīs
Abl.	illō	illā	illō	illīs	illīs	illīs

Emplois ⟶ paragraphes 287 à 290.

LES PRONOMS-ADJECTIFS RELATIFS ET INTERROGATIFS

67 Les pronoms-adjectifs relatifs et interrogatifs-exclamatifs : généralités

O qui res hominumque deumque
aeternis regis imperiis et fulmine terres,
quid meus Aeneas in te committere tantum,
quid Troes potuere, quibus tot funera passis
cunctus ob Italiam terrarum clauditur orbis ? (Verg., Aen., I, 229-233)

Ô toi qui tiens sous ton pouvoir éternel les affaires humaines et divines et fais redouter ta foudre, quel si grand forfait a pu commettre contre toi mon cher Énée, quel grand forfait les Troyens, eux à qui, malgré les si nombreux deuils endurés, l'ensemble de l'univers fait obstacle sur la route de l'Italie ?

Les pronoms-adjectifs relatifs et interrogatifs-exclamatifs sont formés sur une même racine qu-. La plupart de leurs formes sont identiques (⟶ paragraphes 68 à 71 ; sont signalées en grisé les formes spécifiques à chacun d'eux).

68 Le pronom-adjectif relatif quī, quae, quod (*qui, lequel*)

quī : *qui, lequel*

	SINGULIER			PLURIEL		
	MASCULIN	FÉMININ	NEUTRE	MASCULIN	FÉMININ	NEUTRE
N.	quī	quae	quod	quī	quae	quae
Acc.	quem	quam	quod	quōs	quās	quae
G.	cujus	cujus	cujus	quōrum	quārum	quōrum
D.	cuī	cuī	cuī	quibus	quibus	quibus
Abl.	quō	quā	quō	quibus	quibus	quibus

Emplois ⟶ paragraphes 214 à 217, 297.

REM – On rencontre deux formes archaïques pour qui : l'ablatif singulier quī (= quō) et le datif-ablatif pluriel quīs (= quibus).
– Le relatif indéfini quīcumque (***quiconque***) est formé par adjonction de cumque à qui ; la première partie seule se décline : quīcumque, quaecumque, quodcumque, etc.

⚠ Le relatif indéfini quisquis (***tout… qui***) est formé par redoublement de l'indéfini quis ; les deux parties se déclinent : quidquid, quemquem, etc. (⟶ paragraphe 70).

69 Les pronoms-adjectifs relatifs qualis, quantus et quot

Qualis, -e (*tel que*)

L'adjectif relatif qualis donne une indication sur la qualité. Il se décline sur le modèle de fortis, -e (⟶ paragraphe 39).

Quantus, -a, -um (*aussi grand que*)

L'adjectif relatif quantus donne une indication sur la quantité. Il se décline sur le modèle de bonus, -a, -um (⟶ paragraphe 37).

Quot (*aussi nombreux que*)

L'adjectif relatif quot donne une indication sur le nombre. Il est invariable. Emplois ⟶ paragraphes 214 à 217.

70 Le pronom-adjectif interrogatif-exclamatif quis (qui), quae, quid (quod) (*qui, quel ?*)

Quae tibi manet vita ?

Quis nunc te adibit ? Cui videberis bella ?

Quem nunc amabis ? Cujus esse diceris ?

Quem basiabis ? Cui labella mordebis ? (Catul., 8, 15-18)

Quelle vie t'attend ? Qui désormais s'approchera de toi ? À qui paraîtras-tu belle ? Qui aimeras-tu désormais ? À qui dira-t-on que tu appartiens ? Qui embrasseras-tu ? À qui mordras-tu les lèvres ?

La déclinaison du pronom

quis, quae, quid : *qui, lequel ?*

SINGULIER

	MASCULIN	FÉMININ	NEUTRE
N.	quis	quae	quid
Acc.	quem	quam	quid
G.	cujus	cujus	cujus (rei)
D.	cuī	cuī	cuī (rei)
Abl.	quō	quā	quō ou quā rē

quis, quae, quid : *qui, lequel ?*

PLURIEL

	MASCULIN	FÉMININ	NEUTRE
N.	quī	quae	quae (rēs)
Acc.	quōs	quās	quas (rēs)
G.	quōrum	quārum	quārum (rērum)
D.	quibus	quibus	quibus (rēbus)
Abl.	quibus	quibus	quibus (rēbus)

REM – Les formes de féminin sont utilisées seulement lorsqu'on sait que la personne à identifier est de sexe féminin :

Quis venit ? *Qui est venu ?* (On ne sait si c'est un homme ou une femme.)

Quae venit ? *Quelle femme est venue ?*

– Il existe des formes renforcées de quis dans lesquelles seul quis se décline : ecquis, quisnam (*qui donc ?*).

ecquis ⟶ N. neutre : ecquid   quisnam ⟶ N. f. : quaenam, etc.

La déclinaison de l'adjectif

L'adjectif présente des formes spécifiques aux nominatifs masculin et neutre singulier :

qui, quae, quod : *quel ?*

	MASCULIN	FÉMININ	NEUTRE
N.	qui	quae	quod
Acc.	quem	quam	quod
G.	cujus	cujus	cujus
...	...	...	...

Emplois ⟶ paragraphes 271, 273 à 275.

71 Les pronoms-adjectifs interrogatifs uter, qualis, quantus et quot

Uter, -ra, -rum (*lequel des deux ?*)

uter, -ra, -rum : *lequel des deux ?*

	MASCULIN	FÉMININ	NEUTRE
N.	uter	utra	utrum
Acc.	utrum	utram	utrum
G.	utrius	utrius	utrius
D.	utrī	utrī	utrī
Abl.	utrō	utrā	utrō

Le pronom-adjectif interrogatif uter, -ra, -rum ne s'emploie généralement qu'au singulier. Il se décline sur le modèle de pulcher (⟶ paragraphe 37), mais présente les désinences spécifiques des pronoms au génitif et au datif.

Quālis, -e (*quel, de quelle sorte ?*)

L'adjectif interrogatif-exclamatif quālis, -e concerne la qualité. Il se décline sur le modèle de fortis, -e (⟶ paragraphe 39).

Quantus, -a, -um (*de quelle grandeur ?*)

L'adjectif interrogatif-exclamatif quantus, -a, -um concerne la quantité. Il se décline sur le modèle de bonus, -a, -um (⟶ paragraphe 37).

Quot (*combien ?*)

L'adjectif interrogatif-exclamatif quot concerne le nombre. Il est invariable.
Emploi des interrogatifs ⟶ paragraphes 271, 273 à 275.

LES PRONOMS-ADJECTIFS INDÉFINIS

72 Les pronoms-adjectifs indéfinis : généralités

Les pronoms-adjectifs indéfinis ne permettent pas d'identifier ce dont on parle ; ils en signalent seulement l'existence, avec éventuellement une indication de quantité.

Les pronoms-adjectifs indiquant seulement l'existence

Ils peuvent être répartis en deux catégories :

– les indéfinis qui indiquent l'existence de manière absolue ;

Nam difficile est non aliquem, nefas quemquam praeterire. (Cic., *p. red. in sen.*, 30)

Car il est difficile de ne pas omettre quelqu'un et impie d'omettre quelqu'un.

– les indéfinis qui indiquent l'existence par rapport à un ensemble.

Duae fuerunt Ariovisti uxores, una Sueba natione, quam domo secum duxerat, altera Norica, regis Voccionis soror, quam in Gallia duxerat a fratre missam: utraque in ea fuga periit. (Caes., *Gall.*, I, 53, 4)

Arioviste avait deux épouses : l'une d'origine suève, qu'il avait amenée de chez lui, l'autre originaire du Norique, qu'il avait épousée en Gaule, envoyée par son frère ; toutes les deux périrent lors de cette déroute.

INDÉFINIS INDIQUANT L'EXISTENCE DE MANIÈRE ABSOLUE			
quis	*(quelque, quelqu'un)*	quispiam	*(quelque, quelqu'un)*
aliquis	*(quelque, quelqu'un)*	quisquam	*(quelque, quelqu'un,* dans une phrase négative)
quidam	*(quelque, quelqu'un)*	quisquis	*(quelconque)*
quilibet	*(n'importe quel, n'importe lequel)*		
quivis	*(n'importe quel, n'importe lequel)*		

INDÉFINIS INDIQUANT L'EXISTENCE PAR RAPPORT À UN ENSEMBLE			
alius, -a, -ud	*(un, un autre)*	uterque	*(les deux)*
alter, -era, -erum	*(l'un, l'autre,* dans une paire)	uterlibet	*(l'un ou l'autre)*
alteruter, -ra, -um	*(un des deux)*	utervis	*(l'un ou l'autre)*

Les pronoms-adjectifs indiquant l'existence et la quantité

Nulla est enim natio quam pertimescamus ; nullus rex qui bellum populo Romano facere possit : omnia sunt externa unius virtute terra marique pacata. (Cic., *Catil.*, 2, 11)

Il n'y a aucune nation que nous craignions ; aucun roi qui puisse faire la guerre au peuple romain : tout à l'extérieur, sur terre et sur mer, se trouve pacifié grâce à la valeur d'un seul.

Les pronoms-adjectifs peuvent se répartir suivant la quantité indiquée.

QUANTITÉ NULLE	
nemo	*(personne)*
nihil	*(rien)*
nullus, -a, -um	*(aucun)*
ullus, -a, -um	*(aucun)*
neuter, -ra, -rum	*(aucun des deux)*

UNICITÉ	
unus, -a, -um	*(un)*
solus, -a, -um	*(seul)*

PLURALITÉ	
pauci, -ae, -a	*(peu nombreux)*
aliquot	*(quelques)*
nonnulli, -ae, -a	*(quelques)*
multi, -ae, -a	*(nombreux)*
plures, -a	*(plus nombreux)*
plurimi, -ae, -a	*(un très grand nombre)*
plerique, -aeque, -aque	*(la plupart)*
ceteri, -ae, -a	*(tous les autres)*

TOTALITÉ	
omnis, -e	*(tout)*
quisque, quaeque, quidque	*(chaque, chacun)*
totus, -a, -um	*(tout entier)*

La déclinaison des pronoms-adjectifs indéfinis

Certains se déclinent simplement comme des adjectifs qualificatifs de 1re classe (pauci, nonnulli, multi, plurimi, plerique, ceteri ⟶ paragraphe 37) ou de 2e classe (plures, omnis ⟶ paragraphe 38).

D'autres présentent les désinences -ius de génitif et -i de datif caractéristiques des pronoms (nullus, unus, totus, alter, uterque et les dérivés de uter ⟶ paragraphes 74 à 76).
Quelques-uns, enfin, présentent une déclinaison irrégulière ou lacunaire (nemo, nihil, alius ⟶ paragraphes 75 et 76).
Emplois ⟶ paragraphes 298 à 301.

73 Les pronoms-adjectifs indéfinis formés sur quis

L'indéfini quis (*quelque, quelqu'un*) se décline comme l'interrogatif quis, -ae, -id (⟶ paragraphe 70) et présente pareillement des formes d'adjectif spécifiques au nominatif singulier (qui, -a, -od).
Il entre dans la formation d'une série d'indéfinis qui, tous, se déclinent sur son modèle. Les formes qui diffèrent de quis sont indiquées, pour chacun, en grisé.

aliquis, -a, -id : *quelque, quelqu'un*

	SINGULIER			**PLURIEL**		
	MASCULIN	FÉMININ	NEUTRE	MASCULIN	FÉMININ	NEUTRE
N.	aliquis	aliqua	aliquid	aliquī	aliquae	aliquae
Acc.	aliquem	aliquam	aliquid	aliquōs	aliquās	aliquae
G.	alicujus	alicujus	alicujus	aliquōrum	aliquārum	aliquōrum
D.	alicuī	alicuī	alicuī	aliquibus	aliquibus	aliquibus
Abl.	aliquō	aliquā	aliquō	aliquibus	aliquibus	aliquibus

quīdam, quaedam, quiddam : *quelque, quelqu'un*

	MASCULIN	FÉMININ	NEUTRE
	SINGULIER		
N.	quīdam	quaedam	quiddam
Acc.	quemdam	quamdam	quiddam
G.	cujusdam	cujusdam	cujusdam
D.	cuīdam	cuīdam	cuīdam
Abl.	quōdam	quādam	quōdam
	PLURIEL		
N.	quīdam	quaedam	quaedam
Acc.	quōsdam	quāsdam	quaedam
G.	quōrumdam	quārumdam	quōrumdam
D.	quibusdam	quibusdam	quibusdam
Abl.	quibusdam	quibusdam	quibusdam

quisque, quaeque, quidque : *chaque, chacun*

SINGULIER

	MASCULIN	FÉMININ	NEUTRE
N.	quisque	quaeque	quidque
Acc.	quemque	quamque	quidque
G.	cujusque	cujusque	cujusque
D.	cuīque	cuīque	cuīque
Abl.	quōque	quāque	quōque

PLURIEL

N.	quīque	quaeque	quaeque
Acc.	quōsque	quāsque	quaeque
G.	quōrumque	quārumque	quōrumque
D.	quibusque	quibusque	quibusque
Abl.	quibusque	quibusque	quibusque

Aliquis, -a, -id (*quelque, quelqu'un*)

Aliquis est formé de ali- (alius, -a, -um ⟶ paragraphe 76) et de quis qui, seul, se décline. L'adjectif indéfini se distingue du pronom aux nominatifs masculin et neutre : aliqui, aliqua, aliquod.

Quidam, quaedam, quiddam (*quelque, quelqu'un*)

Quidam est formé de la particule -dam ajoutée à quis qui, seul, se décline. L'adjectif a un nominatif accusatif singulier quoddam.

REM Devant -dam, le -m de la désinence a évolué vers -n : on trouve ainsi des formes d'accusatif que<u>n</u>dam, ou de génitif pluriel quoru<u>n</u>dam.

Quisque, quaeque, quidque (*chaque, chacun*)

L'indéfini quisque est formé par adjonction à quis de la particule invariable -que.

REM – Les indéfinis quispiam (*quelque, quelqu'un*) et quisquam (*quelque, quelqu'un*) se déclinent comme quisque.
– Aux nominatif et accusatif neutres singuliers de quisquam, on rencontre la forme quicquam ; de même, on peut trouver quicquid pour quidquid.
– L'adjectif indéfini quisquis (*n'importe quel*) est formé par redoublement de quis ; les deux parties du mot se déclinent sur le modèle de quis.

Emplois ⟶ paragraphes 299 et 301.

74 Les pronoms-adjectifs indéfinis formés sur uter-

Uterque, -raque, -rumque (*l'un et l'autre*)

Bien qu'il désigne deux individus ou objets, uterque, -raque, -rumque est généralement au singulier. Il se décline comme uter, -ra, -rum (⟶ paragraphe 71).

REM Il existe un pluriel, quand uterque est adjectif et se rapporte à un nom toujours au pluriel, comme castra, -orum, n pl. (*le camp*) : utraque castra (*l'un et l'autre camps*).

Neuter, -ra, -rum (*aucun des deux*)

Neuter, -ra, -rum se décline comme uter, -ra, -rum (⟶ paragraphe 71).

Alteruter, uterlibet, utervis (*l'un ou l'autre*)

Dans alteruter, uterlibet et utervis, seul uter se décline : alterutra, alterutrum, utralibet, utrumlibet, etc.

75 Nemo (*personne*), nihil (*rien*) et nullus (*aucun*)

	nemo : *personne*	nihil : *rien*
N.	nemo	nihil
Acc.	neminem	nihil
G.	nullius	nullius reī
D.	neminī	nullī reī
Abl.	nullō	nullā rē

nullus, -a, -um : *aucun*	MASCULIN	FÉMININ	NEUTRE
N.	nullus	nulla	nullum
Acc.	nullum	nullam	nullum
G.	nullius	nullius	nullius
D.	nullī	nullī	nullī
Abl.	nullō	nullā	nullō

Nemo (*personne*)

Le pronom nemo (masculin) est composé de la négation ne- et de la forme ancienne de homo (*l'homme*) : *hemo. Il se décline donc comme homo (type natio ⟶ paragraphe 26) pour la majorité des formes du singulier, mais est remplacé par les formes de nullus pour le génitif et l'ablatif singuliers.

REM Nemo s'emploie parfois comme adjectif ; il équivaut alors à nullus.

Nihil (*rien*)

Le pronom nihil (neutre) est formé de la négation ne- et du nom hilum (*petit point noir au bout des fèves*). Hormis cette forme de nominatif-accusatif, le reste de la déclinaison utilise la périphrase nulla res (*aucune chose*).

REM On rencontre parfois la forme contractée nil, à la place de nihil (langue familière ⟶ paragraphe 11).

Nullus (*aucun*)

Le pronom-adjectif nullus suit pour l'essentiel le modèle de bonus, -a, -um (⟶ paragraphe 37).

REM Il existe des formes de pluriel nulli, -ae, -a qui s'emploient :
– avec des noms toujours au pluriel, comme castra, -orum, n pl. (*le camp*) : nulla castra (*aucun camp*) ;
– quand nullus signifie *nul, inexistant*.
De mortuis loquor, qui nulli sunt. (Cic., *Tusc.*, I, 87)
Je parle des morts, qui sont sans existence.

76 Alter, alius (*l'un, l'autre*) et leurs composés

	alter, -a, -um : *l'un, l'autre* (dans une paire)			alius, -a, -ud : *l'un, un autre* (dans un ensemble supérieur à deux)		
	MASCULIN	FÉMININ	NEUTRE	MASCULIN	FÉMININ	NEUTRE
N.	alter	altera	alterum	alius	alia	aliud
Acc.	alterum	alteram	alterum	alium	aliam	aliud
G.	alterius	alterius	alterius	alterius	alterius	alterius
D.	alterī	alterī	alterī	alterī ou aliī	alterī ou aliī	alterī ou aliī
Abl.	alterō	alterā	alterō	aliō	aliā	aliō

Alter, -a, -um (*l'un, l'autre*, dans une paire)

Alter, -a, -um se décline comme les adjectifs de la Ire classe, type miser (⟶ paragraphe 43), sauf aux génitif et datif singuliers.

Alius, -a, -ud (*l'un, un autre*, dans un ensemble supérieur à deux)

Alius, -a, -ud se décline sur le modèle de bonus (⟶ paragraphe 37).
Ce pronom-adjectif présente, outre les désinences spécifiques des pronoms (⟶ paragraphe 55), un génitif et souvent un datif singuliers empruntés à alter.
Emplois ⟶ paragraphe 296.

LES ADVERBES

77 Les adverbes : généralités

Les adverbes sont des mots invariables. Ils présentent, en latin, des terminaisons très diverses (⟶ paragraphes 78 et 79).
Comme les adjectifs qualificatifs, certains adverbes peuvent avoir un comparatif et un superlatif, qui sont également invariables (⟶ paragraphe 80).

Praeterea modestissume parendo et saepe obviam eundo periculis, in tantam claritudinem brevi pervenerat ut nostris vehementer carus (…) esset. (Sall., *Jug.*, 7, 4)

En outre, en obéissant très modestement et en affrontant souvent le péril, il était parvenu rapidement à une si grande célébrité qu'il devint très cher à nos soldats.

78 Les adverbes dérivés d'adjectifs qualificatifs

La plupart des adverbes de manière sont dérivés des adjectifs qualificatifs.

Les dérivés d'adjectifs qualificatifs de la 1re classe

Les adverbes dérivés des adjectifs qualificatifs de la 1re classe (⟶ paragraphe 37) présentent généralement un -e final :

malus, -a, -um (*mauvais*) ⟶ male (*mal*)

Non male dixit regi, nullum emisit ne calamitosi quidem verbum, cum aeque cor suum quam filii transfixum videret. (Sen., *ir.*, 3, 14, 5)

Il ne parla pas mal au roi ; il ne laissa même pas échapper un mot de plainte, bien qu'il vît son cœur transpercé autant que celui de son fils.

Les dérivés d'adjectifs qualificatifs de la 2e classe

Les adverbes dérivés des adjectifs qualificatifs de la 2e classe (⟶ paragraphes 38 à 41) présentent généralement une finale -ter :

fortis, -e (*courageux*) ⟶ fortiter (*courageusement*)
prudens, -tis (*prévoyant*) ⟶ prudenter (*avec prudence*)

REM Un petit nombre d'adverbes dérivés d'adjectifs de la 2e classe se terminent par -e : facilis, -e (*facile*) ⟶ facile (*facilement*).

79 Les adverbes issus de noms, d'adjectifs et de pronoms-adjectifs

Les adverbes issus de noms ou d'adjectifs

Certains adverbes de manière sont des formes déclinées figées de noms ou d'adjectifs :

certus, -a, -um (*certain*) ⟶ Abl. : certo ⟶ adv. certo (*certainement*)
pars, -tis (*la partie*) ⟶ Acc. : partim ⟶ adv. partim (*en partie*)

REM La finale -(t)im que l'on trouve dans partim est devenue un suffixe permettant de former des adverbes (souvent distributifs) à partir de noms : vir (*homme*) ⟶ viritim (*par homme*).

Les adverbes issus de pronoms-adjectifs

La plupart des pronoms-adjectifs quantitatifs (en incluant certains adjectifs numéraux ⟶ paragraphe 47 à 53) donnent des adverbes. Ces adverbes sont des formes figées d'accusatif, de génitif ou d'ablatif singuliers :

primus, -a, -um (*premier*) ⟶ primum, primo (*d'abord*)
multus, -a, -um (*nombreux*) ⟶ multum, multi, multo (*beaucoup*)
nihil (*rien*) ⟶ nihil (*en rien*)

La forme de l'adverbe dépend généralement de sa fonction :
– forme d'accusatif, quand il modifie un verbe (⟶ paragraphe 182) ;

Tu si me amas tantum quantum profecto amas… (Cic., *Att.*, 2, 20, 5)
Si tu m'aimes autant qu'assurément tu m'aimes…

– forme de génitif, quand il est complément d'un verbe évaluatif (⟶ paragraphe 185) ;

Id quanti aestimabat tanti vendidit. (Cic., *Verr.*, 2, 4, 10)
Il l'a vendu aussi cher qu'il l'estimait.

– forme d'ablatif, quand il modifie un comparatif ou une locution comparative.

Quanto erat in dies gravior (…) oppugnatio, tanto crebriores litterae (…) ad Caesarem mittebantur. (Caes., *Gall.*, 5, 45, 1)
Plus le siège devenait pénible de jour en jour, plus nombreuses étaient les lettres qui étaient envoyées à César.

80 Le comparatif et le superlatif des adverbes

Le comparatif

Le comparatif des adverbes est généralement formé avec le suffixe -ius :

docte (*savamment*) ⟶ doctius (*plus savamment*)
fortiter (*courageusement*) ⟶ fortius (*plus courageusement*)
saepe (*souvent*) ⟶ saepius (*plus souvent*)

Il existe des comparatifs irréguliers ; ils correspondent aux adjectifs qualificatifs dont le comparatif est lui-même irrégulier (⟶ paragraphe 44) :

malus, -a, -um (*mauvais*) / male (*mal*)
pejor, -jus (*pire, plus / assez / trop mauvais*) / pejus (*plus / assez, trop mal*)

⚠ Le comparatif de l'adverbe est identique au nominatif neutre singulier du comparatif de l'adjectif : fortius peut donc, en fonction du contexte, signifier *plus courageux* ou *plus courageusement*.

Le superlatif

Le superlatif des adverbes est généralement formé avec le suffixe -issime (suffixe -issim- du superlatif des adjectifs qualificatifs + -e) :

docte (*savamment*) ⟶ doctissime (*très savamment*)
fortiter (*courageusement*) ⟶ fortissime (*très courageusement*)
saepe (*souvent*) ⟶ saepissime (*très souvent*)

Il existe des superlatifs irréguliers ; ils correspondent aux adjectifs qualificatifs dont le superlatif est lui-même irrégulier (⟶ paragraphe 46) :

malus, -a, -um (*mauvais*) / male (*mal*)
pessimus, -a, -um (*le pire, très / le plus mauvais*) / pessime (*très / le plus mal*)

81 Les adverbes de lieu

Quocumque respexeris, ibi malorum finis est. Vides illum praecipitem locum ? Illac ad libertatem descenditur. Vides illud mare, illud flumen, illum puteum ? Libertas illic in imo est. Vides illam arborem brevem, retorridam, infelicem ? Pendet inde libertas. (Sen., *ir.*, 3, 15, 4)

Quel que soit le lieu vers où tu te tournes, là se trouve la fin de tes maux. Tu vois ce précipice ? C'est par là qu'on descend vers la liberté. Tu vois cette mer, ce fleuve, ce puits ? La liberté est là au fond. Tu vois cet arbre rabougri, sec, misérable ? La liberté y pend.

Les adverbes de lieu sont formés sur le pronom-adjectif anaphorique is, ea, id (**⟶ paragraphe 60**) **et sur les pronoms-adjectifs démonstratifs** hic, iste, ille (**⟶ paragraphes 64 à 66**).

	LIEU OÙ L'ON EST	LIEU OÙ L'ON VA	LIEU D'OÙ L'ON VIENT	LIEU PAR OÙ L'ON PASSE
	ubi ?	quo ?	unde ?	qua ?
is	ibi	eo	inde	ea
hic	hic	huc	hinc	hac
iste	istic	istuc	istinc	istac
ille	illic	illuc	illinc	illac

Ils répondent aux questions ubi ? **(*où ?*)**, quo ? **(*vers où ?*)**, unde ? **(*d'où ?*)**, qua ? **(*par où ?*)**.
Emplois ⟶ paragraphe 288.

REM – Il existe une série d'adverbes relatifs identiques aux adverbes interrogatifs : **ubi** (*où*), **quo** (*vers où*), **unde** (*d'où*), **qua** (*par où*) ⟶ paragraphe 214.
Inveniebat ex captivis (...) mulieres (...) in eum locum conjecisse quo propter paludos exercitui aditus non esset. (Caes., *Gall.*, 2, 16, 5)

Il apprit par des prisonniers que les femmes avaient été rassemblées en un lieu auquel l'armée ne pouvait accéder en raison des marais.

– Il existe de nombreux adverbes indéfinis dérivés des pronoms-adjectifs. Ils présentent les finales **-bi** pour le lieu où l'on est, **-o** pour le lieu où l'on va, **-unde** pour le lieu d'où l'on vient et **-a** pour le lieu par où l'on passe :
Si quando Romam aliove quo mitterent legatos... (Liv., 38, 30, 7)

S'ils envoyaient un jour des ambassadeurs à Rome ou en quelque autre endroit...

LA MORPHOLOGIE VERBALE

82 La conjugaison latine : généralités

La conjugaison du verbe est marquée par les variations suivantes :
– la personne : il existe six personnes ;
– le temps ;
– le mode : il existe trois modes dits personnels (indicatif, subjonctif, impératif) et quatre modes insensibles à la personne (infinitif, participe, gérondif, supin) ;
– la voix : elle peut être active ou passive ;
– la forme du radical : le verbe présente trois radicaux, celui de l'infectum (présent, imparfait, futur), du perfectum (parfait, plus-que-parfait et futur antérieur) et du supin.

83 Les cinq conjugaisons du latin

Les temps primitifs

Les verbes sont regroupés en cinq types de conjugaison. Pour identifier le type de chacun, on se reporte aux temps primitifs donnés dans les dictionnaires : chaque verbe est accompagné des cinq formes verbales suivantes, souvent abrégées.

amo (*aimer*) ⟶ amo : première personne du présent de l'indicatif actif
amas : deuxième personne du présent de l'indicatif actif
amare : infinitif présent actif
amavi : première personne du parfait de l'indicatif actif
amatum : supin

Identifier le radical d'infectum

Les trois premières formes des temps primitifs permettent d'identifier le radical d'infectum : ici ama-. C'est la forme du radical d'infectum qui détermine le type de conjugaison suivi par le verbe :
– 1re conjugaison : verbes dont le radical se termine par -a ;
– 2e conjugaison : verbes dont le radical se termine par -e (dele-o, dele-s, dele-re : *détruire*) ;

– 3e conjugaison : verbes dont le radical se termine tantôt par une consonne, tantôt par une voyelle, -i bref ou -e bref (leg-o, legĭ-s, legĕ-re : *lire*) ;
– 3e conjugaison mixte : verbes dont le radical se termine tantôt par -i bref, tantôt par -e bref (capĭ-o, capĭ-s, capĕ-re : *prendre*) ;
– 4e conjugaison : verbes dont le radical se termine tantôt par -i long, tantôt par -i bref (audĭ-o, audī-s, audī-re : *écouter*).
Conjugaisons ⟶ paragraphes 86, 89, 102, 105.

Identifier le radical de perfectum

La première personne du parfait suffit à reconnaître le radical utilisé au perfectum : celui de amo est amav-. Chaque type de conjugaison contient des radicaux de perfectum très variés ; il n'est donc pas toujours possible de déduire d'une forme de perfectum le type de conjugaison : par exemple, lēg-i et cēp-i présentent des formations de perfectum identiques, mais lĕgo appartient à la 3e conjugaison et căpio à la 3e mixte (⟶ paragraphes 95, 96, 98, 100, 107, 109).

Identifier le radical du participe parfait passif

Le supin (⟶ paragraphes 118, 119) donne le radical des participes parfait passif et futur (⟶ paragraphe 125) : celui de amo est amāt-. Ce radical est très utilisé dans des formes périphrastiques telles que amātus sum (*j'ai été aimé*).

84 Les désinences de personne

Il existe quatre séries de désinences :

SÉRIE 1	SÉRIE 2	SÉRIE 3	SÉRIE 4a	SÉRIE 4b	SÉRIE 4c	SÉRIE 4d
-ō ou -m	-ī	-(o)r				
-s	-isti	-ris	-e	-to	-re	-tor
-t	-it	-tur		-to		-tor
-mus	-imus	-mur				
-tis	-istis	-minī	-te	-tote	-mini	
-(u)nt	-erunt	-(u)ntur		-(u)nto		-(u)ntor

– La série 1 est utilisée pour tous les temps et modes personnels• de la voix active, sauf le parfait de l'indicatif et l'impératif.
– La série 2 est réservée au parfait de l'indicatif actif.
– La série 3 est employée pour l'infectum de la voix passive, ainsi qu'à l'actif pour des verbes dits déponents (⟶ paragraphe 137).
– La série 4 est limitée à l'impératif, avec des variations suivant le temps et la voix : 4a s'emploie pour le présent actif, 4b pour le futur actif, 4c pour le présent passif et 4d pour le futur passif.

85 Les verbes irréguliers

Les verbes irréguliers sont des verbes qui n'appartiennent pas à l'un des cinq types de conjugaison : leurs temps primitifs ne permettent pas de retrouver l'ensemble de la conjugaison ou ils n'utilisent pas les désinences ordinaires. Ce sont généralement des verbes usuels ; les plus fréquents sont : sum (*être*), eo (*aller*), volo (*vouloir*) et fero (*porter*).

LE MODE INDICATIF – LES TEMPS DE L'INFECTUM

86 L'indicatif présent actif des verbes réguliers

1re CONJUGAISON	2e CONJUGAISON	3e CONJUGAISON	3e CONJ. MIXTE	4e CONJUGAISON
amo : *aimer*	deleo : *détruire*	lego : *lire*	capio : *prendre*	audio : *écouter*
rad. ama-	rad. dele-	rad. leg-/legi-	rad. capi-	rad. audi-
amo	deleo	lego	capio	audio
amās	delēs	legis	capis	audīs
amat	delet	legit	capit	audit
amāmus	delēmus	legimus	capimus	audīmus
amātis	delētis	legitis	capitis	audītis
amant	delent	legunt	capiunt	audiunt

Emplois ⟶ paragraphes 304 à 309.

REM La conjugaison de capio est qualifiée de mixte, parce que ses formes tiennent à la fois du type lego et du type audio.

– Les verbes du type capio (3e mixte) et les verbes du type audio (4e) ne se distinguent qu'à trois personnes, par la longueur du -i- du radical :

capĭs / audīs

capĭmus / audīmus

capĭtis / audītis

– Les verbes du type capio (3e mixte) et les verbes du type lego (3e) ne se distinguent qu'à la première personne du singulier et à la troisième personne du pluriel :

capio / lego

capiunt / legunt

87 L'indicatif présent actif des verbes irréguliers

sum : *être*	possum : *pouvoir*	prosum : *être utile*	eo : *aller*	fero : *porter*
sum	possum	prosum	eo	fero
es	potes	prodes	is	fers
est	potest	prodest	it	fert
sumus	possumus	prosumus	imus	ferimus
estis	potestis	prodestis	itis	fertis
sunt	possunt	prosunt	eunt	ferunt

volo : *vouloir*	nolo : *refuser*	malo : *préférer*
volo	nolo	malo
vis	non vis	mavis
vult	non vult	mavult
volumus	nolumus	malumus
vultis	non vultis	mavultis
volunt	nolunt	malunt

Sum (*être*), ses dérivés et ses composés

La plupart des verbes dérivés• de sum suivent sa conjugaison : absum (*être absent*), adsum (*être présent*), desum (*manquer*), insum (*être dans*), intersum (*être dans l'intervalle*), obsum (*être nuisible*), praesum (*être à la tête*), subsum (*être dessous*).

Le verbe composé• possum (*pouvoir*) présente une première partie de radical changeante : pos- devant les formes de sum commençant par [s] et pot- devant les formes commençant par [e].

Le verbe dérivé prosum (*être utile*) présente également une alternance : pro- devant [s] et prod- devant voyelle.

Eo (*aller*) et ses dérivés

Les nombreux verbes dérivés• de eo se conjuguent de la même façon : abeo (*s'en aller*), adeo (*aller vers*), exeo (*sortir de*), intereo (*disparaître*), subeo (*aller sous*), transeo (*passer*), etc.

Fero (*porter*) et ses dérivés

Le verbe fero se rattache à la 3e conjugaison, sauf pour les formes en grisé.

Les verbes dérivés• de fero suivent exactement sa conjugaison : adfero (*apporter*), aufero (*emporter*), infero (*jeter dans*), offero (*présenter*), refero (*reporter*), suffero (*supporter*), etc.

Volo (*vouloir*) et ses composés

nolo < *ne-volo

malo < *magis-volo

Dans les composés• nolo et malo, les formes de volo ne sont reconnaissables qu'à certaines personnes (en grisé dans le tableau).

⚠ Es, est, et estis peuvent être des formes irrégulières du verbe edo (*manger*).

88 L'indicatif présent passif

Ire CONJUGAISON	2e CONJUGAISON	3e CONJUGAISON	3e CONJ. MIXTE	4e CONJUGAISON
amor : *être aimé*	deleor : *être détruit*	legor : *être lu*	capior : *être pris*	audior : *être écouté*
amor	delĕor	legor	capĭor	audĭor
amāris	delēris	legĕris	capĕris	audīris
amātur	delētur	legĭtur	capĭtur	audītur
amāmur	delēmur	legĭmur	capĭmur	audīmur
amāmini	delēmini	legĭmini	capĭmini	audīmini
amăntur	delĕntur	leguntur	capĭuntur	audĭuntur

L'indicatif présent passif présente les désinences de la troisième série (⟶ paragraphe 84) ajoutées au radical d'infectum.

REM – Parmi les verbes irréguliers, seul fero (*porter*) présente une conjugaison complète, avec comme seules formes irrégulières ferris (deuxième personne du singulier) et fertur (troisième personne du singulier).

– Eo (*aller*) a une troisième personne du singulier itur, qui est un passif impersonnel (⟶ paragraphe 160).

– Sum (*être*), volo (*vouloir*), leurs dérivés• et leurs composés• (⟶ paragraphe 87) n'ont pas de passif.

89 L'indicatif imparfait actif des verbes réguliers

Ire CONJUGAISON	2e CONJUGAISON	3e CONJUGAISON	3e CONJ. MIXTE	4e CONJUGAISON
amo : *aimer* rad. ama-	deleo : *détruire* rad. dele-	lego : *lire* rad. leg-/legi-	capio : *prendre* rad. capi-	audio : *écouter* rad. audi-
amabăm	delebăm	legebăm	capiebăm	audiebăm
amabās	delebās	legebās	capiebās	audiebās
amabăt	delebăt	legebăt	capiebăt	audiebăt
amabāmus	delebāmus	legebāmus	capiebāmus	audiebāmus
amabātis	delebātis	legebātis	capiebātis	audiebātis
amabănt	delebănt	legebănt	capiebănt	audiebănt

Les formes d'imparfait présentent un suffixe -(e)ba- caractéristique.
Ce suffixe a la forme -ba- aux deux premières conjugaisons et la forme -ēba- aux trois autres.
Emplois ⟶ paragraphes 310 à 315.

REM – À l'imparfait, la 3e conjugaison mixte est indiscernable de la 4e conjugaison.
– La forme -ba- du suffixe se rencontre parfois à la 4e conjugaison dans les textes poétiques : saevio, -is, -ire (*être cruel*) ⟶ saevibam.

90 L'indicatif imparfait actif des verbes irréguliers

sum : *être*	eo : *aller*
rad. er-	rad. i-
erăm	ibăm
erās	ibās
erăt	ibăt
erāmus	ibāmus
erātis	ibātis
erănt	ibănt

Sum (*être*), ses dérivés et ses composés

L'imparfait du verbe sum, de ses dérivés• et de ses composés• (⟶ paragraphe 87) est caractérisé par un suffixe -a- et par un radical er-.
Possum (*pouvoir*) présente à l'imparfait le radical pot- suivi de eram : poteram, poteras, etc. Prosum (*être utile*) présente à l'imparfait le radical prod- suivi de eram : proderam, proderas, etc.

Eo (*aller*) et ses dérivés

Eo est le seul verbe où le i- du radical est suivi de -ba-, au lieu de -eba-.

91 L'indicatif imparfait passif

1re CONJUGAISON	2e CONJUGAISON	3e CONJUGAISON	3e CONJ. MIXTE	4e CONJUGAISON
amor : *être aimé*	deleor : *être détruit*	legor : *être lu*	capior : *être pris*	audior : *être écouté*
amabăr	delebăr	legebăr	capiebăr	audiebăr
amabāris	delebāris	legebāris	capiebāris	audiebāris
amabātur	delebātur	legebātur	capiebātur	audiebātur
amabāmur	delebāmur	legebāmur	capiebāmur	audiebāmur
amabāmini	delebāmini	legebāmini	capiebāmini	audiebāmini
amabăntur	delebăntur	legebăntur	capiebăntur	audiebăntur

92 L'indicatif futur actif des verbes réguliers

Ire CONJUGAISON	2e CONJUGAISON	3e CONJUGAISON	3e CONJ. MIXTE	4e CONJUGAISON
amo : *aimer*	deleo : *détruire*	lego : *lire*	capio : *prendre*	audio : *écouter*
amabo	delebo	legăm	capiăm	audiăm
amabis	delebis	legēs	capiēs	audiēs
amabit	delebit	legĕt	capiĕt	audiĕt
amabimus	delebimus	legēmus	capiēmus	audiēmus
amabitis	delebitis	legētis	capiētis	audiētis
amabunt	delebunt	legĕnt	capiĕnt	audiĕnt

Le futur est caractérisé, soit par le suffixe -b(i)- dans les deux premières conjugaisons, soit par le suffixe -a-/-e- dans les autres.
Emplois ⟶ paragraphes 316 à 320.

⚠ On ne peut distinguer la première personne du futur legam, capiam, audiam de la première personne du subjonctif présent (⟶ paragraphe 102).

93 L'indicatif futur actif des verbes irréguliers

sum : *être* rad. er-	eo : *aller* rad. i-
ero	ibo
eris	ibis
erit	ibit
erimus	ibimus
eritis	ibitis
erunt	ibunt

Sum (*être*), ses dérivés et ses composés

Le futur de sum est caractérisé non par un suffixe, mais par la forme du radical er-/eri-.
Possum (*pouvoir*) présente le radical pot- suivi de ero : potero, etc.
Prosum (*être utile*) présente le radical prod- suivi de ero : prodero, etc.

Eo (*aller*) et ses dérivés

Eo est le seul verbe où le suffixe -b- suit un [i].

94 L'indicatif futur passif

Ire CONJUGAISON	2e CONJUGAISON	3e CONJUGAISON	3e CONJ. MIXTE	4e CONJUGAISON
amor : *être aimé*	deleor : *être détruit*	legor : *être lu*	capior : *être pris*	audior : *être écouté*
ama*b*or	dele*b*or	leg*a*r	capi*a*r	audi*a*r
ama*b*eris	dele*b*eris	legēris	capiēris	audiēris
ama*bi*tur	dele*bi*tur	legētur	capiētur	audiētur
ama*bi*mur	dele*bi*mur	legēmur	capiēmur	audiēmur
ama*bi*mini	dele*bi*mini	legēmini	capiēmini	audiēmini
ama*b*untur	dele*b*untur	legĕntur	capiĕntur	audiĕntur

Le futur est caractérisé, soit par le suffixe -b(i)- dans les deux premières conjugaisons, soit par le suffixe -a-/-e- dans les autres.

REM – On ne peut distinguer la première personne du futur legar, capiar, audiar de la première personne du subjonctif présent (⟶ paragraphe 104).
– Legeris peut être soit un présent passif, soit un futur passif de l'indicatif, mais la voyelle -e- est brève au présent (⟶ paragraphe 88) et longue au futur.

LE MODE INDICATIF – LES TEMPS DU PERFECTUM

95 Le radical du perfectum

Populus Romanus quascumque urbis et agros manu ceperat regi dono dedit. Igitur amicitia Masinissae bona atque honesta nobis permansit. Sed imperi vitaeque ejus finis idem fuit. Dein Micipsa filius regnum solus obtinuit. (Sall., *Jug.*, 5, 4-5)

Le peuple romain fit don au roi de toutes les cités et de tous les territoires qu'il avait conquis par la force. Ainsi, l'amitié de Massinissa resta pour nous sûre et fidèle. Mais la fin de sa vie fut en même temps la fin de son empire. Ensuite, son fils Micipsa obtint seul le trône.

Pour retrouver, à partir d'une forme de perfectum (parfait, plus-que-parfait, futur antérieur), l'entrée du verbe dans le dictionnaire, il faut connaître les différents types de formation du radical.

Radical de l'infectum + -u-/-v-

C'est le type le plus fréquent et le plus régulier ; presque tous les verbes de la première conjugaison suivent cette formation :

amo (*j'aime*) → ama-v-

Mais on trouve ce même type de formation dans d'autres conjugaisons :

deleo (*je détruis*) → dele-v-

audio (*j'écoute*) → audi-v-

Parfois, l'adjonction de ce suffixe -u-/-v- s'accompagne d'une modification du radical :

obtine-o (*j'obtiens*) → obtin-u-i (*j'ai obtenu*)

Radical + -s-

Le suffixe -s- est rare ailleurs que dans la 3e conjugaison :

permane-o (*je reste*) → perman-s-i (*je suis resté*)

L'adjonction de -s- a souvent modifié les consonnes finales du radical :

scrib-o (*j'écris*) → *scrib-s-i > scrip-s-i (*j'ai écrit*)

reg-o (*je dirige*) → *reg-s-i > rex-i (*j'ai dirigé*)

mitt-o (*j'envoie*) → *mit-s-i > mis-i (*j'ai envoyé*)

Redoublement

C'est un phénomène isolé qui modifie le début du radical :

curro (*je cours*) → cucurri (*j'ai couru*)

tondeo (*je tonds*) → totondi (*j'ai tondu*)

do (*je donne*) → dedi (*j'ai donné*)

Changement de voyelle du radical

Ce changement peut se produire :

– soit par simple allongement, ce qui ne pose pas de problème d'identification ;

vĕnio (*je viens*) → vēni (*je suis venu*)

lĕgo (*je lis*) → lēgi (*j'ai lu*)

– soit par allongement, avec changement de timbre.

căpio (*je prends*) → cēpi (*j'ai pris*)

accĭpio (*je reçois*) → accēpi (*j'ai reçu*)

La voyelle [e:] caractéristique du parfait remplace alors soit [a], soit [i].

Changement complet de radical (supplétisme)

Pour quelques verbes, peu nombreux mais usuels, le radical du perfectum est complètement indépendant du radical de l'infectum (⟶ paragraphe 83) :

sum (*je suis*) ⟶ fu-i (*je fus*)

fer-o (*je porte*) ⟶ tul-i (*j'ai porté*)

REM – Le même radical de perfectum peut servir pour deux verbes différents :

sustul-i pour toll-o (*je lève*) et suffer-o (*je supporte*)

pepend-i pour pend-o (*je pèse*) et pende-o (*je suis suspendu*)

– Les verbes irréguliers à l'infectum ont généralement des conjugaisons et des formations régulières au perfectum :

vol-o (*je veux*) ⟶ vol-u-i (*j'ai voulu*)

nol-o (*je refuse*) ⟶ nol-u-i (*j'ai refusé*)

mal-o (*je préfère*) ⟶ mal-u-i (*j'ai préféré*)

e-o (*je vais*) ⟶ i-v-i (*je suis allé*)

Possum (*je peux*) est le seul verbe formé à partir de sum (⟶ paragraphe 87) qui cesse complètement de suivre sa conjugaison ; il a au perfectum un radical propre : pot-u-.

96 L'indicatif parfait actif

Ire CONJUGAISON	2e CONJUGAISON	3e CONJUGAISON	3e CONJ. MIXTE	4e CONJUGAISON
amo : *aimer* rad. amav-	deleo : *détruire* rad. delev-	lego : *lire* rad. lēg-	capio : *prendre* rad. cēp-	audio : *écouter* rad. audiv-
amavi	delevi	legi	cepi	audivi
amavisti	delevisti	legisti	cepisti	audivisti
amavit	delevit	legit	cepit	audivit
amavimus	delevimus	legimus	cepimus	audivimus
amavistis	delevistis	legistis	cepistis	audivistis
amaverunt	deleverunt	legerunt	ceperunt	audiverunt

Les désinences de parfait suivent simplement le radical du perfectum.

REM – La troisième personne du pluriel peut présenter une désinence archaïque -ēre, au lieu de -erunt :

amavēre = amaverunt (*ils ont aimé*)

– On rencontre des formes "écrasées" (syncopées) qui ont perdu le -u-/-v- caractéristique du perfectum :

amasti = amavisti (*tu as aimé*)

Pour les verbes de la 4e conjugaison, ces formes écrasées se confondent parfois avec des formes de présent, mais elles ont un -i- long, contrairement au présent audit (*il entend*), qui a un -i- bref :
audivit ⟶ audīt (*il a entendu*)

Emplois ⟶ paragraphes 321 à 323.

97 L'indicatif parfait passif

1re CONJUGAISON	2e CONJUGAISON	3e CONJUGAISON	3e CONJ. MIXTE	4e CONJUGAISON
amor : *être aimé*	deleor : *être détruit*	legor : *être lu*	capior : *être pris*	audior : *être écouté*
amatus sum	deletus sum	lectus sum	captus sum	auditus sum
amatus es	deletus es	lectus es	captus es	auditus es
amatus est	deletus est	lectus est	captus est	auditus est
amati sumus	deleti sumus	lecti sumus	capti sumus	auditi sumus
amati estis	deleti estis	lecti estis	capti estis	auditi estis
amati sunt	deleti sunt	lecti sunt	capti sunt	auditi sunt

L'indicatif parfait passif est formé du participe parfait passif (⟶ paragraphe 125), accordé en genre et nombre avec le sujet, et de l'auxiliaire sum au présent (⟶ paragraphe 87) :

Ea res est Helvetiis per indicium enuntiata. (Caes., *Gall.*, I, 4, 1)
La chose fut révélée aux Helvètes par une dénonciation.

98 L'indicatif plus-que-parfait actif

1re CONJUGAISON	2e CONJUGAISON	3e CONJUGAISON	3e CONJ. MIXTE	4e CONJUGAISON
amo : *aimer* rad. amav-	deleo : *détruire* rad. delev-	lego : *lire* rad. lēg-	capio : *prendre* rad. cēp-	audio : *écouter* rad. audiv-
amaveram	deleveram	legeram	ceperam	audiveram
amaverās	deleverās	legerās	ceperās	audiverās
amaverat	deleverat	legerat	ceperat	audiverat
amaverāmus	deleverāmus	legerāmus	ceperāmus	audiverāmus
amaverātis	deleverātis	legerātis	ceperātis	audiverātis
amaverant	deleverant	legerant	ceperant	audiverant

L'indicatif plus-que-parfait actif est caractérisé par un suffixe -era- suivi des désinences de la première série (⟶ paragraphe 84).

Emplois ⟶ paragraphes 325, 328 à 331.

99 L'indicatif plus-que-parfait passif

Ire CONJUGAISON	2e CONJUGAISON	3e CONJUGAISON	3e CONJ. MIXTE	4e CONJUGAISON
amor : *être aimé*	deleor : *être détruit*	legor : *être lu*	capior : *être pris*	audior : *être écouté*
amatus eram	deletus eram	lectus eram	captus eram	auditus eram
amatus eras	deletus eras	lectus eras	captus eras	auditus eras
amatus erat	deletus erat	lectus erat	captus erat	auditus erat
amati eramus	deleti eramus	lecti eramus	capti eramus	auditi eramus
amati eratis	deleti eratis	lecti eratis	capti eratis	auditi eratis
amati erant	deleti erant	lecti erant	capti erant	auditi erant

L'indicatif plus-que-parfait passif est formé du participe parfait passif (⟶ paragraphe 125), accordé en genre et en nombre avec le sujet, et de l'auxiliaire sum à l'imparfait (⟶ paragraphe 90).

100 L'indicatif futur antérieur actif

Ire CONJUGAISON	2e CONJUGAISON	3e CONJUGAISON	3e CONJ. MIXTE	4e CONJUGAISON
amo : *aimer* rad. amav-	deleo : *détruire* rad. delev-	lego : *lire* rad. lēg-	capio : *prendre* rad. cēp-	audio : *écouter* rad. audiv-
amavero	delevero	legero	cepero	audivero
amaveris	deleveris	legeris	ceperis	audiveris
amaverit	deleverit	legerit	ceperit	audiverit
amaverimus	deleverimus	legerimus	ceperimus	audiverimus
amaveritis	deleveritis	legeritis	ceperitis	audiveritis
amaverint	deleverint	legerint	ceperint	audiverint

L'indicatif futur antérieur actif est caractérisé par un suffixe -er(i)- suivi des désinences de la première série (⟶ paragraphe 84).

REM L'indicatif futur antérieur se distingue du subjonctif parfait (⟶ paragraphe 107) à la première personne du singulier:

amavero (*j'aurai aimé*) / amaverim (*que j'aie aimé*)

Cette distinction se fait parfois aussi par la longueur du -i-:

amaverĭs (futur antérieur) / amaverīs (subjonctif parfait)

Emplois ⟶ paragraphes 325, 328 à 331.

101 L'indicatif futur antérieur passif

Ire CONJUGAISON	2e CONJUGAISON	3e CONJUGAISON	3e CONJ. MIXTE	4e CONJUGAISON
amor : *être aimé*	deleor : *être détruit*	legor : *être lu*	capior : *être pris*	audior : *être écouté*
amatus ero	deletus ero	lectus ero	captus ero	auditus ero
amatus eris	deletus eris	lectus eris	captus eris	auditus eris
amatus erit	deletus erit	lectus erit	captus erit	auditus erit
amati erimus	deleti erimus	lecti erimus	capti erimus	auditi erimus
amati eritis	deleti eritis	lecti eritis	capti eritis	auditi eritis
amati erunt	deleti erunt	lecti erunt	capti erunt	auditi erunt

L'indicatif futur antérieur passif est formé du participe parfait passif (⟶ paragraphe 125), accordé en genre et en nombre avec le sujet, et de l'auxiliaire sum au futur (⟶ paragraphe 93).

LE MODE SUBJONCTIF – LES TEMPS DE L'INFECTUM

102 Le subjonctif présent actif des verbes réguliers

Ire CONJUGAISON	2e CONJUGAISON	3e CONJUGAISON	3e CONJ. MIXTE	4e CONJUGAISON
amo : *aimer* rad. am-	deleo : *détruire* rad. dele-	lego : *lire* rad. leg-	capio : *prendre* rad. capi-	audio : *écouter* rad. audi-
amem	deleam	legam	capiam	audiam
amēs	deleās	legās	capiās	audiās
amet	deleat	legat	capiat	audiat
amēmus	deleāmus	legāmus	capiāmus	audiāmus
amētis	deleātis	legātis	capiātis	audiātis
ament	deleant	legant	capiant	audiant

Le subjonctif présent est caractérisé par un suffixe -a- suivi des désinences de la première série (⟶ paragraphe 84), sauf pour les verbes de la Ire conjugaison où le suffixe -e- se substitue à la voyelle [a] du radical.

REM On ne peut distinguer la première personne de l'indicatif futur legam, capiam, audiam (⟶ paragraphe 92) de la première personne du subjonctif présent.
Parfois, même le contexte ne permet pas de décider entre les deux :
Quid dicam ? *Que vais-je dire ?* ou *Que pourrais-je dire ?*

Emplois ⟶ paragraphes 243, 264, 277 à 279, 328 à 331.

103 Le subjonctif présent actif des verbes irréguliers

sum : *être*	volo : *vouloir*
sim	velim
sīs	velīs
sit	velit
sīmus	velīmus
sītis	velītis
sint	velint

Sum (*être*), ses dérivés et ses composés

Au subjonctif présent, le verbe sum, ses dérivés• et ses composés• (⟶ paragraphe 87) présentent un suffixe -i- caractéristique : sim, possim (de possum : *pouvoir*), prosim (de prosum : *être utile*), etc.

Volo (*vouloir*) et ses composés

Le verbe volo et ses composés•, nolo (*refuser*) et malo (*préférer*), présentent également le suffixe -i- : vel-i-m, nol-i-m, mal-i-m, etc.

REM Eo (*aller*) et fero (*porter*) ont des formations régulières : eam, feram.

104 Le subjonctif présent passif

1re CONJUGAISON	2e CONJUGAISON	3e CONJUGAISON	3e CONJ. MIXTE	4e CONJUGAISON
amor : *être aimé*	deleor : *être détruit*	legor : *être lu*	capior : *être pris*	audior : *être écouté*
amer	delear	legar	capiar	audiar
amēris	deleāris	legāris	capiāris	audiāris
amētur	deleātur	legātur	capiātur	audiātur
amēmur	deleāmur	legāmur	capiāmur	audiāmur
amēmini	deleāmini	legāmini	capiāmini	audiāmini
amentur	deleantur	legantur	capiantur	audiantur

105 Le subjonctif imparfait actif

Ire CONJUGAISON	2e CONJUGAISON	3e CONJUGAISON	3e CONJ. MIXTE	4e CONJUGAISON
amo : *aimer* rad. ama-	deleo : *détruire* rad. dele-	lego : *lire* rad. lege-	capio : *prendre* rad. cape-	audio : *écouter* rad. audi-
amarem	delerem	legerem	caperem	audirem
amarēs	delerēs	legerēs	caperēs	audirēs
amaret	deleret	legeret	caperet	audiret
amarēmus	delerēmus	legerēmus	caperēmus	audirēmus
amarētis	delerētis	legerētis	caperētis	audirētis
amarent	delerent	legerent	caperent	audirent

Le subjonctif imparfait est caractérisé par le suffixe -re-; aussi donne-t-il l'illusion d'être constitué de l'infinitif présent (⟶ paragraphe 127) et des désinences de la première série (⟶ paragraphe 84).
De fait, par ce moyen mnémotechnique, même les verbes irréguliers sont facilement reconnaissables:

essem	⟵	sum (*être*; infinitif: esse)
irem	⟵	eo (*aller*; infinitif: ire)
vellem	⟵	volo (*vouloir*; infinitif: velle)
ferrem	⟵	fero (*porter*; infinitif: ferre)

Emplois ⟶ paragraphes 243, 277, 328 à 331.

106 Le subjonctif imparfait passif

Ire CONJUGAISON	2e CONJUGAISON	3e CONJUGAISON	3e CONJ. MIXTE	4e CONJUGAISON
amor : *être aimé*	deleor : *être détruit*	legor : *être lu*	capior : *être pris*	audior : *être écouté*
amarer	delerer	legerer	caperer	audirer
amarēris	delerēris	legerēris	caperēris	audirēris
amarētur	delerētur	legerētur	caperētur	audirētur
amarēmur	delerēmur	legerēmur	caperēmur	audirēmur
amarēmini	delerēmini	legerēmini	caperēmini	audirēmini
amarentur	delerentur	legerentur	caperentur	audirentur

LE MODE SUBJONCTIF – LES TEMPS DU PERFECTUM

107 Le subjonctif parfait actif

1re CONJUGAISON	2e CONJUGAISON	3e CONJUGAISON	3e CONJ. MIXTE	4e CONJUGAISON
amo : *aimer* rad. amav-	deleo : *détruire* rad. delev-	lego : *lire* rad. lēg-	capio : *prendre* rad. cēp-	audio : *écouter* rad. audiv-
amaverim	deleverim	legerim	ceperim	audiverim
amaveris	deleveris	legeris	ceperis	audiveris
amaverit	deleverit	legerit	ceperit	audiverit
amaverimus	deleverimus	legerimus	ceperimus	audiverimus
amaveritis	deleveritis	legeritis	ceperitis	audiveritis
amaverint	deleverint	legerint	ceperint	audiverint

Le subjonctif parfait actif est caractérisé par le suffixe -eri-.

REM Le subjonctif parfait actif se distingue du futur antérieur de l'indicatif (⟶ paragraphe 100) à la première personne du singulier:

amaverim (*que j'aie aimé*) / amavero (*j'aurai aimé*)

À certaines personnes, il se distingue aussi parfois par un -i- long:

amaverĭs (futur antérieur) / amaverīs (subjonctif parfait)

Emplois ⟶ paragraphes 243, 264, 277 à 279, 328 à 331.

108 Le subjonctif parfait passif

1re CONJUGAISON	2e CONJUGAISON	3e CONJUGAISON	3e CONJ. MIXTE	4e CONJUGAISON
amor : *être aimé*	deleor : *être détruit*	legor : *être lu*	capior : *être pris*	audior : *être écouté*
amatus sim	deletus sim	lectus sim	captus sim	auditus sim
amatus sis	deletus sis	lectus sis	captus sis	auditus sis
amatus sit	deletus sit	lectus sit	captus sit	auditus sit
amati simus	deleti simus	lecti simus	capti simus	auditi simus
amati sitis	deleti sitis	lecti sitis	capti sitis	auditi sitis
amati sint	deleti sint	lecti sint	capti sint	auditi sint

Le subjonctif parfait passif est formé du participe parfait passif (⟶ paragraphe 125), accordé en genre et nombre avec le sujet, accompagné de l'auxiliaire sum au subjonctif présent (⟶ paragraphe 103).

109 Le subjonctif plus-que-parfait actif

1re CONJUGAISON	2e CONJUGAISON	3e CONJUGAISON	3e CONJ. MIXTE	4e CONJUGAISON
amo : *aimer* rad. amav-	deleo : *détruire* rad. delev-	lego : *lire* rad. lĕg-	capio : *prendre* rad. cēp-	audio : *écouter* rad. audiv-
amavissem	delevissem	legissem	cepissem	audivissem
amavissēs	delevissēs	legissēs	cepissēs	audivissēs
amavisset	delevisset	legisset	cepisset	audivisset
amavissēmus	delevissēmus	legissēmus	cepissēmus	audivissēmus
amavissētis	delevissētis	legissētis	cepissētis	audivissētis
amavissent	delevissent	legissent	cepissent	audivissent

Le subjonctif plus-que-parfait actif est caractérisé par le suffixe -isse ; aussi donne-t-il l'illusion d'être constitué de l'infinitif parfait (⟶ paragraphe 127) et des désinences de la première série (⟶ paragraphe 84).
De fait, par ce moyen mnémotechnique, même les verbes irréguliers (⟶ paragraphe 85) sont facilement reconnaissables :
fuissem ⟵ sum (*être* ; infinitif parfait : fuisse), etc.

Emplois ⟶ paragraphes 243, 277, 325, 328 à 331.

110 Le subjonctif plus-que-parfait passif

1re CONJUGAISON	2e CONJUGAISON	3e CONJUGAISON	3e CONJ. MIXTE	4e CONJUGAISON
amor : *être aimé*	deleor : *être détruit*	legor : *être lu*	capior : *être pris*	audior : *être écouté*
amatus essem	deletus essem	lectus essem	captus essem	auditus essem
amatus esses	deletus esses	lectus esses	captus esses	auditus esses
amatus esset	deletus esset	lectus esset	captus esset	auditus esset
amati essemus	deleti essemus	lecti essemus	capti essemus	auditi essemus
amati essetis	deleti essetis	lecti essetis	capti essetis	auditi essetis
amati essent	deleti essent	lecti essent	capti essent	auditi essent

Le subjonctif plus-que-parfait passif est formé du participe parfait passif (⟶ paragraphe 125), accordé en genre et en nombre avec le sujet, et de l'auxiliaire sum au subjonctif imparfait (⟶ paragraphe 105).

LE MODE IMPÉRATIF

111 L'impératif : généralités

Il n'existe que deux temps au mode impératif : le présent et le futur.
L'impératif n'existe pas à toutes les personnes : il existe toujours pour la deuxième personne (singulier et pluriel) et se rencontre, au futur seul, pour la troisième personne.
Il présente une série de désinences spécifiques (quatrième série ⟶ paragraphe 84).

112 L'impératif présent actif des verbes réguliers

1re CONJUGAISON	2e CONJUGAISON	3e CONJUGAISON	3e CONJ. MIXTE	4e CONJUGAISON
amo : *aimer*	deleo : *détruire*	lego : *lire*	capio : *prendre*	audio : *écouter*
rad. ama-	rad. dele-	rad. leg- / legi-	rad. capi-	rad. audi-
ama	dele	lege	cape	audi
amate	delete	legite	capite	audite

REM – La forme de deuxième personne du singulier se termine simplement par la voyelle du radical. Mais pour la 3e conjugaison et la 3e mixte, la voyelle brève finale -i s'est changée en -e : lege (*lis*), cape (*prends*).
– Les verbes dico (*dire*), duco (*conduire*) et facio (*faire*) ont perdu la désinence -e de deuxième personne du singulier : dic (*dis*), duc (*conduis*), fac (*fais*).

Emplois ⟶ paragraphes 250, 259, 276, 278, 279.

113 L'impératif présent actif des verbes irréguliers

sum : *être*	nolo : *refuser*	eo : *aller*	fero : *porter*
es	noli	i	fer
este	nolite	ite	ferte

REM – Le verbe volo (*vouloir*) et son composé• malo (*préférer*) sont dépourvus d'impératif.
– L'impératif noli, nolite sert de semi-auxiliaire• dans l'expression de la défense (⟶ paragraphes 279, 362).

114 L'impératif présent passif

Ire CONJUGAISON	2e CONJUGAISON	3e CONJUGAISON	3e CONJ. MIXTE	4e CONJUGAISON
amor : *être aimé*	deleor : *être détruit*	legor : *être lu*	capior : *être pris*	audior : *être écouté*
amare	delere	legere	capere	audire
amamini	delemini	legimini	capimini	audimini

⚠ – La deuxième personne du singulier est identique à l'infinitif présent actif: amare (*sois aimé*) / amare (*aimer*)

– La deuxième personne du pluriel est identique à la deuxième personne du pluriel de l'indicatif présent passif (⟶ paragraphe 88) : amamini (*soyez aimés*) / amamini (*vous êtes aimés*)

REM Parmi les verbes irréguliers (⟶ paragraphe 85), seul fero (*porter*) présente un impératif présent passif: ferre, ferimini.

115 L'impératif futur actif des verbes réguliers

Ire CONJUGAISON	2e CONJUGAISON	3e CONJUGAISON	3e CONJ. MIXTE	4e CONJUGAISON
amo : *aimer* rad. ama-	deleo : *détruire* rad. dele-	lego : *lire* rad. legi-	capio : *prendre* rad. capi-	audio : *écouter* rad. audi-
amatō	deletō	legitō	capitō	auditō
amatō	deletō	legitō	capitō	auditō
amatōte	deletōte	legitōte	capitōte	auditōte
amantō	delentō	leguntō	capiuntō	audiuntō

REM Le futur est le seul temps de l'impératif actif où le verbe peut aussi être employé à la troisième personne, singulier et pluriel.

Emplois ⟶ paragraphes 250, 259, 276, 278, 279.

116 L'impératif futur actif des verbes irréguliers

sum : *être*	nolo : *refuser*	eo : *aller*	fero : *porter*
estō	nolitō	itō	fertō
estō		itō	fertō
estōte	nolitōte	itōte	fertōte
suntō		euntō	feruntō

117 L'impératif futur passif

1re CONJUGAISON	2e CONJUGAISON	3e CONJUGAISON	3e CONJ. MIXTE	4e CONJUGAISON
amor : *être aimé*	deleor : *être détruit*	legor : *être lu*	capior : *être pris*	audior : *être écouté*
amator	deletor	legitor	capitor	auditor
amator	deletor	legitor	capitor	auditor
amantor	delentor	leguntor	capiuntor	audiuntor

REM – L'emploi de l'impératif futur passif est très rare ; il concerne seulement les deuxième et troisième personnes du singulier et la troisième personne du pluriel.
– Parmi les verbes irréguliers (⟶ paragraphe 85), seul fero (*porter*) présente un impératif futur passif : fertor, feruntor.

LE SUPIN

118 Le supin : généralités

Le supin est une forme d'origine nominale (c'est un ancien nom d'action) caractérisée par un suffixe -tu-.
Emplois ⟶ paragraphes 148, 170, 358.

Le supin se décline

Le supin ne présente aucune des marques verbales : ni de personne, ni de temps, ni de voix. Il ne varie ni en genre, ni en nombre, mais se présente à deux cas : accusatif et ablatif.
Il est donné dans les temps primitifs (⟶ paragraphe 83) :
amo, -as, -are, -avi, -atum (*aimer*) ⟶ supin : amatum

Le radical du supin

Il est identique à celui des participes futur et parfait (⟶ paragraphes 123 à 125) :
amo ⟶ supin : amatum
participe futur : amaturus, -a, -um
participe parfait : amatus, -a, um
Si le radical se termine par -s, le suffixe est -su-m : mis-su-m.
Quelques verbes (volo : *vouloir*, par exemple) sont dépourvus de supin ; ils sont également dépourvus de participe futur, et donc d'infinitif futur (⟶ paragraphes 127, 128).

119 La déclinaison du supin

	1re CONJUGAISON	2e CONJUGAISON	3e CONJUGAISON	3e CONJ. MIXTE	4e CONJUGAISON
	amo : *aimer* rad. ama-	deleo : *détruire* rad. dele-	lego : *lire* rad. lec-	capio : *prendre* rad. cap-	audio : *écouter* rad. audi-
Acc.	amatum	deletum	lectum	captum	auditum
Abl.	amatū	deletū	lectū	captū	auditū

REM – Comme pour le participe parfait passif (⟶ paragraphe 125), le suffixe de supin peut se présenter sous la forme -su-: mitto (*envoyer*) ⟶ missum.

– Il reste trace pour quelques verbes d'une forme de datif en -tui: memoro (*rappeler*) ⟶ memoratui.

Parmi les verbes irréguliers (⟶ paragraphe 85) , seuls ont un supin eo (itum) et fero (latum).

LE MODE PARTICIPE

120 Le mode participe : généralités

Les participes se déclinent

Les participes sont des formes adjectivales du verbe. Ils se déclinent donc comme des adjectifs et s'accordent en genre, nombre et cas avec le nom auquel ils se rapportent.

Voix et temps

Il existe des participes à l'actif et au passif. Ils se conjuguent au présent, au parfait et au futur, mais chaque temps n'existe pas à chaque voix.

amo : *aimer*	PRÉSENT	PARFAIT	FUTUR
actif	amans (*aimant*)	.	amaturus (*allant aimer*)
passif	.	amatus (*ayant été aimé*)	.

121 Le participe présent actif des verbes réguliers

1re CONJUGAISON	2e CONJUGAISON	3e CONJUGAISON	3e CONJ. MIXTE	4e CONJUGAISON
amo : *aimer* rad. ama-	deleo : *détruire* rad. dele-	lego : *lire* rad. leg-	capio : *prendre* rad. capi-	audio : *écouter* rad. audi-
amans, -ntis	delens, -ntis	legens, -entis	capiens, -entis	audiens, -entis

Le participe présent est formé à l'aide du suffixe -(e)nt- ajouté au radical d'infectum. Il se décline comme un adjectif de la deuxième classe sur le modèle de prudens (⟶ paragraphe 40).
Emplois ⟶ paragraphes 235, 247, 145.

122 Le participe présent actif des verbes irréguliers

Sum (*être*), ses dérivés et ses composés

Le verbe sum et la majorité de ses dérivés• (⟶ paragraphe 87) sont dépourvus de participe présent actif. Il existe un participe présent pour :

absum (*être absent*) ⟶ absens, -entis
praesum (*être présent*) ⟶ praesens, -entis

Eo (*aller*) et ses dérivés

Le verbe eo a pour participe présent iens, euntis, dont le radical est eunt- à tous les cas autres que le nominatif singulier. Ses dérivés• se déclinent de la même façon.

Les autres verbes irréguliers

Les autres verbes irréguliers ont des formations régulières :
fero (*porter*) ⟶ ferens, -entis
volo (*vouloir*) et ses composés ⟶ volens, -entis ; nolens, -entis (nolo : *refuser*) ; malens, -entis (malo : *préférer*).

123 Le participe futur actif des verbes réguliers

1re CONJUGAISON	2e CONJUGAISON	3e CONJUGAISON	3e CONJ. MIXTE	4e CONJUGAISON
amo : *aimer* rad. ama-	deleo : *détruire* rad. dele-	lego : *lire* rad. lec-	capio : *prendre* rad. cap-	audio : *écouter* rad. audi-
amaturus, -a, -um	deleturus, -a, -um	lecturus, -a, -um	capturus, -a, -um	auditurus, -a, -um

Le participe futur est formé du radical du supin (⟶ paragraphes 118-119) et du suffixe -turus :
venio (*venir*) ⟶ supin : ventum ⟶ participe futur : venturus
Il se décline comme un adjectif de la 1re classe, type bonus, -a, -um (⟶ paragraphe 37).
Il entre dans la formation de l'infinitif futur (⟶ paragraphe 127).
Emplois ⟶ paragraphe 318.

124 Le participe futur actif des verbes irréguliers

Sa formation

Le participe futur des verbes irréguliers se forme, comme pour les autres verbes, à partir du radical du supin (quand il existe ⟶ paragraphes 118-119) :

fero (*porter*) ⟶ supin : latum ⟶ participe futur : laturus
eo (*aller*) ⟶ supin : itum ⟶ participe futur : iturus

Sum (être), ses dérivés et ses composés

Le verbe sum et ses dérivés• (⟶ paragraphe 87) ont pour participe futur futurus, -a, -um : adsum (*être présent*) ⟶ adfuturus, etc.
Seul le composé• possum (*pouvoir*) est dépourvu de participe futur.

125 Le participe parfait passif

1re CONJUGAISON	2e CONJUGAISON	3e CONJUGAISON	3e CONJ. MIXTE	4e CONJUGAISON
amo : ***aimer*** rad. ama-	deleo : ***détruire*** rad. dele-	lego : ***lire*** rad. lec-	capio : ***prendre*** rad. cap-	audio : ***écouter*** rad. audi-
amatus, -a, -um	deletus, -a, -um	lectus, -a, -um	captus, -a, -um	auditus, -a, -um

Le participe parfait passif est formé par adjonction du suffixe -tus, -a, -um au radical du supin (⟶ paragraphes 118-119) :
capio ⟶ supin : captum ⟶ participe parfait passif : captus, -a, -um, etc.
Il se décline comme un adjectif de la 1re classe (type bonus, -a, -um ⟶ paragraphe 37).
Il entre dans la formation des temps du perfectum des verbes déponents (parfait, plus-que-parfait, futur antérieur ⟶ paragraphe 137) et du passif (⟶ paragraphes 97, 99, 101, 108, 110).

REM La forme du suffixe peut être modifiée au contact de la consonne finale du radical et se présenter, comme au supin (⟶ paragraphe 119), sous la forme -sus :
mitto (*envoyer*) ⟶ supin : missum ⟶ participe parfait passif : missus, -a, -um
Emplois ⟶ paragraphes 145, 235.

LE MODE INFINITIF

126 Le mode infinitif : généralités

L'infinitif est un mode non personnel, c'est-à-dire qu'il ne varie pas suivant la personne du sujet. Il varie suivant la voix (actif, passif) et suivant le temps (présent, parfait, futur).

Divico respondit : ita Helvetios a majoribus suis institutos esse (inf. parf. passif) *uti obsides accipere* (inf. prés. actif), *non dare* (inf. prés. actif) *consuerint ; ejus rei populum Romanum esse* (inf. prés.) *testem.* (Caes., *Gall.*, I, 14,7)

Divico répondit que les Helvètes avaient été éduqués dans cette coutume par leurs ancêtres : recevoir des otages, et non en donner ; le peuple romain en était témoin.

127 L'infinitif actif des verbes réguliers

	Ire CONJUGAISON	2e CONJUGAISON	3e CONJUGAISON	3e CONJ. MIXTE	4e CONJUGAISON
	amo : *aimer*	deleo : *détruire*	lego : *lire*	capio : *prendre*	audio : *écouter*
présent	amare	delere	legere	capere	audire
parfait	amavisse	delevisse	legisse	cepisse	audivisse
futur	amaturum, - am, -um esse	deleturum, -am, -um esse	lecturum, -am, -um esse	capturum, -am, -um esse	auditurum, -am, -um esse

L'infinitif présent

Il est caractérisé par un suffixe -rĕ, qui provient du suffixe -sĕ par rhotacisme• après voyelle.

L'infinitif parfait

Il est caractérisé par le suffixe -isse ajouté au radical de perfectum (⟶ paragraphe 95).

L'infinitif futur

Il est formé du participe futur (⟶ paragraphe 123) suivi de esse (infinitif présent de l'auxiliaire sum ⟶ paragraphe 128).

L'auxiliaire est souvent omis :

Scribis (...) te ad me venturam. (Cic., *Fam.*, 14, 3, 5)

Tu écris que tu viendras me voir.

Les verbes qui n'ont pas de participe futur (comme possum → paragraphe 124) n'ont pas d'infinitif futur.

128 L'infinitif actif des verbes irréguliers

	sum : *être*	possum : *pouvoir*	volo : *vouloir*	fero : *porter*	eo : *aller*
présent	esse	posse	velle	ferre	ire
parfait	fuisse	potuisse	voluisse	tulisse	i(v)isse
futur	futurum, -am, -um esse ou fore			laturum, -am, -um esse	iturum, -am, -um esse

Le suffixe ancien -se de l'infinitif présent se maintient après un radical terminé par [s] : es-se. Mais il subit l'influence des autres consonnes finales du radical :

*vel-se > vel-le

*fer-se > fer-re

Les verbes composés• à partir de volo présentent, à l'infinitif présent, le même suffixe -le :

nolo (*refuser*) → nolle

malo (*préférer*) → malle

129 L'infinitif passif

	1re CONJUGAISON	2e CONJUGAISON	3e CONJUGAISON	3e CONJ. MIXTE	4e CONJUGAISON
	amor : *être aimé*	deleor : *être détruit*	legor : *être lu*	capior : *être pris*	audior : *être écouté*
présent	amarī (*être aimé*)	delerī (*être détruit*)	legī (*être lu*)	capī (*être pris*)	audirī (*être écouté*)
parfait	amatum, -am, -um esse (*avoir été aimé*)	deletum, -am, -um esse (*avoir été détruit*)	lectum, -am,-um esse (*avoir été lu*)	captum, -am, -um esse (*avoir été pris*)	auditum, -am, -um esse (*avoir été écouté*)
futur	amatum irī	deletum irī	lectum irī	captum irī	auditum irī

L'infinitif présent

Il est caractérisé par les deux suffixes -ī et -rī.

L'infinitif parfait

Il est formé du participe parfait passif (⟶ paragraphe 125), accompagné de esse (infinitif présent de l'auxiliaire sum ⟶ paragraphe 128). Cet auxiliaire est souvent omis :

Cognoscit missum in Hispaniam a Pompeio Vibullium Rufum. (Caes., *civ.*, 1, 34, 1)

Il apprend que Vibullius Rufus a été envoyé en Espagne par Pompée.

L'infinitif futur

Son emploi est rare. Il est formé du supin (⟶ paragraphes 118-119), accompagné de l'infinitif présent passif du verbe eo (iri). Il n'a pas d'équivalent en français.
Cette forme est parfois remplacée par possum + infinitif présent passif, notamment quand le verbe n'a pas de supin :

Sperant sibi (...) rem publicam sine praesidio obici posse. (Cic., *Mur.*, 82)

Ils espèrent que l'État leur sera livré sans défense.

LE MODE GÉRONDIF

130 Le gérondif et l'adjectif verbal : généralités

Temporis tanta fuit exiguitas hostiumque tam paratus ad dimicandum (gérondif) *animus, ut non modo ad insignia adcommodanda* (adj. verbal)*, sed etiam ad galeas induendas* (adj. verbal) *scutisque tegimenta detrudenda* (adj. verbal) *tempus defuerit.* (Caes., *Gall.*, 2, 21, 5)

Les délais furent si courts et les ennemis si disposés à se battre que le temps manqua non seulement pour arborer les insignes, mais aussi pour enfiler les casques et enlever la housse des boucliers.

Le gérondif

Le gérondif est une forme nominale du verbe, c'est-à-dire qu'il se décline, mais il n'existe qu'au singulier. Il est insensible à la personne, au genre, au nombre, à la voix et au temps.
Il est formé à l'aide du suffixe -nd(um). Déclinaison ⟶ paragraphe 131.

L'adjectif verbal

Parallèlement au gérondif, formé à l'aide du même suffixe, existe un adjectif verbal. Il se décline comme un adjectif de la Ire classe (type bonus, -a, -um ⟶ paragraphe 37) et s'accorde en genre et en nombre avec le nom auquel il se rapporte (déclinaison ⟶ paragraphe 132).

131 La déclinaison du gérondif

	Ire CONJUGAISON	2e CONJUGAISON	3e CONJUGAISON	3e CONJ. MIXTE	4e CONJUGAISON
	amo : *aimer*	deleo : *détruire*	lego : *lire*	capio : *prendre*	audio : *écouter*
Acc.	amandum	delendum	legendum	capiendum	audiendum
G.	amandi	delendi	legendi	capiendi	audiendi
D.	amando	delendo	legendo	capiendo	audiendo
Abl.	amando	delendo	legendo	capiendo	audiendo

REM – Il n'existe pas de nominatif du gérondif; on rencontre à la place l'infinitif (⟶ paragraphe 126).
– Le verbe sum (*être*), ses dérivés• et ses composés• (⟶ paragraphe 87), ainsi que le verbe volo (*vouloir*) et ses composés, nolo (*refuser*) et malo (*préférer*), sont dépourvus de gérondif.
– Le verbe eo (*aller*) a pour gérondif eundum, eundi, eundo.

Emplois ⟶ paragraphes 148, 170, 200, 356.

132 La déclinaison de l'adjectif verbal

Ire CONJUGAISON	2e CONJUGAISON	3e CONJUGAISON	3e CONJ. MIXTE	4e CONJUGAISON
amo : *aimer* rad. ama-	deleo : *détruire* rad. dele-	lego : *lire* rad. leg-	capio : *prendre* rad. capi-	audio : *écouter* rad. audi-
amandus, -a, -um	delendus, -a, -um	legendus, -a, -um	capiendus, -a, -um	audiendus, -a, -um

L'adjectif verbal a toujours un sens passif, y compris pour les verbes déponents (⟶ paragraphe 137) :
puer amandus (*un enfant aimable = susceptible d'être aimé*)
Employé avec l'auxiliaire sum, il marque l'obligation (⟶ paragraphe 266) :

Non paranda nobis solum ea, sed fruenda etiam est. (Cic., *fin.*, I, 3)
Il nous faut non seulement nous la procurer (la sagesse), mais aussi en tirer profit.

Autres emplois ⟶ paragraphes 148, 170, 192, 356.

LES VERBES DÉFECTIFS

133 Les verbes défectifs : généralités

Les verbes défectifs sont des verbes auxquels manquent certaines formes.
Il peut ainsi leur manquer :
– certaines personnes (⟶ paragraphe 134) ;
– certains temps (⟶ paragraphes 135 et 136) ;
– certains modes (surtout le supin ⟶ paragraphes 118-119, et certains participes ⟶ paragraphes 120 à 125) ;
– l'opposition entre voix active et voix passive (⟶ paragraphes 136-137).
Certains verbes irréguliers sont en même temps défectifs : sum, volo, leurs composés• et leurs dérivés•.

134 Les verbes dépourvus de certaines personnes

Les verbes impersonnels

On appelle verbes impersonnels des verbes qui ne se présentent qu'à la 3e personne du singulier :
– les verbes météorologiques : pluit (*il pleut*), calet (*il fait chaud*), tonat (*il tonne*), grandinat (il grêle) ;
– quelques verbes exprimant un sentiment, dont le sujet réel• est à l'accusatif : me miseret (*j'ai pitié*), me paenitet (*j'en ai assez*), me piget (*j'ai de la peine*), me pudet (*j'ai honte*), me taedet (*j'ai du dégoût*) ;
– des verbes et locutions exprimant la convenance ou l'obligation : decet (*il convient*), licet (*il est permis*), oportet (*il faut*), necesse est (*il faut*).
Ces verbes apparaissent à la plupart des temps conjugués et à l'infinitif.

Les verbes d'emploi limité

Quelques verbes utilisés en incise• ou dans des formules présentent seulement certaines formes :

– aio (*dire*) est employé au présent : aio, ais, ait, aiunt ; à l'imparfait : aiebam, aiebas, etc. ;

– inquam n'apparaît qu'en proposition incise : inquam (dis-je), inquis, inquit, inquiunt ont une valeur de présent aussi bien que de parfait ;

– quaeso (*je vous prie*) se rencontre aussi au pluriel : quaesumus (*nous vous prions*) ;

– salve, salvete (*salut*) sont des impératifs utilisés dans la correspondance ;

– ave, avete (*bonjour*) sont également des impératifs.

135 Les verbes dépourvus des temps de l'infectum

Coepi, memini et odi

Quelques verbes n'apparaissent qu'aux temps du perfectum, mais avec le sens du temps de l'infectum correspondant :

– parfait = présent ⟶ coepi (*je commence*) ;
– plus-que-parfait = imparfait ⟶ coeperam (*je commençais*) ;
– futur antérieur = futur ⟶ coepero (*je commencerai*).

Ces verbes sont donnés dans les dictionnaires aux 1re et 2e personnes du singulier du parfait de l'indicatif et à l'infinitif parfait :

coepi, coepisti, coepisse (*commencer*)
memini, meministi, meminisse (*se souvenir*)
odi, odisti, odisse (*haïr*)

Nosco et consuesco

Quelques verbes du type de coepi présentent aussi, exceptionnellement, les formes de l'infectum :

nosco (*j'apprends à connaître*) ⟶ novi (*j'ai appris à connaître*, donc *je connais*), novisti, novisse, notum

consuesco (*je m'accoutume à*) ⟶ consuevi (*je me suis accoutumé*, donc *j'ai l'habitude* de), consuevisti, consuevisse

À l'infectum, l'action est à son commencement (aspect inchoatif•) ; le perfectum donne le résultat présent, une fois cette action achevée (aspect accompli).

136 Fio (devenir) / facio (faire)

Le verbe fio, -is, fieri, factus sum (*devenir*) se conjugue sur le modèle de audio (*écouter*, 4e conjugaison) pour les temps de l'infectum, sauf au subjonctif imparfait (fierem) et à l'infinitif présent, qui est de forme passive (fieri). Ces formes d'infectum servent de passif à facio. Inversement, au perfectum, fio emprunte les formes passives de facio: factus sum (*je suis devenu*), etc.

	INFECTUM	PERFECTUM
fio	fio (*je deviens*)	factus sum (*je suis devenu*)
facio	fio (*je suis fait*)	factus sum (*j'ai été fait*)

REM – Les verbes composés* de facio suivent son modèle de conjugaison: patefacio (*ouvrir*) / patefio (*être ouvert*). En revanche, les verbes dérivés*, comme perficio (*achever*), ont une formation régulière de passif: perficior, etc.

– Quelques verbes emploient comme passif des formes actives empruntées à d'autres verbes:

doceo (*instruire*) / disco (*être instruit = apprendre*)

vendo (de venum do: *vendre*) / veneo (de venum eo: *être mis en vente*)

verbero (*frapper*) / vapulo (*être frappé*)

137 Les verbes déponents

Définition

Les verbes déponents sont des verbes dont la plupart des formes appartiennent à la voix passive, mais qui sont de sens actif.

Non irascetur sapiens peccantibus. Quare? Quia scit neminem nasci sapientem, sed fieri. (Sen., *ir.*, 2, 10, 6)

Le sage ne s'emportera pas contre les gens qui commettent des fautes. Pourquoi? Parce qu'il sait que personne ne naît sage, mais qu'on le devient.

Les cinq conjugaisons

Les verbes déponents se conjuguent sur le modèle des verbes amo (*aimer*), deleo (*détruire*), lego (*lire*), capio (*prendre*) et audio (*écouter*) à la voix passive (⟶ les paragraphes indiqués pour chaque temps).

REM – Les participes présent et futur suivent les modèles de la voix active: imitans (*imitant*) / amans (*aimant*), imitaturus / amaturus, etc.

– L'adjectif verbal a un sens passif: imitandus, -a, -um (*susceptible d'être imité*), etc.

	1re CONJUGAISON	2e CONJUGAISON
	imitor : *imiter*	vereor : *craindre*
	→ amor	→ deleor
indicatif		
présent (→ 88)	imitor	vereor
imparfait (→ 91)	imita*ba*r	vere*ba*r
futur (→ 94)	imita*bo*r	vere*bo*r
parfait (→ 97)	imitatus sum	veritus sum
plus-que-parfait (→ 99)	imitatus eram	veritus eram
futur antérieur (→ 101)	imitatus ero	veritus ero
subjonctif		
présent (→ 104)	imiter	verear
imparfait (→ 106)	imitarer	vererer
parfait (→ 108)	imitatus *si*m	veritus *si*m
plus-que-parfait (→ 110)	imitatus ess*e*m	veritus ess*e*m
impératif		
présent (→ 114)	imitare	verere
futur (→ 117)	imitator	veretor
supin		
(→ 119)	imitatum	veritum
participe		
présent (→ 121)	imitans	verens
futur (→ 123)	imitaturus	veriturus
parfait (→ 125)	imitatus	veritus
infinitif		
présent (→ 129)	imitari	vereri
parfait (→ 129)	imitatum esse	veritum esse
futur (→ 129)	imitaturum esse	veriturum esse
gérondif		
(→ 131)	imitandum	verendum
adjectif verbal		
(→ 132)	imitandus	verendus

3e CONJUGAISON	3e CONJ. MIXTE	4e CONJUGAISON
utor : *utiliser* → legor	patior : *supporter* → capior	blandior : *flatter* → audior
utor	patior	blandior
utebar	patiebar	blandiebar
utar	patiar	blandiar
usus sum	pasus sum	blanditus sum
usus eram	passus eram	blanditus eram
usus ero	passus ero	blanditus ero
utar	patiar	blandiar
uterer	paterer	blandirer
usus sim	passus sim	blanditus sim
usus essem	passus essem	blanditus essem
utere	patere	blandire
utitor	patitor	blanditor
usum	passum	blanditum
utens	patiens	blandiens
usurus	passurus	blanditurus
usus	passus	blanditus
uti	pati	blandiri
usum esse	passum esse	blanditum esse
usurum esse	passurum esse	blanditurum esse
utendum	patiendum	blandiendum
utendus	patiendus	blandiendus

138 Les verbes semi-déponents

Définition

Quelques verbes, appelés semi-déponents, présentent des formes actives à l'infectum (présent, imparfait, futur) et des formes passives au perfectum (parfait, plus-que-parfait, futur antérieur) :

audeo (*j'ose*) / ausus sum (*j'ai osé*)
gaudeo (*je me réjouis*) / gavisus sum (*je me suis réjoui*)
soleo (*j'ai l'habitude*) / solitus sum (*j'ai eu l'habitude*)
fido (*je me fie à*) / fisus sum (*je me suis fié à*)

Une exception : revertor (*revenir*)

Le verbe revertor (*revenir*) présente des formes passives à l'infectum et des formes actives au perfectum : revertor (*je reviens*) / reverti (*je suis revenu*)

SYNTAXE

139 Définitions

La syntaxe étudie l'organisation des termes à l'intérieur de la phrase.

Du terme au syntagme

L'organisation des termes est hiérarchisée : les mots se combinent en groupes (ou syntagmes).

Erat in Gallia ulteriore legio una. (Caes., *Gall.*, I, 7, 2)

Il y avait en Gaule ultérieure une seule légion.

Chaque groupe est organisé autour d'un noyau qui lui donne son nom : legio una est un groupe nominal (GN) dont le noyau est le nom legio. Les autres constituants remplissent une fonction par rapport à ce noyau : una détermine le nom legio.

Du syntagme à la proposition

Les syntagmes se combinent pour former une proposition. La proposition est généralement composée d'un groupe nominal (GN) sujet et d'un groupe verbal (GV) accompagné de ses expansions (les compléments circonstanciels) :

GV : *Erat in Gallia ulteriore* — GN sujet : *legio una*.

Erat in Gallia ulteriore legio una.

La fonction des groupes nominaux se déduit dans une large mesure du cas porté par le nom qui en est le noyau : le cas nominatif indique ici que legio una est sujet.

Phrase simple et phrase complexe

La phrase simple est formée d'une seule proposition :

Erat in Gallia ulteriore legio una.

La phrase complexe est formée de plusieurs propositions :

[*Interea,* [*dum haec geruntur*], (...) *hostium copiae conveniunt*]. (Caes., *Gall.*, 7, 66, 1)

Pendant que cela se passe, les troupes des ennemis se rassemblent.

LES CONSTITUANTS SYNTAXIQUES

LE GROUPE NOMINAL

140 Les constituants du groupe nominal

In hoc angulo ille Carthaginis horror, cui Roma debet quod tantum semel capta est, abluebat corpus laboribus rusticis fessum (...). *Sub hoc ille tecto tam sordido stetit ; hoc illum pavimentum tam vile sustinuit.* (Sen., *epist.*, 86, 5)

Dans cet angle [de la pièce], cet objet de terreur pour Carthage [Scipion], à qui Rome doit de n'avoir été prise qu'une fois, lavait son corps fatigué des travaux agricoles. Il se tenait sous ce toit si modeste ; ce pavement si humble le portait.

Leur nature

Le groupe nominal (GN) est constitué d'un noyau nominal : un nom (angulo) ou un substitut du nom (⟶ paragraphe 142).

Il peut, en outre, comporter les constituants suivants :

– des déterminants (⟶ paragraphe 143) : hoc angulo (*cet angle*), ille (...) horror (*cet objet de terreur*), hoc tecto (*ce toit*), hoc pavimentum (*ce pavement*) ;

– des adjectifs qualificatifs ou participes (⟶ paragraphes 144 à 147) : corpus (...) fessum (*son corps fatigué*), laboribus rusticis (*les travaux agricoles*), tecto tam sordido (*ce toit si modeste*), pavimentum tam vile (*ce pavement si humble*) ;

– des groupes nominaux (GN) compléments, éventuellement introduits par des prépositions (⟶ paragraphes 207 à 212) : Carthaginis horror (*cet objet de terreur pour Carthage*) ;

– des propositions compléments (propositions relatives, le plus souvent ⟶ paragraphes 214 à 217) : ille (...), cui Roma debet quod tantum semel capta est (*lui, à qui Rome doit de n'avoir été prise qu'une fois*).

L'ensemble du GN commute avec les pronoms anaphoriques (⟶ paragraphes 59 à 62, 290 à 297).

Leur fonction

Les constituants du GN peuvent remplir des fonctions :
– de déterminants du nom (hoc angulo) ;
– d'expansion du nom : épithète (corpus fessum ⟶ paragraphe 145), complément du nom (Carthaginis horror ⟶ paragraphe 184) ;
– d'expansion du GN : apposition, épithète détachée (⟶ paragraphes 146 et 147).

141 La cohésion du groupe nominal

La cohésion du GN est assurée par l'ordre des mots et l'accord.

L'ordre des mots

Les différents constituants du GN peuvent se suivre : hoc angulo (*cet angle* ⟶ paragraphe 140), ille Carthaginis horror (*cet objet de terreur pour Carthage*).
Ils sont souvent emboîtés : le complément du nom se place souvent entre le déterminant et le nom. De même, le complément de l'adjectif se place souvent entre le nom et l'adjectif : corpus laboribus rusticis fessum (*son corps fatigué par les travaux agricoles*).
Cependant, il est tout à fait usuel que le GN soit discontinu : hoc illum pavimentum tam vile sustinuit (*ce pavement si humble le portait*).
Les constituants du GN sujet (hoc pavimentum tam vile) sont séparés par le complément d'objet (illum).
Pour identifier les constituants du GN, on peut s'appuyer sur le phénomène de l'accord.

L'accord

Les déterminants et les adjectifs qualificatifs s'accordent en genre, nombre et cas avec le nom noyau du GN : hoc et vile sont au nominatif neutre singulier comme pavimentum (⟶ paragraphes 144, 162). Les GN apposés s'accordent en cas (⟶ paragraphe 146).

REM Plusieurs possibilités d'accord se présentent quand des déterminants et adjectifs se rattachent à plusieurs noms coordonnés :
– Le déterminant et l'adjectif s'accordent généralement en genre et nombre avec le nom le plus proche.

Cum [vitam tuam ac studia] considero… (Cic., *de orat.*, 3, 82)

Quand je considère ta vie et tes occupations…

Tuam est au féminin singulier comme vitam, bien qu'il se rapporte également à studia, qui est au neutre pluriel.

– Le nom ou l'adjectif apposé s'accordent généralement au pluriel.

Legati a Ptolemaeo et Cleopatra, regibus Aegypti, (...) venerunt. (Liv., 37, 3, 9)

Des ambassadeurs vinrent de la part de Ptolémée et Cléopâtre, les souverains d'Égypte.

142 Le noyau du groupe nominal

Le noyau du GN est généralement un nom, mais il peut également être constitué d'un pronom ou d'un adjectif, participe ou infinitif substantivés.

Un pronom

Il peut éventuellement être accompagné d'une apposition ou d'une relative (⟶ paragraphes 146, 214 à 217) :

pronom apposition

Cum una legione et ea vacillante Lucium fratrem exspectat. (Cic., *Phil.*, 3, 31)

Avec une seule légion et encore, celle-ci vacillante, il attend son frère Lucius.

Un adjectif substantivé

Les adjectifs qualificatifs (morphologie ⟶ paragraphes 36 à 46) peuvent être substantivés à tous les genres, aussi bien au singulier qu'au pluriel, et être accompagnés de déterminants, adjectifs et compléments (⟶ paragraphe 148) :

Doctissimi illi veteres (Cic., *fin.*, 2, 114)

Les hommes les plus savants du passé

Le même adjectif peut être substantivé au masculin : boni, -orum (*les gens de bien*) et au neutre : bona, -orum (*les biens*). Mais la distinction morphologique entre les genres disparaît pour les génitif, datif et ablatif ; aussi utilise-t-on souvent une forme périphrastique, à ces cas, pour le neutre :

bonorum (G. pl. m. : *les gens de bien*) / bonarum rerum (G. pl. n. : *les biens*)

Un participe substantivé

Praecipiemus ut naufrago manum porrigat, erranti viam monstret, cum esuriente panem suum dividat. (Sen., *epist.*, 95, 51)

Nous lui prescrirons de tendre la main au naufragé, de montrer le chemin à celui qui erre, de partager son pain avec celui qui a faim.

Erranti, ici, est le participe présent du verbe erro (*errer*), au datif masculin singulier ; esuriente est le participe présent du verbe esurio (*avoir faim*), à l'ablatif masculin singulier.

Pugnantia te loqui non vides ? (Cic., *Tusc.*, I, 13)

Tu ne vois pas que tu dis des choses contradictoires ?

Pugnantia est le participe présent du verbe pugno (*se battre*), à l'accusatif neutre pluriel.
Morphologie du participe ⟶ paragraphes 120 à 125.

Un infinitif substantivé

L'infinitif substantivé ne se rencontre que dans les fonctions de sujet ou de complément d'objet ; il est rarement accompagné de déterminants :

Istuc nihil dolere non sine magna mercede contingit. (Cic., *Tusc.*, 3, 12)

Ce fait de ne pas souffrir (= cette absence de souffrance) ne s'obtient pas sans payer le prix fort.

Morphologie de l'infinitif ⟶ paragraphes 126 à 129).

L'absence de nom noyau

Parfois, le GN ne comporte pas de nom noyau exprimé :

Supra septingentos capti. (Liv., 27, 42, 7)

Plus de sept cents (hommes) furent faits prisonniers.

143 Les déterminants

Généralités

Les déterminants contribuent à l'identification, éventuellement quantitative, du nom. Leur nombre est limité ; ils forment une classe fermée.
Ils sont facultatifs.
Ils sont combinables avec les adjectifs qualificatifs et parfois entre eux.
Ils sont classés en adjectifs possessifs (morphologie ⟶ paragraphe 58), anaphoriques• (⟶ paragraphes 59 à 62), démonstratifs (⟶ paragraphes 63 à 66), relatifs (⟶ paragraphes 67 à 69), interrogatifs (⟶ paragraphes 67, 70, 71), indéfinis (⟶ paragraphes 72 à 76).

L'absence de déterminant

En l'absence de déterminant, un GN peut être soit défini, soit indéfini :

Vocat interea praetor ; poscit scyphos. (Cic., *Verr.*, 2, 4, 32)

Cependant, le préteur appelle ; il réclame les coupes.

On ne peut savoir, hors contexte, s'il faut comprendre ici un *préteur* ou le *préteur*, des *coupes* ou les *coupes*. C'est le contexte qui permet de trancher.

REM Il n'existe pas d'article en latin. Progressivement, le démonstratif ille a perdu sa valeur pour marquer simplement le caractère défini du nom ; il a ainsi donné naissance à l'article défini des langues romanes :

Macarius ille Aegyptius (Vitae Patr., 6, 3, 4)

Macarius l'Égyptien

144 Les adjectifs qualificatifs : généralités

Les adjectifs qualificatifs désignent les propriétés, ou qualités, des noms (morphologie ⟶ paragraphe 36 à 46).

Leur accord

Les adjectifs qualificatifs s'accordent en cas, genre et nombre avec le nom auquel ils se rapportent :

N. n. sg. (pavimentum) — N. n. sg. (vile)

Hoc illum pavimentum tam vile sustinuit. (Sen., *epist.*, 86, 5)

Ce pavement si humble le portait.

Les participes peuvent s'employer comme adjectifs qualificatifs, voire devenir de véritables adjectifs (⟶ paragraphe 150).

Leurs fonctions et leurs expansions

Les adjectifs qualificatifs remplissent, à l'intérieur du GN, les fonctions d'épithète (⟶ paragraphe 145), d'apposition (⟶ paragraphe 146) et d'épithète détachée (⟶ paragraphe 147). Ils peuvent, en outre, être attributs (⟶ paragraphe 155).

Ils peuvent avoir des expansions : adverbes, compléments, propositions ou verbes au supin (⟶ paragraphe 148).

Il existe, enfin, des compléments spécifiques pour les formes de comparatif et de superlatif des adjectifs qualificatifs (⟶ paragraphe 149).

145 L'épithète

Définition

L'épithète est un adjectif qualificatif ou un participe qui commute• avec une proposition relative (⟶ paragraphe 214) :

Abluebat corpus laboribus rusticis fessum. (Sen., *epist.*, 86, 5)

Il lavait son corps fatigué par les travaux des champs.

L'adjectif fessum, ici, commute avec une proposition relative comme quod fessum erat.

Lex est recta ratio imperans honesta, prohibens contraria. (Cic., *nat. deor.*, I, 36)

La loi est la raison droite qui ordonne le bien et interdit le contraire.

Le participe présent imperans **commute avec une proposition relative comme** quae imperat honesta. **Le participe** prohibens **commute avec** quae prohibet contraria.

Cas particulier : l'emploi du participe parfait passif

Parfois, le GN comportant un participe parfait passif (morphologie ⟶ paragraphe 125) épithète peut commuter avec une proposition :

Angebant (…) virum Sicilia Sardiniaque amissae. (Liv., 21, I, 5)

La perte de la Sicile et de la Sardaigne angoissait cet homme.

Le GN Sicilia Sardiniaque amissae, **ici, peut commuter avec la proposition** quod Sicilia Sardiniaque amissae erant ***(le fait que…)*.**

Cette construction se retrouve dans des expressions usuelles :

ab Urbe condita ***(depuis la fondation de Rome)***

post reges exactos ***(après l'éviction des rois)*** = postquam reges exacti sunt

146 L'apposition

Sa nature

La fonction apposition peut être remplie soit par un adjectif qualificatif, soit par un nom, soit par un GN :

N. m. sg. — N. m. sg. — N. m. sg.

Nunc Laelius et sapiens et amicitiae gloria excellens de amicitia loquetur. (Cic., *Lael.*, 5)

Lélius, à la fois sage et célèbre pour son amitié, parlera maintenant de l'amitié.

N. f. sg. — N. m. sg. — N. f. sg. — N. f. sg.

Historia vero, testis temporum, lux veritatis, vita memoriae,

N. f. sg. — N. f. sg.

magistra vitae, nuntia vetustatis, qua voce alia nisi oratoris immortalitati commendatur ? (Cic., *de orat.*, 2, 36)

Mais l'histoire, témoin des siècles, flambeau de la vérité, vie du souvenir, école de la vie, messagère du passé, par quelle autre voix que celle de l'orateur peut-elle être confiée à l'immortalité ?

Son accord

L'apposition s'accorde en cas, et éventuellement en genre et nombre, avec le nom auquel elle se rapporte. Elle peut être omise sans que l'identification du GN soit remise en cause.

REM – Un GN apposé désigne la même chose que le GN auquel il se rapporte : dans le deuxième exemple, testis temporum, lux veritatis, vita memoriae, magistra vitae et nuntia vetustatis désignent la même chose que le mot historia.

– On classe parmi les appositions la construction suivante :

Gallos ab Aquitanis Garumna flumen dividit. (Caes., *Gall.*, I, 1, 2)

Le fleuve Garonne sépare les Gaulois des Aquitains.

Dans cette construction, l'apposition commute• avec le génitif de définition (⟶ paragraphe 184) :

Celsam Buthroti accedimus urbem. (Verg., *Aen.*, 3, 293)

Nous nous dirigeons vers la haute ville de Buthrote.

147 L'épithète détachée

L'épithète détachée peut avoir la valeur d'une proposition circonstancielle, d'un complément circonstanciel ou d'un gérondif à l'ablatif.

Valeur d'une proposition circonstancielle

L'épithète détachée est un adjectif ou un participe commutant• avec une proposition circonstancielle en cum **+ subjonctif (⟶ paragraphe 360).**

Sed ego adulescentulus initio (...) studio ad rem publicam latus sum. (Sall., *Catil.*, 3, 3)

Quant à moi, alors que j'étais encore tout jeune, dès le départ je m'intéressai par goût aux affaires publiques.

L'adjectif adulescentulus**, ici, commute avec la proposition concessive** cum adulescentulus essem **(⟶ paragraphe 236).**

Hanc epistulam dictavi sedens in raeda, cum in castra proficiscerer. (Cic., *Att.*, 5, 17)

Cette lettre je l'ai dictée, assis en voiture, alors que je me rendais au camp.

Le participe présent sedens**, du verbe** sedeo **(*être assis*), commute avec la proposition temporelle (⟶ paragraphes 230, 231)** cum sederem (in raeda).

Valeur d'un complément circonstanciel

L'épithète détachée commute souvent avec un complément circonstanciel (adverbe, GN à l'ablatif ⟶ paragraphes 166 à 172).

Lupus gregibus nocturnus obambulat. (Verg., *Geor.*, 3, 538)

Le loup nocturne tourne autour des troupeaux.
= Le loup tourne la nuit autour des troupeaux.

L'adjectif nocturnus, ici, commute avec nocte ou noctu.

Valeur d'un gérondif à l'ablatif

Quand l'épithète détachée est un participe présent, il peut aussi commuter avec un gérondif à l'ablatif (morphologie ⟶ paragraphes 130-131) :

Plato qui uno et octogesimo anno scribens est mortuus. (Cic., *Cato*, 13)

Platon est mort en écrivant, à l'âge de quatre-vingt un ans.

Le participe présent scribens, ici, commute avec le gérondif scribendo.

148 Les adjectifs qualificatifs et leurs expansions

L'adjectif qualificatif peut être accompagné d'adverbes, de compléments, d'une proposition ou d'un verbe au supin.

Des adverbes

Les adverbes (⟶ paragraphes 77 à 81) qui accompagnent l'adjectif modifient son sens :

Habetis sermonem bene longum. (Cic., *de orat.*, 2, 361)

Vous venez d'essuyer un discours bien long.

Des compléments

Les compléments de l'adjectif peuvent être :
– un GN au génitif, datif ou ablatif (paragraphes ⟶ 187, 195, 206).

Habetis ducem memorem vestri (G.), *oblitum sui* (G.). (Cic., *Catil.*, 4, 19)

Vous avez un chef qui se souvient de vous et oublieux de lui-même.

Les adjectifs se construisent souvent avec le même cas que le verbe de la même famille : ici, memor est l'adjectif correspondant à memini (*se souvenir* + génitif ⟶ paragraphe 185) et oblitus est le participe de obliviscor (*oublier*), employé comme adjectif qualificatif ;
– un GN introduit par une préposition (⟶ paragraphes 207 à 212) ;

Erat ei consilium ad facinus aptum. (Cic., *Catil.*, 3, 16)

Il avait une aptitude au crime.

– un GV, dont le verbe prend la forme du gérondif (génitif, datif ou ablatif ⟶ morphologie, paragraphes 130-131).

Qui ineunte aetate venandi aut pilae studiosi fuerunt... (Cic., *Lael.*, 74)

Ceux qui dans leur jeunesse se sont adonnés à la chasse et aux jeux de balle...

Le gérondif est concurrencé par l'adjectif verbal en -ndus quand le verbe est accompagné d'un complément d'objet (⟶ paragraphe 356).

Une proposition

La proposition qui accompagne l'adjectif est le plus souvent relative (⟶ paragraphes 214 à 217) :

Ille servos non putat dignos quibus irascatur. (Sen., *ir.*, 3, 10, 4)

Celui-ci ne juge pas les esclaves dignes de susciter la colère.

Un verbe au supin

Le supin qui accompagne l'adjectif est à l'ablatif (morphologie ⟶ paragraphe 118) :

Quod optimum factu videbitur, facies. (Cic., *Att.*, 7, 22, 2)

Tu feras ce qu'il te semblera le mieux à faire.

149 Les compléments du comparatif et du superlatif

Morphologie du comparatif et du superlatif ⟶ paragraphes 42 à 46.

Le complément du comparatif

Il est soit à l'ablatif, soit introduit par quam (⟶ aussi paragraphe 206) :

Luce sunt clariora nobis tua consilia omnia. (Cic., *Catil.*, 1, 6)

Tous tes projets sont pour nous plus clairs que la lumière.

Hominem callidiorem vidi neminem / quam Phormionem. (Ter., *Phor.*, 591-592)

Je n'ai jamais vu un homme plus malin que Phormion.

Quam introduit une proposition comparative (⟶ paragraphes 237 à 239) elliptique : quam Phormionem (vidi).

Le complément du superlatif

Il est soit au génitif, soit introduit par une préposition (ex + ablatif ou inter + accusatif ⟶ aussi paragraphe 187) :

Horum omnium fortissimi sunt Belgae. (Caes., *Gall.*, 1, 1, 2)

Les Belges sont les plus forts d'eux tous.

Tu ex amicis certis mihi es certissimus. (Plaut., *Trin.*, 94)

Toi, tu es le plus sûr de mes amis sûrs.

REM Le superlatif peut être renforcé par l'adverbe quam (*le plus possible*) :
Quam plurimas civitates suo sibi beneficio habere obstrictas volebat. (Caes., *Gall.*, I, 9, 3)
Il voulait tenir liées à lui par ses bienfaits le plus de cités possible.

150 Les substituts de l'adjectif qualificatif

Les participes (morphologie ⟶ paragraphes 120 à 125) peuvent se substituer aux adjectifs qualificatifs, voire devenir de véritables adjectifs qualificatifs, avec un comparatif et un superlatif. Seul le participe présent donne lieu à des constructions particulières.

Le participe présent à valeur adjectivale

Quand le participe présent est devenu un véritable adjectif, il désigne une qualité permanente, peut avoir un comparatif et un superlatif et il se construit le plus souvent avec le génitif :

Corpus patiens inediae, algoris, vigiliae (Sall., *Catil.*, 5, 3)
Un corps capable de supporter la faim le froid, le manque de sommeil

Le participe patiens, ici, vient du verbe patior (*supporter*) ; il est accompagné des noms au génitif inediae, algoris et vigiliae.

Le participe présent apposé

Le participe présent apposé, dans son emploi verbal, a la construction ordinaire du verbe :

Videtis ut senectus (...) sit operosa, et semper agens aliquid et moliens. (Cic., *Cato*, 26)
Vous voyez comme la vieillesse est industrieuse, toujours occupée à faire et à entreprendre quelque chose.

Les participes agens et moliens sont accompagnés de l'accusatif (aliquid), comme le demande l'emploi des verbes ago et molior.

LE GROUPE VERBAL

151 Les constituants du groupe verbal

Milites e loco superiore pilis missis facile hostium phalangem perfregerunt. (Caes., *Gall.*, I, 25, 2)
Les soldats, lançant leurs javelots depuis leur position dominante, brisèrent facilement la phalange ennemie.

Le verbe (ici perfregerunt) est le noyau du groupe verbal (GV).
Le GV peut être constitué d'un verbe seulement (⟶ paragraphe 152).
Il peut aussi comporter, outre des adverbes (facile), les syntagmes suivants : GN à divers cas (phalangem) ou introduits par une préposition (e loco superiore), propositions subordonnées (pilis missis).
Ces syntagmes remplissent les fonctions soit de compléments du verbe (complément unique ou double complément ⟶ paragraphes 153 à 156), soit de compléments circonstanciels (expansions du GV ⟶ paragraphes 166 à 172).

152 Les verbes sans complément

Les verbes intransitifs

Certains verbes s'emploient normalement sans complément :
– les verbes impersonnels : pluit (*il pleut* ⟶ paragraphe 134) ;
– les verbes n'exprimant pas une activité : maneo (*rester*), vivo (*vivre*), dormio (*dormir*) ;
– les verbes exprimant une activité : pugno (*combattre*), etc.

L'emploi absolu de certains verbes

Certains verbes qui admettent ordinairement un complément d'objet peuvent s'employer sans complément :

Veni, vidi, vici. (Suet., *Jul.*, 37)

Je suis venu, j'ai vu, j'ai vaincu.

Les verbes video et vinco, ici sans complément, supposent ordinairement quelque chose que l'on voit et que l'on vainc.

REM Exceptionnellement, certains verbes intransitifs admettent un complément d'objet, appelé objet interne parce qu'il s'agit d'un nom de même sens que le verbe :
Mirum atque inscitum somnium somniavi. (Plaut., *Rud.*, 597)
J'ai rêvé un rêve (= j'ai fait un rêve) étonnant, absurde.

153 Les verbes à complément unique : généralités

Parmi les verbes qui se construisent avec un seul complément, on distingue les verbes qui demandent un complément d'objet (verbes transitifs ⟶ paragraphe 154) et les verbes qui demandent un attribut (⟶ paragraphe 155).

154 Les verbes transitifs à complément unique

Le complément d'objet des verbes transitifs peut prendre la forme soit d'un GN (éventuellement introduit par une préposition), soit d'un GV, soit d'une proposition complétive.

Un GN à l'accusatif

Le GN complément d'objet porte le plus souvent la marque d'accusatif :

Cum tabulas, signa, toreumata emunt, nova diruunt, alia aedificant, postremo omnibus modis pecuniam trahunt, vexant, tamen summa lubidine divitias suas vincere nequeunt. (Sall., *Catil.*, 20, 12)

Ils ont beau acheter tableaux, statues, vases, démolir des maisons neuves, en édifier d'autres, bref gaspiller, dilapider leur argent de toutes les façons, ils ne peuvent pourtant, malgré toutes leurs folies, venir à bout de leurs richesses.

Un GN à d'autres cas

Quelques verbes se construisent avec un GN à un cas autre que l'accusatif :

– au génitif, des verbes signifiant *se souvenir* (memini), *oublier* (obliviscor), *remplir* (impleo ⟶ paragraphe 185) ;

Vivorum memini, nec tamen Epicuri licet oblivisci. (Cic., *fin.*, 5, 3)

Je me souviens des vivants, mais pourtant je ne peux oublier Épicure.

– au datif, des verbes marquant diverses relations à autrui : obéissance (pareo : *obéir*, servio : *être esclave*), jalousie (invideo : *envier*), hostilité (noceo : *nuire*), faveur (faveo : *favoriser* ⟶ paragraphe 189) ou des verbes signifiant *arriver* (accidit, contingit, evenit) ;

Philosophiae serviat oportet, ut tibi contingat vera libertas. (Sen., *epist.*, 8, 7)

Il faut servir la philosophie pour que t'échoie la vraie liberté.

– à l'ablatif, des verbes signifiant *disposer de* (utor : *utiliser*, fruor : *profiter de*) ou *manquer de* (careo : *manquer de*, egeo : *être privé de* ⟶ paragraphe 203) ;

Commoda quibus utimur, lucemque qua fruimur, (...) *ab eo nobis dari* (...) *videmus.* (Cic., *S. Rosc.*, 131)

Les biens que nous utilisons, la lumière dont nous jouissons, nous voyons que c'est lui (Jupiter) qui nous les a donnés.

L'accusatif, cependant, peut apparaître avec la plupart des verbes ci-dessus, à la place du cas indiqué.

REM – Certains verbes sont tantôt intransitifs (⟶ paragraphe 152), tantôt transitifs :

Ubi consulueris... (Sall., *Catil.*, I, 6)

Quand on a pris une décision...

Rem nulli obscuram consulis. (Verg., *Aen.*, II, 344)

Tu consultes sur une chose qui n'est obscure pour personne.

– L'adjonction d'un préfixe aux verbes intransitifs les rend souvent transitifs :

Ego tecum in eo non pugnabo. (Cic., *div. in Caecil.*, 58)

Je ne combattrai pas sur ce point contre toi.

Noviodonum oppugnare instituerat. (Caes., *Gall.*, 7, 12)

Il avait entrepris d'assiéger Noviodonum.

– Suivant le cas de son complément, un verbe peut changer de sens :

Cave canem. (Petron., 29)

Prends garde au chien. (= Méfie-toi du chien.)

Cave tibi. (Plaut., *Capt.*, 558)

Prends garde à toi. (= Prends soin de toi.)

Un GN introduit par une préposition

Présentation des prépositions ⟶ paragraphes 207 à 212.

De amicitia disputaris. (Cic., *Lael.*, 16)

Tu débats de l'amitié.

Virtutes omnes certant cum iniquitate. (Cic., *Catil.*, 2, 25)

Toutes les vertus combattent contre l'injustice.

Un GV

Le verbe du GV complément d'objet est à l'infinitif
(⟶ paragraphes 126 à 129) :

Vincere scis, Hannibal ; victoria uti nescis. (Liv., 22, 51, 5)

Tu sais vaincre, Hannibal ; tu ne sais pas profiter de la victoire.

Une proposition complétive

Présentation des propositions complétives ⟶ paragraphes 218 à 223.

Nescire me fateor. (Cic., *div.*, I, 23)

Je reconnais que je l'ignore.

La proposition nescire me, ici, est une proposition infinitive qui commute• avec un pronom à l'accusatif : id fateor (*je l'avoue*).

155 Les verbes se construisant avec un attribut

Les verbes demandant un attribut sont le verbe sum (*être*) et des verbes sémantiquement apparentés à sum : videor (*être en apparence*, d'où *sembler*), fio (*devenir*), maneo (*continuer d'être*, d'où *rester*).
L'attribut s'accorde en cas avec le sujet du verbe ; il s'accorde aussi en genre et nombre, s'il est un adjectif (⟶ paragraphe 144).
L'attribut peut être un GN, un adjectif, un verbe ou un GV à l'infinitif.

Un GN

Legatos ad eum mittunt. Cujus legationis Divico princeps fuit, qui bello Cassiano dux Helvetiorum fuerat. (Caes., *Gall.*, I, 13, 2)

Ils lui envoient une ambassade. Divico qui, lors de la guerre contre Cassius, avait été le chef des Helvètes, fut le chef de cette ambassade.

Le nom princeps, ici, est l'attribut du nom Divico. Le nom dux est l'attribut du pronom relatif qui, qui a pour antécédent le nom Divico.

REM – Quand le sujet est un pronom, il arrive qu'il s'accorde en genre et nombre avec son attribut :

Non est ista mea culpa. (Cic., *Catil.*, 2, 3)

Ce n'est pas de ma faute.

Le sujet, ici, est le pronom ista, accordé au féminin singulier avec l'attribut culpa ; la phrase équivaut à Non est istud mea culpa (istud : neutre singulier).

– On rencontre parfois, en position d'attribut, un GN introduit par une préposition (⟶ paragraphes 207 à 212) :

Aristoteles ait affectus quosdam (...) pro armis esse. (Sen., *ir.*, I, 17, 1)

Aristote dit que certaines passions servent d'armes.

Un adjectif qualificatif

Apud Helvetios longe nobilissimus (N. m. sg.) *fuit et ditissimus* (N. m. sg.) *Orgetorix* (N. m. sg.). (Caes., *Gall.*, I, 2, 1)

Chez les Helvètes, Orgétorix était de loin le plus noble et le plus riche.

Morphologie de l'adjectif ⟶ paragraphes 36 à 46.

Un verbe ou un GV à l'infinitif

Vivere, Lucili, militare est. (Sen., *epist.*, 96, 5)

Vivre, Lucilius, c'est être soldat.

Morphologie de l'infinitif ⟶ paragraphes 126 à 129.

156 Les verbes à deux compléments

Certains verbes sont accompagnés de deux compléments. Il s'agit le plus souvent de verbes d'action réclamant un objet de cette action et une personne concernée par elle (destinataire, bénéficiaire, victime, etc.).

Comment distinguer les deux compléments ?

Les deux compléments sont généralement faciles à distinguer. Ils peuvent être de nature différente :

GN (civitati) — proposition (ut de finibus suis exirent)

Is civitati persuasit ut de finibus suis exirent. (Caes., *Gall.*, I, 2, I)

Il (Orgétorix) persuada sa cité de quitter son territoire.

Ou bien, quand il s'agit de deux GN, ils peuvent être à des cas différents (complément d'objet et complément d'objet second). On rencontre, par ordre de fréquence, les combinaisons de cas suivantes :

– accusatif + datif ;

Acc. (sententias) — D. (memoriae)

Ejus disputationis sententias memoriae mandavi. (Cic., *Lael.*, 3)

J'ai confié à ma mémoire les pensées exprimées dans ce débat.

– accusatif + ablatif ;

Acc. (me) — Abl. (metu)

Magno me metu liberabis. (Cic., *Catil.*, I, 10)

Tu me délivreras d'une grande crainte.

– accusatif + génitif ;

Acc. (Eos) — G. (peccatorum)

Eos peccatorum maxime paenitet. (Cic., *div.*, I, 63)

Ils ont horriblement honte de leurs fautes.

– accusatif + complément précédé d'une préposition (surtout avec des verbes de mouvement ; emploi des prépositions ⟶ paragraphes 207 à 212).

Acc. (Iter) — ab + Abl. (ab Arare)

Iter ab Arare Helvetii averterant. (Caes., *Gall.*, I, 16, 3)

Les Helvètes avaient dévié leur trajet de la Saône.

REM Quelques verbes admettent plusieurs combinaisons :

Praedam militibus donat. (Caes., *Gall.*, 7, II, 9)

Il fait don du butin aux soldats.

Hunc (...) civitate ceterisque praemiis donarent. (Cic., *Arch.*, 5)

Qu'ils le gratifient de la citoyenneté et de toutes les autres faveurs.

Le verbe dono (*donner*), dans la première phrase, est accompagné de compléments à l'accusatif et au datif; dans la seconde, de compléments à l'accusatif et à l'ablatif.

Un cas particulier : le double accusatif

Il arrive parfois que les deux compléments du verbe soient à l'accusatif :

Roga me viginti minas. (Plaut., *Pseud.*, 1070)

Demande-moi vingt mines.

Dans la plupart des exemples, l'un de ces accusatifs est un pronom neutre (morphologie ⟶ paragraphe 54) :

Face quod te rogamus. (Plaut., *Pseud.*, 315)

Fais ce que nous te demandons.

Les verbes qui demandent un complément d'objet et un attribut

Certains verbes se construisent avec un complément d'objet et un attribut du complément d'objet. L'attribut s'accorde à l'accusatif avec le complément d'objet :

Unum te sapientem et appellant et existimant. (Cic., *Lael.*, 6)

Tu es le seul qu'ils appellent et estiment sage.

On rencontre en particulier des participes (morphologie ⟶ paragraphes 120 à 125) en fonction d'attribut :

Audiam te disputantem. (Cic., *fat.*, 4)

Je t'écouterai en train de discuter. (= Je t'écouterai discuter).

Docemur (...) auctoritate nutuque legum domitas habere libidines. (Cic., *de orat.*, I, 194)

Les lois nous apprennent de manière autoritaire et impérative à tenir nos passions domptées (= à dompter nos passions).

Quand le verbe est au passif (emploi ⟶ paragraphes 346 à 348), l'attribut s'accorde au nominatif avec le sujet :

Consules declarantur M. Tullius et C. Antonius. (Sall., *Catil.*, 24, 1)

M. Tullius Cicéron et C. Antonius sont élus consuls.

Sur l'attribut ⟶ aussi paragraphe 155.

157 La proposition : généralités

La proposition constitue l'organisation minimale des syntagmes• entre eux, produisant une phrase.
Elle est généralement formée d'un sujet (un GN ou un substitut du GN ⟶ paragraphe 158) et d'un GV, éventuellement accompagné d'expansions (compléments circonstanciels ⟶ paragraphes 162, 166 à 172).

CC GN sujet CC GV

Propter frigora frumenta in agris matura non erant. (Caes., *Gall.*, I, 16, 2)
À cause du froid, le blé dans les champs n'était pas mûr.

La relation entre le GN sujet et le GV peut se marquer par l'accord grammatical entre le sujet et le verbe (⟶ paragraphes 162 à 165).

158 Le sujet

Le sujet est constitué par un GN ou par un substitut du GN : pronom, infinitif substantivé, GV ou proposition.

Un GN

Erat in Gallia ulteriore legio una. (Caes., *Gall.*, I, 7, 2)
Il y avait en Gaule ultérieure une légion.

⟶ paragraphes 140 à 150.

Un pronom

Sub hoc ille tecto tam sordido stetit. (Sen., *epist.*, 86, 5)
Il se tenait sous ce toit si modeste.

⟶ paragraphes 54 à 76, 280 à 301.

Un infinitif substantivé

Cujusvis hominis est errare. (Cic., *Phil.*, 12, 2)
Se tromper est le lot de tout homme.

⟶ aussi paragraphe 142 ; morphologie ⟶ paragraphes 126 à 129.

Un GV

Summum profecto malum est vivere cum dolore. (Cic., *fin.*, I, 41)
Le plus grand malheur, c'est assurément de vivre dans la douleur.

⟶ paragraphe 151.

Une proposition

Accedit quod mirifice ingeniis excellentibus delectatur. (Cic., *Fam.*, 6, 6, 8)

À cela s'ajoute le fait qu'il apprécie par-dessus tout les talents exceptionnels.

Ad Appii Claudii senectutem accedebat ut caecus esset. (Cic., *Sest.*, 16)

À la vieillesse d'Appius Claudius s'ajoutait le fait qu'il était aveugle.

159 Le cas du GN (ou pronom) sujet

Le cas du GN sujet dépend du type de proposition.

Au nominatif

Le GN sujet est au nominatif dans les propositions à un mode personnel• (indicatif, subjonctif) :

Urbs antiqua fuit (Tyrii tenuere coloni), / Karthago (Verg., *Aen.*, I, 12-13)

Il y avait une ville antique (des colons tyriens l'habitaient), Carthage.

À l'accusatif

Le GN sujet est à l'accusatif dans les propositions infinitives (⟶ paragraphe 219) :

Sciebam [me genuisse mortalem]. (Cic., *Tusc.*, 3, 30)

Je savais que [j'avais engendré un mortel].

À l'ablatif

Le GN sujet est à l'ablatif dans les participiales circonstancielles (on parle alors d'ablatif absolu ⟶ paragraphe 235) :

Alexander, [veste deposita], descendit in flumen. (Curt., 3, 5, 2)

Alexandre, [son vêtement enlevé], descendit dans le fleuve.

160 Les propositions sans sujet

Il arrive qu'une proposition ne présente pas de sujet, soit parce qu'il s'agit d'une phrase nominale, soit parce que le GV contient un verbe impersonnel ou un verbe au passif impersonnel, soit parce qu'il est inutile de rappeler le sujet.

La phrase nominale

La proposition peut se présenter sous la forme d'un simple GN, au nominatif. On parle alors de phrase nominale.

Iterum clamor, iterum reticuit. (Plin., *epist.*, 2, 14, 11)

À nouveau des cris, à nouveau il se tut.

Le GN commute• avec un GV : ici, clamor commute avec clamatur (*on crie*).

L'emploi d'un verbe impersonnel

La proposition ne présente pas de sujet quand le GV contient un verbe (ou une locution) impersonnel : pluit (*il pleut*), oportet (*il faut*), pudet (*avoir honte,* etc. ⟶ paragraphe 134).

L'emploi d'un verbe au passif impersonnel

La proposition ne présente pas de sujet quand le GV contient un verbe au passif impersonnel. Ce verbe, aussi bien transitif qu'intransitif, est alors à la 3e personne du singulier de la voix passive ; il est normalement dépourvu de complément d'objet.

Ita ancipiti proelio diu atque acriter pugnatum est. (Caes., *Gall.*, 1, 26, 1)

Ainsi, on combattit longtemps et avec acharnement dans une lutte incertaine.

In totis aedibus / (...) bibitur, estur, quasi in popina. (Plaut., *Poen.*, 834-835)

Dans toute la maison on boit, on mange, comme dans une taverne.

Parfois, l'agent est indiqué, sous la forme d'un complément d'agent :

Cum item ab hostibus constanter ac non timide pugnaretur... (Caes., *Gall.*, 3, 25, 1)

Comme on combattait du côté des ennemis avec acharnement et sans frémir...

L'inutilité de rappeler le sujet

Le sujet de la proposition n'est pas répété quand il est identique à celui de la proposition précédente ou quand il est présent dans la proposition précédente :

Sed consul (...) in agrum fertilem et praeda onustum proficiscitur ; omnia ibi capta militibus donat. (Sall., *Jug.*, 87, 1)

Mais le consul s'avance dans un pays fertile et riche en butin ; il abandonne à ses soldats tout ce qui y a été pris.

En fait, il existe bien un sujet : il pourrait être repris par un pronom anaphorique• (is, par exemple ⟶ paragraphe 293) et recevoir une apposition (⟶ paragraphe 146) ; l'attribut ou le participe (dans les temps composés) s'accordent en cas, genre et nombre avec lui.

Haec illi placet experientia veri. /
Nec contentus eo est. (Ov., *met.*, I, 225-226)

Cette façon de connaître la vérité lui plaît. / Mais il n'en est pas satisfait pour autant.

Le sujet de est, ici, n'est pas exprimé. Il renvoie à illi. Son attribut contentus s'accorde au nominatif masculin singulier avec ce sujet sous-entendu.

161 La fonction du GV dans la proposition

Le GV constitue le noyau de la proposition (⟶ paragraphes 151 à 156).
Il ne comporte pas nécessairement de verbe. Le verbe sum est notamment omis :
– dans les proverbes et maximes ;

Omnia praeclara rara. (Cic., *Lael.*, 79)

Tout ce qui est remarquable est rare.

– dans le compte rendu brut d'événements.

Iterum clamor, iterum reticuit. (Plin., *epist.*, 2, 14, 11)

À nouveau des cris, à nouveau il se tut.

Le GV peut recevoir des expansions de formes diverses : les compléments circonstanciels (⟶ paragraphes 166 à 172).

162 L'accord sujet – GV : généralités

La cohésion de la proposition est assurée par le phénomène de l'accord entre le sujet et le GV.
Deux constituants du GV peuvent porter des marques d'accord : le verbe et l'attribut (⟶ paragraphe 155). Ils s'accordent en personne (⟶ paragraphe 163) et en genre et nombre (⟶ paragraphe 164).
Certaines constructions entraînent des accord particuliers (⟶ paragraphe 165).

163 L'accord en personne

Le verbe se met à la personne réclamée par le sujet :

Quis homo est ? Ego sum. (Plaut., *Men.*, 137)

Qui est-ce ? C'est moi.

Quot sunt ? Totidem quot ego et tu sumus. (Plaut., *Rud.*, 564)

Combien sont-elles ? Autant que nous sommes, toi et moi.

Le verbe sum, ici, est accordé à la première personne du pluriel, car *je* + *tu* = *nous*.

Si le sujet n'est pas une personne du dialogue, le verbe se met à la 3e personne :

Sed consul (...) *in agrum fertilem et praeda onustum proficiscitur.* (Sall., *Jug.*, 87, 1)

Mais le consul s'avance dans un pays fertile et riche en butin.

164 L'accord en genre et en nombre

L'accord en nombre avec un seul sujet

Le verbe et l'attribut s'accordent toujours en nombre avec le sujet :

N. pl. 3e pl. N. pl.

Omnia mihi tempora sunt misera. (Cic., *Fam.*, 14, 4, 1)

Tous les instants sont pour moi malheureux.

L'accord en nombre avec plusieurs sujets

Quand le GV a plusieurs sujets, l'accord peut se faire :

– avec un seul sujet, le plus proche ;

Mens enim et ratio et consilium in senibus est. (Cic., *Cato*, 67)

En effet, la pensée, la raison et le jugement se rencontrent chez les vieillards.

– avec l'ensemble des sujets, au pluriel.

Temeritas et libido et ignavia semper animum excruciant. (Cic., *fin.*, 1, 50)

L'irréflexion, la passion et la paresse torturent toujours le cœur.

L'accord en genre avec un seul sujet

L'attribut s'accorde toujours en genre avec le sujet :

N. f. N. f.

Maxima est vis enim vetustatis et consuetudinis. (Cic., *Lael.*, 68)

La puissance de l'ancienneté et de l'habitude est en effet très grande.

Le verbe s'accorde aussi en genre aux temps formés avec un participe :

N. f. N. f.

Utilitates multae et magnae consecutae sunt. (Cic., *Lael.*, 30)

Des avantages nombreux et importants ont été obtenus.

L'accord en genre avec plusieurs sujets

Quand le GV a plusieurs sujets, l'accord en genre de l'adjectif attribut (et du participe) peut se faire de différentes manières.

– Au genre du sujet le plus proche :

n. sg. n. sg.

Et salis Ausonii lustrandum navibus aequor /

m. pl.

infernique lacus. (Verg., *Aen.*, 3, 385-386)

Doivent être aussi franchis par tes navires la mer d'Ausonie et les lacs infernaux.

– Au genre commun à l'ensemble des sujets :

f. sg. f. sg

Agrippina et Acerronia eminentibus lecti parietibus (...)

f. pl.

protectae sunt. (Tac., *ann.*, 14, 5, 2)

Agrippine et Acerronia furent protégées par le mur formé au-dessus d'elles par le lit.

– Au masculin pluriel, quand les sujets sont des noms animés masculins et féminins :

m. f. m. pl.

Pater mihi et mater mortui sunt. (Ter., *Eun.*, 518)

Mon père et ma mère sont morts.

– Au neutre pluriel, quand les sujets sont des noms abstraits (quel que soit leur genre grammatical) :

n. f. m. m. m. m.

Sub metum autem subjecta sunt pigritia, pudor, terror, timor, pavor,

f. f. f. n.

exanimatio, conturbatio, formido et similia. (Cic., *Tusc.*, 4, 16)

À la crainte sont rattachés la paresse, la honte, la terreur, la peur, la crainte, l'effroi, le saisissement, l'appréhension et des sentiments semblables.

165 Les accords particuliers

Le verbe et l'attribut, au lieu de s'accorder d'après le genre et le nombre grammaticaux du sujet, peuvent s'accorder d'après le sens.

L'accord au pluriel avec des noms collectifs (syllepse)

N. f. sg. 3e pl.

Cum tanta multitudo lapides ac tela coicerent, in muro consistendi potestas erat nulli. (Caes., *Gall.*, 2, 6, 3)

Comme un si grand nombre lançait des pierres et des traits, il était impossible de tenir sur le rempart.

La construction mihi nomen est + attribut (*mon nom est...*)

Dans cette construction, l'attribut peut s'accorder soit avec le sujet au nominatif (nomen), soit avec le possesseur (mihi) au datif :

sujet au N. — attr. au N.

Hic habitat mulier nomen cui est Phronesium. (Plaut., *Truc.*, 12)

Ici habite une femme qui s'appelle Phronésie.

attr. au D. — D.

Nomen Arcturo est mihi. (Plaut., *Rud.*, 5)

Je m'appelle Arcturus.

La construction mihi licet esse + attribut (*il m'est permis d'être...*)

Dans cette construction, l'attribut de la proposition infinitive (⟶ paragraphe 219) peut s'accorder soit à l'accusatif avec le sujet sous-entendu de l'infinitive, soit au datif avec le GN exprimé de la proposition principale auquel il renvoie :

D. — attr. à l'Acc.

Civi Romano licet esse Gaditanum. (Cic., *Balb.*, 29)

Il est permis à un citoyen romain d'être citoyen de Gadès.

attr. au D. — D.

Licuit esse otioso Themistocli. (Cic., *Tusc.*, I, 33)

Il était permis à Thémistocle d'être oisif.

166 Les compléments circonstanciels : généralités

Interim cotidie Caesar Aeduos frumentum quod essent publice polliciti flagitare. Nam propter frigora, quod Gallia sub Septentrionibus, ut ante dictum est, posita est, non modo frumenta in agris matura non erant, sed ne pabuli quidem satis magna copia suppetebat ; eo autem frumento quod flumine Arare navibus subvexerat, (...) *minus uti poterat.* (Caes., *Gall.*, I, 16, 1-2)

Pendant ce temps, César réclamait chaque jour aux Éduens le blé qu'ils avaient promis officiellement. En effet, à cause du froid (parce que la Gaule, comme je l'ai dit, est située au nord), non seulement le blé n'était pas mûr dans les champs, mais le fourrage lui-même n'était pas en quantité suffisante ; quant au blé qu'il avait fait transporter sur la Saône par bateaux, il ne pouvait pas l'utiliser.

Les compléments circonstanciels peuvent être omis. Ce sont :
– des adverbes : interim (*pendant ce temps*), cotidie (*chaque jour*), publice (*officiellement*) ;
– des GN : flumine Arare (*sur le fleuve Saône*), navibus (*par bateaux*) ;
– des GN introduits par une préposition : propter frigora (*à cause du froid*), sub Septentrionibus (*au nord*), in agris (*dans les champs*) ;
– des GV ;
– des propositions : quod Gallia sub Septentrionibus (...) posita est (*parce que la Gaule est située au nord*) ; ut ante dictum est (*comme je l'ai dit*).
Ils sont classés d'après leur sens, c'est-à-dire le type de circonstance : temps, lieu, cause, etc. (⟶ paragraphes 167 à 172).

167 Les compléments circonstanciels de temps

Les compléments circonstanciels de temps peuvent être constitués d'un adverbe, d'un GN, ou d'une proposition.

Un adverbe

Morphologie des adverbes ⟶ paragraphes 77 à 80.

Interim cotidie Caesar Aeduos frumentum quod essent publice polliciti flagitare. (Caes., *Gall.*, I, 16, 1)

Pendant ce temps, César réclamait chaque jour aux Éduens le blé qu'ils avaient promis officiellement.

Un GN

Le GN complément circonstanciel de temps peut être :
– à l'accusatif (⟶ paragraphe 180) ;

Terra dies duodequadraginta movit. (Liv., 35, 40, 7)

La terre trembla pendant trente-huit jours.

– à l'ablatif (⟶ paragraphe 198) ;

Postero die, luce prima, movet castra. (Caes., *Gall.*, 5, 49, 5)

Le lendemain, à la première heure, il lève le camp.

– précédé d'une préposition (⟶ paragraphes 207 à 212).

Ludi per decem dies facti sunt. (Cic., *Catil.*, 3, 20)

Les jeux furent célébrés pendant dix jours.

Une proposition

Emploi ⟶ paragraphes 230 à 234.

Is cum Argos oppugnaret (...), lapide ictus interiit. (Nep., *Reg.*, 2)

Alors qu'il assiégeait Argos, il (Pyrrhus) reçut une pierre et en mourut.

168 Les compléments circonstanciels de lieu

Les compléments circonstanciels de lieu peuvent être constitués d'un adverbe, d'un GN, ou d'une proposition.

Un adverbe

Morphologie des adverbes de lieu ⟶ paragraphe 81.

Ipse in Italiam magnis itineribus contendit duasque ibi legiones conscribit. (Caes., *Gall.*, 1, 10, 3)

Lui-même gagne l'Italie à grandes étapes et il y lève deux légions.

Un GN

Le GN complément circonstanciel de lieu peut être :

– à l'accusatif (⟶ paragraphe 179) ;

Romam Fregellanus nuntius (...) ingentem attulit terrorem. (Liv., 26, 9, 6)

Un messager de Frégelles apporta à Rome une immense panique.

– à l'ablatif (⟶ paragraphe 199) ;

Omnibus locis fit caedes. (Caes., *Gall.*, 7, 67, 6)

En tous lieux c'est le carnage.

– au locatif. Le locatif est utilisé pour exprimer le lieu où l'on se trouve (morphologie ⟶ paragraphes 18, 20, 23). Il ne se rencontre qu'au singulier, pour les noms de villes des première et deuxième déclinaisons et pour quelques noms communs : domus, rus, humus, militia ;

Cogitandum (...) tibi esset Romaene an Mitylenis aut Rhodi malles vivere. (Cic., *Fam.*, 4, 7, 4)

Il t'aurait fallu réfléchir si tu préférais vivre à Rome, à Mitylène ou à Rhodes.

Vos dormitis domi. (Plaut., *Asin.*, 430)

Vous, vous dormez à la maison.

– précédé d'une préposition (⟶ paragraphes 207 à 212).

Cum Caesar in Galliam venit... (Caes., *Gall.*, 6, 12, 1)

Lorsque César arriva en Gaule...

Erat in Gallia ulteriore legio una. (Caes., *Gall.*, I, 7, 2)

Il y avait en Gaule ultérieure une seule légion.

Une proposition

Il s'agit de propositions relatives (⟶ paragraphes 214 à 217) :

Is ita cum Caesare egit : (...) ibi futuros Helvetios ubi eos Caesar constituisset. (Caes., *Gall.*, I, 13, 3)

Il tint à César ce discours : les Helvètes s'installeront là où César l'aura décidé.

169 Les compléments circonstanciels de cause

Les compléments circonstanciels de cause peuvent être constitués d'un GN ou d'une proposition.

Un GN

Le GN complément circonstanciel de cause peut être :

– à l'ablatif (⟶ paragraphe 204) ;

Qui officia deserunt mollitia animi (Cic., *fin.*, I, 33)

Ceux qui manquent à leurs devoirs à cause de leur mollesse

– précédé d'une préposition (⟶ paragraphes 207 à 212).

Nam propter frigora (...) frumenta in agris matura non erant. (Caes., *Gall.*, I, 16, 2)

En effet, à cause du froid, le blé dans les champs n'était pas mûr.

Une proposition

Emploi ⟶ paragraphes 228, 229.

Nam quia vos tranquillos video, gaudeo. (Plaut., *Amph.*, 958)

En effet, c'est parce que je vous vois tranquilles, que je me réjouis.

170 Les compléments circonstanciels de but

Les compléments circonstanciels de but peuvent être constitués d'un GN au datif, d'un GN au génitif dépendant de causa ou gratia, d'un supin, d'un gérondif ou d'un adjectif verbal introduit par ad, ou bien encore d'une proposition.

Un GN au datif

Caesar receptui cani jussit. (Caes., *Gall.*, 7, 47, I)

César ordonna de sonner pour la retraite (= de sonner la retraite).

Un GN au génitif dépendant de causa ou gratia

Emploi des prépositions (⟶ paragraphe 211).

Honoris tui causa ad te venimus. (Plaut., *Poen.*, 638)

Nous sommes venus chez toi pour t'honorer.

Un supin

Morphologie du supin (⟶ paragraphes 118-119).

Rus habitatum abii. (Ter., *Hec.*, 224)

Je suis parti habiter à la campagne.

Un gérondif ou un adjectif verbal introduit par ad

Morphologie ⟶ paragraphes 130 à 132.

Fuit (...) facilis et expeditus ad dicendum T. Junius. (Cic., *Brut.*, 180)

Titus Junius avait de la facilité et de l'aisance pour parler.

Vivis non ad deponendam, sed ad confirmandam audaciam. (Cic., *Catil.*, I, 4)

Tu vis non pour abandonner, mais pour renforcer ton arrogance.

Une proposition

Emploi ⟶ paragraphe 225.

Esse oportet ut vivas, non vivere ut edas. (Heren., 4, 39)

Il faut manger pour vivre, et non pas vivre pour manger.

171 Les compléments circonstanciels de manière

Les compléments circonstanciels de manière peuvent être constitués d'un adverbe ou d'un GN.

Un adverbe

Morphologie des adverbes ⟶ paragraphes 77 à 80.

Acriter utrimque usque ad vesperum pugnatum est. (Caes., *Gall.*, I, 50, 2)

On se battit de part et d'autre avec acharnement, jusqu'au soir.

Un GN

Le GN complément circonstanciel de manière peut être :

– à l'ablatif (⟶ paragraphe 201) ;

Tabulas (...) removere honeste nullo modo potuerunt. (Cic., *Verr.*, 2, 186)

Ils ne purent en aucune manière faire disparaître les registres d'une manière honnête.

– précédé d'une préposition (⟶ paragraphes 207 à 212).

Fit plerumque sine sensu, non numquam cum voluptate. (Cic., *Tusc.*, I, 82)

Cela se fait généralement sans qu'on le sente, et parfois avec plaisir.

172 Les compléments circonstanciels de moyen

Les compléments circonstanciels de moyen se présentent sous la forme d'un GN :

– à l'ablatif (⟶ paragraphe 200) ;

Cornibus tauri, apri dentibus, cursu leones

se tutantur. (Cic., *nat. deor.*, 2, 127)

Les taureaux se défendent avec leurs cornes, les sangliers avec leurs défenses, les lions en courant.

– introduit par une préposition (⟶ paragraphes 207 à 212).

Decima legio per tribunos militum Caesari

gratias egit. (Caes., *Gall.*, I, 41, 2)

La dixième légion remercia César par l'intermédiaire des tribuns militaires.

LA SYNTAXE DES CAS

173 La syntaxe des cas : généralités

Parmi les sept cas répertoriés en latin, nominatif, accusatif, génitif, datif et ablatif recouvrent chacun plusieurs fonctions syntaxiques. Ces fonctions sont présentées par ordre de fréquence (⟶ paragraphes 174 à 204).
Le vocatif est hors phrase : il ne correspond pas à une fonction, mais est la trace de la présence d'un destinataire dans l'énoncé (⟶ paragraphe 176).
Le locatif n'est représenté que pour quelques mots et il ne correspond qu'à une seule fonction : complément circonstanciel de lieu, plus rarement de temps (⟶ paragraphe 168).

LE NOMINATIF

174 Le sujet et ses expansions

Le nominatif est le cas du GN sujet d'un verbe à un mode personnel•, de l'attribut du sujet et du sujet de l'infinitif de narration.

Le GN sujet

Le nominatif est la marque du nom sujet des verbes à un mode personnel• :

Collis erat leniter ab infimo acclivis. (Caes., *Gall.*, 7, 19, 1)

La colline était en pente douce depuis le bas.

Sont également au nominatif les constituants du GN qui s'accordent avec le nom : déterminants, adjectifs, appositions (⟶ paragraphes 143, 144, 146).

Ea tempestate in exercitu nostro fuere conplures novi atque nobiles (...) factiosi domi, potentes apud socios, clari magis quam honesti. (Sall., *Jug.*, 8, 1)

Il y avait à cette époque, dans notre armée, beaucoup d'hommes nouveaux et de nobles, intrigants à Rome, puissants auprès des alliés, plus célèbres qu'honorables.

L'attribut du sujet

Emploi ⟶ paragraphe 155.

L. Custidius est tribulis et municeps et familiaris meus. (Cic., *Fam.*, 13, 58, 1)

L. Custidius est un homme de ma tribu, de mon municipe, de mes amis.

Le sujet de l'infinitif de narration

Emploi ⟶ paragraphe 263.

Refero ad Scaptium. Homo clamare. (Cic., *Att.*, 5, 21, 12)

J'en réfère à Scaptius. L'homme pousse les hauts cris.

175 Le nominatif hors phrase

Le nominatif est employé dans l'exclamation, dans les titres, pour citer un nom, dans les phrases nominales et dans les énumérations.

L'exclamation

O fortunati mercatores ! (Hor., *sat.*, 1, 1, 4)

Ô les heureux marchands !

Les titres

Le nominatif est employé dans les titres ou en tête d'un énoncé pour en indiquer le thème• (⟶ paragraphe 345) :

Laelius de amicitia (ouvrage de Cicéron)

Lélius, (au sujet) de l'amitié

La citation de nom

Est via sublimis (...) Lactea nomen habet. (Ov., *met.*, 1, 168)

Il existe au-dessus de nous une voie ; elle porte le nom de (Voie) Lactée.

Les phrases nominales (⟶ paragraphe 160)

Clamor inde concursusque populi. (Liv., 1, 41, 1)

D'où des cris et une affluence populaire.

Les énumérations

Et profecto dis juvantibus omnia matura sunt : victoria, praeda, laus. (Sall., *Jug.*, 85, 48)

Et, c'est sûr, avec l'aide des dieux tous les fruits de la guerre sont déjà mûrs : la victoire, le butin, la gloire.

176 Le vocatif : un cas hors phrase

Le vocatif est le cas porté par le destinataire de l'énoncé (⟶ paragraphe 260) :

Vare, redde legiones. (Suet., *Aug.*, 23)

Varus, rends-moi mes légions.

On rencontre souvent, dans la même phrase, un pronom personnel de 2e personne (morphologie ⟶ paragraphe 57) et un GN au vocatif :

Tuque, o sanctissima vates, / praescia venturi, da, (...) */ Latio considere Teucros.* (Verg., *Aen.*, 6, 65-67)

Et toi, très sainte prophétesse, toi qui sais l'avenir, accorde aux Troyens de s'établir dans le Latium.

La fonction et la place du GN au vocatif

Le GN au vocatif ne remplit pas de fonction syntaxique dans la phrase où il figure. Il est inséré n'importe où dans la phrase :

Quando omnia vere / heu nimium de te vates, Misene, locuta est. (Verg., *Aen.*, 6, 188-189)

En effet, tout ce que la prophétesse a dit à ton sujet, Misène, était, hélas ! bien trop vrai.

L'identité de l'énonciateur et du destinataire

L'énonciateur peut être le destinataire de son propre énoncé :

Miser Catulle, desinas ineptire. (Catul., *carm.*, 8, 1)

Mon pauvre Catulle, cesse tes sottises.

REM On peut rencontrer des formes de nominatif à la place du vocatif :

Da, meus ocellus, mea rosa, mi anime, mea voluptas, Leonida, argentum mihi. (Plaut., *Asin.*, 664-665)

Donne-moi, prunelle de mes yeux, ma rose, mon âme, mon plaisir, Léonidas, donne-moi mon argent.

Le GN meus ocellus, ici, commute• avec le GN au vocatif mi ocelle.

L'ACCUSATIF

177 L'accusatif complément d'objet

L'accusatif est la marque ordinaire du complément d'objet des verbes transitifs (⟶ paragraphe 154) :

Cum tabulas, signa, toreumata emunt... (Sall., *Catil.*, 20, 12)

Lorsqu'ils achètent des tableaux, des statues, des vases...

Les verbes à deux compléments

Quand le verbe a deux compléments, il sont parfois tous deux à l'accusatif (⟶ paragraphe 156) :

Catilina juventutem mala facinora edocebat. (Sall., *Catil.*, 16, 1)

Catilina enseignait à la jeunesse les pires forfaits.

C'est le nom animé qui généralement devient sujet du passif, tandis que l'autre GN reste à l'accusatif :

Acc. m. pl. N. f. sg.

Motus doceri gaudet Ionicos / matura virgo. (Hor., *carm.*, 3, 6, 21-22)

Une jeune fille nubile aime apprendre les danses ioniennes.

L'attribut du complément d'objet

L'attribut du complément d'objet s'accorde à l'accusatif :

Ancum Martium regem populus creavit. (Liv., 32, 1)

Le peuple nomma Ancus Martius roi.

REM Les verbes impersonnels de sentiment (miseret : *avoir pitié*, paenitet : *regretter*, piget : *être contrarié*, pudet : *avoir honte*, taedet : *avoir du dégoût*) se contruisent avec l'accusatif ; celui-ci désigne la personne qui éprouve le sentiment et qui joue le rôle de sujet réel• (morphologie ⟶ paragraphes 133, 134) :

Taedet omnino eos vitae. (Cic., *Att.*, 5, 16, 2)

Ils sont tout à fait fatigués de la vie.

Le deuxième complément est au génitif (⟶ paragraphe 185).

178 L'accusatif sujet

Le sujet de la proposition infinitive (⟶ paragraphe 219) se met à l'accusatif :

Scit neminem nasci sapientem, sed fieri. (Sen., *ir.*, 2, 6)

Il sait que personne ne naît sage, mais qu'on le devient.

179 Le complément circonstanciel de lieu à l'accusatif

L'accusatif est employé pour indiquer le lieu vers lequel on se dirige et la distance parcourue.

Le lieu vers lequel on se dirige

Il s'agit de la question quo ? (⟶ paragraphe 81) ; l'accusatif est alors précédé des prépositions marquant le mouvement (⟶ paragraphes 207 à 212) :

Cum Caesar in Galliam venit... (Caes., *Gall.*, 6, 12, 1)

Lorsque César arriva en Gaule...

Les noms de villes, cependant, sont à l'accusatif seul :

Romam (...) nuntiatum est Veios captos. (Liv., 5, 23, 1)

La nouvelle parvint à Rome que Véies avait été prise.

La distance parcourue

Ambulat milia passuum tria. (Plin., *epist.*, 3, 1, 4)

Il se promène pendant trois milles.

180 Le complément circonstanciel de temps à l'accusatif

L'accusatif s'emploie pour les compléments exprimant la durée. Il faut, cependant, distinguer les compléments constitués d'un adjectif numéral cardinal de ceux contenant un adjectif numéral ordinal.

L'emploi d'un adjectif numéral cardinal

L'accusatif peut indiquer la durée de l'événement (question quamdiu ? *pendant combien de temps ?*) :

Terra dies duodequadraginta movit. (Liv., 35, 40, 7)

La terre trembla pendant trente-huit jours.

On rencontre aussi per + accusatif :

Ludi per decem dies facti sunt. (Cic., *Catil.*, 3, 20)

Les jeux furent célébrés pendant dix jours.

L'accusatif peut également indiquer le temps écoulé depuis que l'événement a eu lieu :

Quinque et viginti annos natus (Cic., *Tusc.*, 5, 57)

Né depuis vingt-cinq ans (= âgé de vingt-cinq ans)

En dehors de telles expressions, où il devient un complément de l'adjectif natus, l'accusatif est accompagné de l'adverbe abhinc (littéralement : *en comptant à partir de maintenant*) :

Demosthenes (...) *abhinc annos prope trecentos fuit.* (Cic., *div.*, 2, 118)

Démosthène a vécu il y a environ trois cents ans.

L'emploi d'un adjectif numéral ordinal

L'accusatif indique le temps écoulé depuis le début de l'événement ; il est souvent accompagné de l'adverbe jam (*déjà*) :

Annum jam tertium et vicesimum regnat. (Cic., *Manil.*, 7)

C'est la vingt-troisième année qu'il règne. (= Il règne depuis vingt-deux ans.)

⚠ Les Latins comptaient à la fois l'année de départ et l'année en cours, alors que nous ne comptons que les années achevées.

181 L'accusatif exclamatif

L'accusatif concurrence le nominatif (⟶ paragraphe 175) dans les exclamations :

O nos beatos, o rem publicam fortunatam, o praeclaram laudem consulatus mei ! (Cic., *Catil.*, 2, 10)

Quel bonheur pour nous, quelle chance pour l'État, quelle illustre gloire pour mon consulat !

182 L'accusatif adverbial

Certains pronoms anaphoriques• (morphologie ⟶ paragraphe 59 ; emplois ⟶ paragraphes 291 à 297) et indéfinis neutres (morphologie ⟶ paragraphe 72) à l'accusatif, accompagnant des verbes intransitifs, se comportent comme des adverbes :

Jam id gaudeo. (Ter., *Andr.*, 362)

Je me réjouis déjà quant à cela. = Je m'en réjouis déjà.

Ils commutent• parfois avec des adverbes :

Nihil jam Caesaris imperium exspectabant. (Caes., *Gall.*, 2, 20, 4)

Ils n'attendaient en rien les ordres de César.

Nihil jam commute ici avec non jam.

Quelques locutions comportant un GN ont le même comportement adverbial : part(i/e)m (*en partie*), id aetatis (*à cet âge*), id / omne genus (*de ce / tout genre*), etc.

183 L'accusatif "grec"

Par imitation du grec, dans les textes de l'époque impériale et les textes poétiques, les noms désignant des parties du corps peuvent se mettre à l'accusatif :

– quand ils sont compléments d'adjectifs qualificatifs (⟶ paragraphes 144, 148).

Os umerosque deo similis (Verg., *Aen.*, I, 589)

Semblable à un dieu par son visage et ses épaules

Galanthis, / flava comas, aderat. (Ov., *met.*, 9, 306-307)

Galanthis, blonde quant aux cheveux (= aux cheveux blonds), était auprès de moi.

Cette construction concurrence le génitif et l'ablatif de qualité (⟶ paragraphes 184 et 205) ;

– après certains verbes intransitifs (⟶ paragraphe 152) ou avec des verbes au passif à valeur pronominale (⟶ paragraphe 346).

Micat auribus et tremit artus. (Verg., *georg.*, 3, 84)

Il agite les oreilles et tressaille de tous ses membres.

Lacrimis Lavinia (...) / perfusa genas (Verg., *Aen.*, 12, 64-65)

Lavinia inondée de larmes quant à ses joues (= les joues inondées de larmes)

LE GÉNITIF

184 Le génitif complément de nom

Le génitif est la marque caractéristique du complément du nom.

Nihilne te nocturnum praesidium Palati, nihil urbis vigiliae, nihil timor populi, nihil concursus bonorum omnium, nihil hic munitissimus habendi senatus locus, nihil horum ora vultusque moverunt ? (Cic., *Catil.*, I, I)

Est-ce que ne t'ont rien fait, ni la garde nocturne du Palatin, ni les vigiles de la ville, ni la peur du peuple, ni les attroupements des honnêtes gens, ni ce lieu si bien protégé pour réunir le sénat, ni le visage et l'air de ces gens ?

Les différentes valeurs du complément du nom

Tous les rapports sémantiques (de sens) peuvent être exprimés par le complément du nom, en particulier :

– la possession : horum ora (*le visage de ces gens*) ;

– les relations familiales ou sociales ;

Incipit (...) *loqui* (...) *Diodorus Timarchidi.* (Cic., *Verr.*, 2, 4, 138)

Le premier à parler est Diodore, fils de Timarchide.

– ce que recouvre un nom, sa définition.

Absumptis enim frugum alimentis carnisque omnis generis (...) *expugnati sunt.* (Liv., 23, 30, 3)

Après avoir épuisé les réserves de grains et de viandes de toutes sortes, ils furent vaincus.

REM – Le complément au génitif commute• avec l'adjectif possessif, quel que soit le rapport sémantique :

De summa salute vestra populique Romani (...) *decernite diligenter.* (Cic., *Catil.*, 4, 24)

À propos de votre salut et de celui du peuple romain, rendez un jugement consciencieux.

– Pour les première et deuxième personnes, on emploie les adjectifs possessifs (meus, tuus, noster, vester ⟶ paragraphe 58) ; pour la troisième personne non réfléchie, on emploie le génitif de l'anaphorique• is, ea, id (⟶ paragraphe 60) et suus pour le réfléchi (⟶ paragraphe 58).

– Un même nom peut être accompagné de deux compléments au génitif, recouvrant chacun une relation sémantique différente :

Signum Cupidinis marmoreum Praxiteli (Cic., *Verr.*, 2, 4, 4)

Une statue en marbre de Cupidon (= représentant Cupidon) de Praxitèle (= sculptée par Praxitèle)

Génitif subjectif et génitif objectif

Avec les noms "verbaux" (noms d'action), le complément au génitif correspond tantôt au sujet du verbe actif (génitif subjectif), tantôt à son objet (génitif objectif) :

post mortem Africani (Cic., *Lael.*, 5)

après la mort de l'Africain

Il s'agit ici du génitif subjectif ; dans la proposition postquam Africanus mortuus est, Africanus **est, en effet, sujet.**

His levabat omnem volnerum metum nobilitas mortis et gloria. (Cic., *Tusc.*, 2, 59)

La gloire et la perspective d'une mort noble leur enlevaient toute crainte des blessures.

Il s'agit ici du génitif objectif ; dans l'expression volnera metuere (***craindre les blessures***), volnera **est, en effet, objet du verbe.**

Il en résulte des risques d'ambiguïté, dont les Latins eux-mêmes étaient conscients :

"Metus hostium" recte dicitur et cum timent hostes et cum timentur. (Gell., 9, 12, 13)

Il est correct de dire "la crainte des ennemis" aussi bien quand les ennemis craignent que quand on les craint.

L'ambiguïté est parfois levée par l'emploi d'un GN précédé d'une préposition :

Odium fuisse illius in hunc acerbissimum. (Cic., *Mil.*, 52)

Sa haine pour lui était très vive.

Le génitif partitif

On parle de génitif partitif quand le complément au génitif désigne l'ensemble dont on isole un élément ou une partie :

Pertinent ad inferiorem partem fluminis Rheni. (Caes., *Gall.*, 1, 1, 6)

Ils s'étendent jusqu'au cours inférieur du Rhin.

Cette relation partitive est à l'origine du complément du superlatif (⟶ paragraphes 149, 187). Elle se rencontre également avec des génitifs dépendant de pronoms ou d'adverbes quantitatifs (⟶ paragraphes 72, 79) :

Nihil novi novus annus attulerat. (Liv., 3, 15, 1)

La nouvelle année n'avait rien apporté de nouveau.

Satis eloquentiae, sapientiae parum. (Sall., *Catil.*, 5, 4)

Assez d'éloquence, peu de sagesse.

Le génitif de qualité

On appelle génitif de qualité un GN au génitif comportant un adjectif et indiquant une propriété caractéristique :

Ego autem homo iracundus, animi perditi. (Plaut., *Men.*, 269)

Moi, je suis un homme coléreux, d'un tempérament excessif.

Ce complément commute• avec un simple adjectif qualificatif (ici, iracundus), dont il remplit les diverses fonctions, et concurrence l'ablatif de qualité (⟶ paragraphe 205).

Le génitif de but

On appelle génitif de but un GN au génitif comportant un adjectif verbal (morphologie ⟶ paragraphes 130 et 132).

Tanta universae Galliae consensio fuit libertatis vindicandae. (Caes., *Gall.*, 7, 76, 2)

Telle fut l'unanimité de toute la Gaule pour reconquérir la liberté.

Ce complément est parfois si peu dépendant du nom qu'on a fini par le considérer comme un complément circonstanciel :

Germanicus Aegyptum proficiscitur cognoscendae antiquitatis. (Tac., *ann.*, 2, 59, 1)

Germanicus part pour l'Égypte, pour se faire une idée des antiquités.

185 Le génitif complément de verbe

Un certain nombre de verbes demandent un complément au génitif.

Les verbes signifiant *se souvenir / oublier*

Vivorum memini. (Cic., *fin.*, 5, 3)

Je me souviens des vivants.

Les verbes impersonnels de sentiment

Morphologie ⟶ paragraphe 134 ; emploi ⟶ paragraphe 177 (remarque).

Eos peccatorum maxime paenitet. (Cic., *div.*, 1, 63)

Ils regrettent très vivement leurs fautes.

Les verbes signifiant *accuser* ou *condamner / acquitter*

C. Verrem insimulat avaritiae et audaciae. (Cic., *Verr.*, 1, 128)

Il accuse Verrès d'avidité et d'impudence.

Judices sic exarserunt ut capitis hominem innocentissimum condemnarent. (Cic., *de orat.*, 1, 233)

Les juges s'emportèrent tant qu'ils condamnèrent à mort un homme complètement innocent.

Les verbes signifiant *estimer, valoir, acheter / vendre*

Le complément est alors le plus souvent un pronom-adjectif indéfini (morphologie ⟶ paragraphes 72 à 76) :

Id quanti aestimabat tanti vendidit. (Cic., *Verr.*, 2, 4, 10)

Il l'a vendu au prix auquel il l'estimait.

186 Le génitif employé avec sum

Avec le verbe sum, le génitif marque l'appartenance :

Duae fuerunt Ariovisti uxores. (Caes., *Gall.*, I, 53, 4)

Arioviste avait deux épouses.

Quand le sujet est un infinitif ou un groupe verbal (⟶ paragraphe 158), le génitif marque l'appartenance spécifique :

Cujusvis hominis est errare. (Cic., *Phil.*, 12, 2)

Se tromper est propre à tout homme. (= Tout homme est sujet à l'erreur.)

187 Le génitif complément d'adjectif

Les adjectifs accompagnés du génitif

Un complément au génitif se rencontre avec les adjectifs sémantiquement apparentés aux verbes construits avec le génitif (⟶ paragraphe 154) :

Habetis ducem memorem vestri, oblitum sui. (Cic., *Catil.*, 4, 19)

Vous avez un chef qui se souvient de vous et oublieux de lui-même.

Memor est un adjectif de la même famille que memini (*se souvenir* + génitif ⟶ paragraphe 185) et oblitus est le participe de obliviscor (*oublier*), employé ici comme adjectif qualificatif.
Le génitif se rencontre aussi avec d'autres adjectifs dont la construction est indiquée dans les dictionnaires (similis : *semblable*, avidus : *avide*, etc.) et avec quelques participes présents :

Semper appetentes gloriae (...) atque avidi laudis fuistis. (Cic., *Manil.*, 7)

Vous avez toujours été amoureux de la gloire et avides d'éloges.

Le complément de l'adjectif au superlatif

Le complément de l'adjectif au superlatif peut se mettre au génitif :

Indus (...) est omnium fluminum maximus. (Cic., *nat. deor.*, 2, 130)

L'Indus est le plus grand de tous les fleuves.

Le génitif est concurrencé par ex + ablatif ou inter + accusatif :

Vidit (...) acerrumum autem ex omnibus nostris sensibus esse sensum videndi. (Cic., *de orat.*, 2, 357)

Il constata que le plus aiguisé de tous nos sens est le sens de la vue.

188 Le génitif exclamatif

Les cas les plus généralement utilisés dans les exclamations sont le nominatif (⟶ paragraphe 175) et l'accusatif (⟶ paragraphe 181). On peut trouver exceptionnellement, à la place, le génitif :

Di immortales, mercimoni lepidi ! (Plaut., *Most.*, 912)

Dieux immortels, l'excellent marché !

LE DATIF

189 Le datif complément de verbe

On trouve au datif le complément d'objet de verbes marquant diverses relations à autrui et le complément d'objet second.

Le complément d'objet de verbes marquant diverses relations à autrui

Il s'agit des verbes marquant l'obéissance (pareo : *obéir*, servio : *être esclave*), la jalousie (invideo : *envier*), l'hostilité (noceo : *nuire*), la faveur (faveo : *favoriser*), etc. :

Probus (...) invidet nemini. (Cic., *Tim.*, 9)

L'homme honnête n'envie personne.

REM – Certains verbes intransitifs deviennent transitifs et se construisent avec le datif, quand ils sont préfixés (notamment les dérivés• de sum ⟶ paragraphes 87, 154) :

Te precor, Alcide, coeptis ingentibus adsis. (Verg., *Aen.*, 10, 460)

Je t'en prie, Alcide, seconde mon immense entreprise.

Puer adnatat delphino. (Plin., *epist.*, 9, 33)

L'enfant nage vers le dauphin.

Le verbe nato (*nager*) est un verbe intransitif ; son dérivé adnato (préfixe : ad-) est transitif et suivi d'un complément au datif.

– Avec les verbes de mouvement, le datif remplace, surtout en poésie, ad + accusatif (⟶ paragraphe 179) :

It clamor caelo. (Verg., *Aen.*, 5, 451)

Une rumeur monte vers le ciel.

Le nom au datif caelo, ici, commute• avec ad caelum.

Le complément d'objet second

Lorsqu'un verbe est suivi de deux compléments (⟶ paragraphe 156), le complément au datif est le plus souvent un animé, tandis que le complément à l'accusatif est un inanimé :

Acc. D.

Qui pecuniam Dioni dederunt... (Cic., *Verr.*, I, 28)

Ceux qui donnèrent de l'argent à Dion...

190 L'expression de la possession : sum + datif

La construction sum + GN animé au datif indique la possession :

Amplissimae tibi divitiae sunt. (Cic., *Phil.*, 10, 4)

Tu as de très grandes richesses.

Cette construction est concurrencée par habeo + accusatif :

Crura sine nodis articulisque habent. (Caes., *Gall.*, 6, 27, 1)

Ils ont des pattes sans articulations.

Le GN au datif peut apparaître même quand le verbe sum est accompagné d'un attribut (⟶ paragraphe 155) :

Ei (...) morbo nomen est avaritia. (Cic., *Tusc.*, 4, 24)

Cette maladie a pour nom cupidité.

Tu mihi erus nunc es, tu patronus, tu pater. (Plaut., *Capt.*, 444)

Maintenant, tu es pour moi un maître, un protecteur, un père.
= J'ai en toi un maître, un protecteur, un père.

191 Le datif d'intérêt

Un GN au datif, désignant généralement une personne, peut être une expansion du GV (⟶ paragraphe 154). Il indique :

– le bénéficiaire ou la victime de l'événement ou du procès• ;

Tibi aras, tibi occas, tibi seris, tibi item metes. (Plaut., *Merc.*, 71)

C'est pour toi que tu laboures, pour toi que tu herses, pour toi que tu sèmes, c'est pour toi aussi que tu récolteras.

– la personne qui est prise comme point de référence ;

Nihil difficile amanti puto. (Cic., *orat.*, 33)

Rien n'est difficile, à mon avis, pour celui qui a de l'affection.

– la personne (généralement l'interlocuteur) qu'on veut faire participer à l'événement ou au procès.

Alter tibi descendit de Palatio et aedibus suis. (Cic., *S. Rosc.*, 133)

Tiens, voilà l'autre qui descend du Palatin et de sa demeure.

192 Le datif complément circonstanciel de but

Quand le GN au datif est un inanimé, il indique le but recherché dans l'accomplissement du procès•:

Caesar receptui cani jussit. (Caes., *Gall.*, 7, 47, 1)

César ordonna de sonner pour la retraite (= de sonner la retraite).

Cette valeur finale est renforcée par l'emploi de l'adjectif verbal (morphologie ⟶ paragraphes 130 et 132; emploi ⟶ paragraphe 266):

Decemviros legibus scribendis (...) creavimus. (Liv., 4, 4, 3)

Nous avons créé les décemvirs pour la rédaction des lois.

Le GN au datif commute• avec ad + accusatif: ici, ad leges scribendas.

193 Le double datif

La construction appelée "double datif" associe un GN qui indique la personne concernée par le procès• (datif d'intérêt ⟶ paragraphe 191) et un GN indiquant le but (⟶ paragraphe 192). Cette construction ne se rencontre usuellement qu'avec quelques verbes: sum (*être*), do (*donner*) et mitto (*envoyer*).

Funditores Baleares subsidio oppidanis mittit. (Caes., *Gall.*, 2, 7, 1)

Il envoie des frondeurs Baléares en renfort aux habitants.

Quod mihi magnae voluptati fuit. (Cic., *Fam.*, 2, 10, 2)

Ce fut pour moi grande source de joie.

194 Le datif complément d'agent

Un GN animé au datif peut servir de complément d'agent (⟶ paragraphe 346); c'est le cas dans la construction sum + adjectif verbal, avec les temps du perfectum passif et, plus rarement, avec des formes d'infectum.

La construction sum + adjectif verbal

Caesari omnia (...) erant agenda. (Caes., *Gall.*, 2, 20 ,1)

Tout était à faire par César. (= César devait tout faire.)

Morphologie de l'adjectif verbal ⟶ paragraphes 130 et 132.

Avec les temps du perfectum passif

Le complément d'agent au datif est fréquent avec les temps du perfectum passif (parfait, plus-que-parfait, futur antérieur ⟶ paragraphes 97, 99, 101), surtout pour insister sur le résultat acquis :

Mihi consilium captum jam diu est. (Cic., *Fam.*, 5, 19, 2)

C'est pour moi une décision prise depuis déjà longtemps.
= Il y a déjà longtemps que j'ai pris cette décision.

Avec des formes d'infectum

Le complément d'agent au datif peut parfois se rencontrer avec des formes d'infectum (présent, imparfait, futur ⟶ paragraphes 88, 91, 94), surtout en poésie :

Neque cernitur ulli. (Verg., *Aen.*, 1, 440)

Et il n'est aperçu de personne.

195 Le datif complément d'adjectif

Certains adjectifs se construisent avec un GN au datif :

Canis nonne est similis lupo? (Cic., *nat. deor.*, 1, 197)

Le chien n'est-il pas semblable au loup ?

Sic omnem voluptatem dicimus honestati esse contrariam. (Cic., *off.*, 3, 119)

Ainsi disons-nous que tout plaisir est contraire à la beauté morale.

Les adjectifs similis et contrariam, ici, ont pour compléments respectifs les GN au datif lupo et honestati.
Quelques-uns de ces adjectifs sont apparentés avec des verbes eux-mêmes construits avec le datif (⟶ paragraphe 189) :
noxius (*nuisible*) / noceo (*nuire*)
fidus (*fidèle*) / fido (*avoir confiance*)

L'ABLATIF

196 Les compléments circonstanciels à l'ablatif : généralités

Dans la majorité de ses emplois, l'ablatif est la marque des compléments circonstanciels. Ces compléments se rencontrent souvent en début de proposition, pour indiquer les circonstances de l'événement principal : temps, lieu, cause, manière (⟶ paragraphes 197 à 202).

CC de temps — CC de temps — CC de manière

Ea re constituta, secunda vigilia, magno cum strepitu ac tumultu,

CC de lieu — CC de manière

castris egressi nullo certo ordine neque imperio (...) *fecerunt ut consimilis fugae profectio videretur.* (Caes., *Gall.*, 2, 11, 1)

Après avoir pris ces dispositions, à la seconde veille, sortant du camp avec beaucoup de bruit et d'agitation, sans ordre ni discipline, ils firent en sorte que leur départ ressemblât complètement à une fuite.

Les compléments circonstantiels peuvent être introduits par des prépositions (⟶ paragraphes 207 à 212).

197 L'ablatif absolu

On appelle ablatif absolu un syntagme• à l'ablatif qui commute• avec une proposition circonstancielle exprimant le temps (⟶ paragraphes 230 à 234), la cause (⟶ paragraphes 228-229), la condition (⟶ paragraphes 240 à 244) ou la concession (⟶ paragraphe 236) :

Ea re constituta, (...) *fecerunt ut consimilis fugae profectio videretur.* (Caes., *Gall.*, 2, 11, 1)

Après avoir pris ces dispositions, ils firent en sorte que leur départ ressemblât complètement à une fuite.

Ea re constituta, ici, commute• avec la proposition circonstancielle de temps postquam ea res constituta est.
L'ablatif absolu peut être considéré comme une véritable proposition participiale (⟶ paragraphe 235).

198 Le complément circonstanciel de temps à l'ablatif

L'ablatif donne généralement un repère chronologique, mais il peut aussi indiquer la durée d'une action ou le point de départ.

Un repère chronologique (question quando ? *quand ?*)

Postero die, luce prima, movet castra. (Caes., *Gall.*, 5, 49, 5)

Le lendemain, à la première heure, il lève le camp.

L'ablatif est parfois précédé d'une préposition, particulièrement pour donner le cadre temporel d'un événement :

Quae in civili bello in maximis rei publicae miseriis fecit... (Cic., *Phil.*, 2, 47)

Ce qu'il a fait pendant la guerre civile, au plus fort des malheurs de l'État...

La durée d'une action

Ille cum universa Graecia vix decem annis unam cepit urbem. (Nep., *Epam.*, 5, 6)

Avec toute la Grèce, il mit presque dix ans à prendre une seule ville.

L'ablatif alterne alors avec per + accusatif (⟶ paragraphe 180).

Le point de départ

Précédé des prépositions de, ex ou ab, l'ablatif indique le point de départ : a prima pueritia (*depuis la plus tendre enfance*).

199 Le complément circonstanciel de lieu à l'ablatif

L'ablatif s'emploie pour indiquer le lieu où l'on est, mais il peut aussi marquer le point de départ ou le lieu par où l'on passe.

Le lieu où l'on est

Il s'agit de répondre à la question ubi ? (*où ?* ⟶ paragraphe 81).
L'ablatif est alors souvent précédé de la préposition in :

Erat in Gallia ulteriore legio una. (Caes., *Gall.*, 1, 7, 2)

Il y avait en Gaule ultérieure une seule légion.

Mais l'ablatif peut se rencontrer seul :

Omnibus locis fit caedes. (Caes., *Gall.*, 7, 67, 6)

Partout c'est le carnage.

Pour les noms de villes, on rencontre le locatif (⟶ paragraphes 18, 168) quand la forme existe, sinon l'ablatif.

Abl. Loc.

Videon ego Telestidem (...) / natam Thebis, Epidauri satam ? (Plaut., *Epid.*, 635-636)

Ne vois-je pas Télestidès, qui est née à Thèbes, conçue à Épidaure ?

Le point de départ

Il s'agit de répondre à la question unde ? (*d'où ?* ⟶ paragraphe 81).
L'ablatif est alors le plus souvent précédé des prépositions de, ex ou ab :

Loco ille motus est, cum est ex urbe depulsus. (Cic., *Catil.*, 2, 1)

Il a été délogé de sa position, quand il fut chassé de Rome.

L'ablatif seul suffit pour les noms de villes :

Roma subito ipse profectus pridie est. (Cic., *Mil.*, 27)

Lui-même a soudain quitté Rome la veille.

Le lieu par où l'on passe

Il s'agit de répondre à la question qua ? (*par où ?* ⟶ paragraphe 81) :

Aurelia via profectus est. (Cic., *Catil.*, 2, 6)

Il est parti par la voie Aurélia.

Le lieu par où l'on passe, généralement, est un moyen de communication (route, pont, etc.)

200 Le complément circonstanciel de moyen à l'ablatif

Le moyen de nature concrète

Le GN à l'ablatif peut avoir un référent concret, désignant un instrument de l'action :

Cornibus tauri, apri dentibus (...) se tutantur. (Cic., *nat. deor.*, 2, 127)

Les taureaux se défendent avec leurs cornes, les sangliers avec leurs défenses.

Le moyen de nature abstraite

Quand le moyen est de nature abstraite, on rencontre soit des GN à l'ablatif, soit des gérondifs à l'ablatif (morphologie ⟶ paragraphes 130, 131) :

GN gérondif

Benevolentiam civium (...) blanditiis et adsentando colligere turpe est. (Cic., *Lael.*, 61)

Il est honteux de gagner l'estime de ses concitoyens par les caresses et en les flattant.

Dans ce genre de construction, le GN à l'ablatif recouvre à la fois le moyen et la manière (⟶ paragraphe 201) :

Haec omnia summa cura et diligentia recognita sunt. (Cic., *Verr.*, 2, 2, 190)

Tout cela a été révisé avec le plus grand soin et avec la plus grande précision.

Le complément d'agent inanimé

Les GN à l'ablatif désignant des objets inanimés peuvent être considérés comme des compléments d'agent du passif, quand ils deviennent sujets de la phrase active correspondante :

Dura tamen molli saxa cavantur aqua. (Ov., *ars*, I, 474)

Cependant, les pierres dures sont creusées par l'eau inconsistante.

Dans la phrase active correspondante, mollis aqua dura saxa cavat, le GN aqua dura est le sujet du verbe cavat.

Vi victa vis. (Cic., *Mil.*, 30)

La force a été vaincue par la force.

Dans la phrase active correspondante, vis vim vicit, le nom vis est sujet du verbe vicit.

201 Le complément circonstanciel de manière à l'ablatif

La manière dont se déroule une action est indiquée à l'aide d'un GN à l'ablatif (comportant le plus souvent un nom abstrait) :

Laudant enim eos qui aequo animo moriantur. (Cic., *Tusc.*, 3, 72)

Ils louent, en effet, ceux qui peuvent mourir avec impassibilité.

Ce GN est généralement introduit par la préposition cum, quand le nom n'est pas accompagné d'un adjectif ou d'un déterminant :

Fit plerumque sine sensu, non numquam cum voluptate. (Cic., *Tusc.*, I, 82)

Cela se fait généralement sans qu'on le sente, et parfois avec plaisir.

202 Le complément circonstanciel de point de vue à l'ablatif

Un GN à l'ablatif complément d'un verbe évaluatif (*estimer, mesurer, peser,* etc.) peut indiquer de quel point de vue on se place pour faire l'évaluation :

Magnos homines virtute metimur, non fortuna. (Nep., *Eum.*, I, I)

Nous mesurons les grands hommes d'après leur valeur, non d'après leur fortune.

Le GN à l'ablatif peut être précédé d'une préposition marquant le point de départ (de référence) :

Te non ex fortuna, sed ex virtute tua pendimus. (Cic., *Fam.*, 5, 17, 5)

Nous t'apprécions non en fonction de ta fortune, mais de ta valeur.

Cette valeur circonstancielle se retrouve dans des locutions usuelles, comme (ex) sententia (*de mon point de vue*), (ex) consuetudine (*selon l'habitude*).

Quand c'est une personne qui est prise comme point de référence, on rencontre un GN au datif (⟶ paragraphe 191).

203 L'ablatif complément de verbe

Quelques verbes demandent un complément à l'ablatif. Il peut s'agir d'un complément d'objet, d'un complément d'objet second ou d'un complément précédé d'une préposition.

Le complément d'objet

Emploi ⟶ paragraphes 153-154.

Commoda quibus utimur, lucemque qua fruimur, (...) *ab eo nobis dari* (...) *videmus.* (Cic., *S. Rosc.*, 131)

Les biens que nous avons, la lumière dont nous jouissons, nous voyons que c'est lui (Jupiter) qui nous les a donnés.

Le complément d'objet second

Emploi ⟶ paragraphe 156.

Acc. Abl.

Magno me metu liberabis. (Cic., *Catil.*, 1, 10)

Tu me délivreras d'une grande crainte.

Le complément précédé d'une préposition

De amicitia disputaris. (Cic., *Lael.*, 16)

Tu débats de l'amitié.

Les verbes de mouvement, en particulier, demandent des compléments de lieu précédés d'une préposition (⟶ paragraphes 207 à 212) :

Paulatim ex castris discedere et suos clam ex agris deducere coeperunt. (Caes., *Gall.*, 4, 30, 3)

Ils se mirent à quitter progressivement le camp et à rappeler en secret les leurs des champs.

L'ablatif peut, cependant, se rencontrer seul pour les compléments de lieu (⟶ paragraphe 199), surtout en poésie :

Columbae / Ipsa sub ora viri caelo venere volantes. (Verg., *Aen.*, 6, 190-191)

Des colombes, sous ses yeux mêmes, vinrent en volant du ciel.

204 Le complément d'agent et de cause à l'ablatif

Le complément d'agent

On appelle traditionnellement complément d'agent le GN à l'ablatif qui accompagne un verbe passif et indique la source du procès•.
Ce complément est généralement précédé de la préposition a(b) :

Nostri a duce et a Fortuna deserebantur. (Caes., *Gall.*, 5, 34, 2)

Les nôtres étaient abandonnés de leur chef et de la Fortune.

L'ablatif correspond au nominatif de la phrase active : ici, dux et Fortuna nostros deserebant (*le chef et la fortune abandonnaient les nôtres*).

L'expression de la cause

Le complément d'agent est dérivé d'un emploi circonstanciel de l'ablatif. En effet, on rencontre des GN à l'ablatif indiquant la cause, la source d'un procès avec des verbes actifs :

Qui officia deserunt mollitia animi... (Cic., *fin.*, I, 33)

Ceux qui manquent à leurs devoirs à cause de leur mollesse...

De la valeur causale, on glisse parfois à l'expression de la manière :

Quod Aedui formidine Lugdunenses gaudio fecere. (Tac., *hist.*, I, 64, 8)

Ce que les Éduens ont fait par peur, les Lyonnais l'ont fait avec joie.

Ce GN complément de cause à l'ablatif est parfois introduit par une préposition marquant l'origine (ex, ab) :

Cum Tarquinius ex vulnere aeger fuisse (...) falso diceretur... (Cic., *rep.*, 2, 38)

Comme Tarquin, disait-on de façon mensongère, était souffrant à cause d'une blessure...

205 L'ablatif complément de nom

L'ablatif de qualité

Un GN à l'ablatif complément de nom peut exprimer une qualité remarquable et constante.

Aristoteles, vir summo ingenio, scientia, copia (Cic., *Tusc.*, I, 7)

Aristote, homme si éminent par le génie, le savoir, la production littéraire

Ce GN peut être attribut:

Nero fuit valetudine prospera. (Suet., *Ner.*, 51)

Néron était d'une santé florissante.

L'ablatif de qualité est concurrencé par le génitif (⟶ paragraphe 184).

L'ablatif précédé d'une préposition

Quelques compléments de nom se présentent à l'ablatif précédé d'une préposition (⟶ paragraphes 207 à 212):

Ibi est ex aere simulacrum ipsius Herculis. (Cic., *Verr.*, 2, 4, 94)

Il y a là une statue en bronze d'Hercule lui-même.

206 L'ablatif complément d'adjectif

Les adjectifs suivis de l'ablatif

Quelques adjectifs, parmi lesquels les adjectifs apparentés aux verbes demandant un complément à l'ablatif (plenus: *plein* / impleo: *remplir* ⟶ paragraphe 203), se contruisent avec un GN à l'ablatif:

L. Philippus vir patre, avo, majoribus suis dignissimus (Cic., *Phil.*, 3, 25)

Lucius Philippus, un homme si digne de son père, de son aïeul, de ses ancêtres

Le complément du comparatif

Le complément du comparatif se met à l'ablatif. Il commute• avec quam suivi du nominatif ou de l'accusatif (⟶ paragraphe 149):

Luce sunt clariora nobis tua consilia omnia. (Cic., *Catil.*, I, 6)

Tes projets sont pour nous plus clairs que la lumière.

207 La place des prépositions

Avant le GN

La plupart des prépositions précèdent immédiatement le GN qu'elles introduisent :

Aquitania a Garumna flumine (Abl.) *ad Pyrenaeos montes* (Acc.) *et eam partem Oceani quae est ad Hispaniam* (Acc.) *pertinet.* (Caes., *Gall.*, I, I, 2)

L'Aquitaine s'étend de la Garonne jusqu'aux Pyrénées et à la partie de l'Océan qui touche à l'Espagne.

Après le GN

Les prépositions causa et gratia (*pour*) suivent immédiatement le GN qu'elles introduisent : honoris causa (*pour honorer* ⟶ paragraphe 211).

Les autres prépositions peuvent aussi, surtout en poésie, se trouver après leur complément :

Amissos longo socios sermone requirunt, / spemque metumque inter dubii. (Verg., *Aen.*, I, 217-218)

Ils s'interrogent longuement sur leurs compagnons perdus, hésitant entre l'espoir et la crainte.

Le cas de cum

La préposition cum (*avec*) s'accole aux pronoms personnels et relatifs qu'elle introduit : mecum (*avec moi*), tecum (*avec toi*), secum (*avec lui*), nobiscum (*avec nous*), vobiscum (*avec vous*), quocum (*avec lequel*), quacum (*avec laquelle*), quibuscum (*avec lesquels* ⟶ paragraphes 56, 68, 69).

À l'intérieur du GN

Les prépositions peuvent s'intercaler à l'intérieur du GN qu'elles introduisent :

Maxima cum cura (Cic., *Verr.*, 4, 74)

Avec le plus grand soin

Certaines expressions avec un relatif de liaison (⟶ paragraphe 297) se sont ainsi figées pour devenir des connecteurs (⟶ paragraphes 245, 259) : quam ob rem (*pour cette raison*) s'écrit aussi en un seul mot (quamobrem).

Loin du GN

La préposition peut être séparée du GN qu'elle introduit, essentiellement en poésie :

Saevum cupiens contra contendere monstrum (Catul., 64, 101)

Désireux de combattre contre le monstre cruel

208 Le classement des prépositions

Distinguer les prépositions des adverbes

De nombreuses prépositions ont une origine adverbiale. La plupart peuvent encore se rencontrer comme adverbes de lieu (morphologie ⟶ paragraphe 81) ou de temps :

Caedere incipiunt ejus servos, qui post erant. (Cic., *Mil.*, 29)

Ils se mettent à tuer ses esclaves, qui étaient derrière.

⚠ Un préfixe séparé de son radical (tmèse) ne doit pas être confondu avec une préposition :

Miraris, cum tu argento post omnia ponas, / si nemo praestet quem non merearis amorem ? (Hor., *sat.*, I, I, 86-87)

Et tu t'étonnes, en faisant tout passer après l'argent, que personne ne te témoigne un amour que tu ne mérites pas ?

Le verbe pono, ici, est séparé de son préfixe ; il faut donc lire : cum tu argento omnia postponas.

Les cas demandés par les prépositions

Seuls trois cas peuvent se rencontrer après les prépositions : l'accusatif (⟶ paragraphe 209), l'ablatif (⟶ paragraphe 210) et exceptionnellement le génitif (⟶ paragraphe 211). Un petit nombre d'entre elles admettent alternativement l'accusatif et l'ablatif (⟶ paragraphe 212).

Les valeurs des prépositions

Les prépositions peuvent être classées en trois grands types de relations sémantiques : expression du lieu, du temps, rapport logique.
On retrouve ces valeurs pour chacun des cas mentionnés.

209 Les prépositions suivies de l'accusatif

PRÉPOSITION	LIEU	TEMPS	RAPPORT LOGIQUE
ad	*près de, vers*	*vers, jusqu'à*	*pour*
adversus	*contre*		*à l'égard de*
ante	*devant*	*avant*	*plus que*
apud	*auprès de*		
circa	*autour de*	*vers*	*environ*
circum	*autour de*		
citra	*en deçà*		*sans*
contra	*en face de*		*contre*
erga			*à l'égard de*
extra	*hors de*		*excepté*
infra	*au-dessous de*		
inter	*entre, parmi*	*pendant*	
intra	*à l'intérieur de*	*avant*	
juxta	*près de*	*juste après*	*d'après*
ob	*devant*		*à cause de, pour*
penes			*entre les mains de*
per	*à travers*	*pendant*	*au moyen de*
pone	*derrière*		
post	*derrière*	*après, depuis*	
praeter	*devant*		*contre, excepté*
prope	*près de*		
propter	*à côté de*		*à cause de*
secundum	*le long de*	*après*	*d'après*
supra	*au-dessus de*	*avant*	*en plus de*
trans	*au-delà de*		
ultra	*au-delà*	*après*	*plus que*
usque	*jusqu'à*	*jusqu'à*	

L'expression du lieu

Ces prépositions indiquent un mouvement vers un lieu, avec ou non entrée dans ce lieu. Elles se rencontrent donc particulièrement avec des verbes de mouvement.

L'expression du temps

Elle découle de l'expression du lieu et suppose pareillement un mouvement vers un domaine, mais temporel cette fois.

Le rapport logique

Il découle également de l'expression du lieu ; le GN introduit par la préposition n'est pas un repère spatial, mais un nom abstrait ou animé qui est visé par une action :

Non enim ad judiciorum certamen, sed ad voluptatem aurium scripserat. (Cic., *orat.*, 38)

Il avait écrit non pour les combats judiciaires, mais pour le plaisir de l'oreille.

210 Les prépositions suivies de l'ablatif

PRÉPOSITION	LIEU	TEMPS	RAPPORT LOGIQUE
ab (a)	*en venant de*	*depuis*	*par*
coram	*devant*		
cum			*avec*
de	*en descendant de*	*pendant, juste après*	*d'après, au sujet de*
ex (e)	*hors de*	*à partir de, après*	*d'après*
prae	*devant*		*en raison de*
pro	*devant*		*à la place de, en raison de*
sine			*sans*

L'expression du lieu

Ces prépositions indiquent soit la proximité d'un espace (coram, cum, prae, pro), soit un mouvement d'éloignement par rapport à un lieu, avec ou non sortie de ce lieu (ex, de / ab). Elles sont donc associées avec des verbes de mouvement.

L'expression du temps

Elle découle de l'expression du lieu et suppose pareillement un mouvement d'éloignement par rapport à un domaine, mais temporel cette fois.

Le rapport logique

Il découle également de l'expression du lieu ; le GN introduit par la préposition n'est pas un repère spatial, mais un nom animé ou abstrait : ex omnium sententia (*de l'avis de tous*).

211 Les prépositions suivies du génitif

Les prépositions causa et gratia (*pour*) sont accompagnées d'un GN au génitif, qui généralement précède la préposition (⟶ paragraphe 207). Il s'agit d'emplois figés des noms causa, -ae, f (*la cause*) et gratia, -ae, f (*la reconnaissance*) ; c'est pourquoi ces deux prépositions peuvent avoir comme complément soit un GN au génitif, soit un adjectif possessif :

adj. poss. GN au G.
Vestra reique publicae causa (Cic., *Verr.*, 5, 173)
Dans votre intérêt et celui de l'État

212 Les prépositions admettant deux cas

Les prépositions in, sub, subter, super se construisent tantôt avec l'accusatif, tantôt avec l'ablatif.

Avec l'accusatif

Le contexte contient l'idée d'un mouvement vers un lieu ou un domaine temporel.

PRÉPOSITION	LIEU	TEMPS	RAPPORT LOGIQUE
in	*dans*	*jusqu'à*	*pour, envers*
sub	*sous*	*vers*	*sous*
subter	*sous*		
super	*sur*	*pendant*	*outre*

Avec l'ablatif

Il s'agit simplement de localiser (sans mouvement).

PRÉPOSITION	LIEU	TEMPS	RAPPORT LOGIQUE
in	*dans*	*pendant*	*à propos de, étant donné*
sub	*sous*	*au moment de*	*sous*
subter	*sous*		
super	*sur*	*pendant*	*au sujet de*

REM La préposition tenus (*jusqu'à*) se construit soit avec l'ablatif, soit avec le génitif, sans changement de sens.

LA PHRASE COMPLEXE

213 La phrase complexe : généralités

Une phrase complexe comporte au moins deux propositions.
À l'intérieur d'une phrase complexe, les propositions peuvent être coordonnées (⟶ paragraphe 245) ou subordonnées.

La subordination

La subordination d'une proposition à une autre se marque :
– par la présence d'un mot subordonnant : conjonction, adverbe ou pronom relatif ou interrogatif (morphologie ⟶ paragraphes 67 à 71) ;
– par la forme imposée à l'un des constituants de la subordonnée : temps et mode du verbe, forme du sujet, forme des anaphoriques• (⟶ paragraphes 59 à 62), forme des indéfinis (⟶ paragraphes 72 à 76).

Negant enim [quemquam esse virum bonum nisi sapientem]. (Cic., *Lael.*, 18)
Ils disent, en effet, que personne n'est homme de bien s'il n'est sage.

Le verbe nego (*nier*) contient une négation qui détermine la forme du pronom indéfini dans la proposition subordonnée : en effet, quisquam est l'indéfini qui se substitue à aliquis après une négation (⟶ paragraphe 300).

Le classement des propositions subordonnées

Les propositions subordonnées sont classées d'après leur fonction ; on distinguera les propositions relatives, qui sont des expansions du nom ou du GN (⟶ paragraphes 214 à 217), les propositions complétives, qui sont des expansions du verbe (⟶ paragraphes 218 à 223), et les propositions circonstancielles, qui sont des expansions du GV (⟶ paragraphes 224 à 244).

214 La proposition relative : généralités

On appelle proposition relative une proposition introduite par un adjectif, un pronom ou un adverbe relatifs (morphologie ⟶ paragraphes 67 à 69, 81). Ces mots remplissent la double fonction d'anaphoriques• (emploi ⟶ paragraphe 291) et de subordonnants.

La fonction de la proposition relative

La proposition relative remplit le plus souvent une fonction à l'intérieur du GN ; elle commute• alors avec l'un des constituants du GN : déterminant, adjectif qualificatif, apposition (⟶ paragraphe 215) ; mais elle peut également commuter avec un GN (⟶ paragraphe 216).

Les modes employés

Le verbe de la proposition relative peut être soit à l'indicatif, soit au subjonctif.

215 La proposition relative complément du nom

La proposition relative qui complète le nom peut être déterminative, explicative ou présenter une valeur circonstancielle.

La proposition relative déterminative

Elle sert à déterminer la référence• du nom qu'elle complète et commute• avec un déterminant (⟶ paragraphe 143) :

Cives Romanos [qui negotiandi causa ibi constiterant] (...) *interficiunt.* (Caes., *Gall.*, 7, 3, 1)

Ils tuent les citoyens romains qui s'étaient établis là pour faire du commerce.

La proposition relative, ici, permet de déterminer quel sous-ensemble des citoyens romains est tué.

L'antécédent est souvent accompagné de l'adjectif cataphorique• is, qui équivaut à l'article défini du français :

Caesar ei (...) *munitioni [quam fecerat] T. Labienum legatum praefecit.* (Caes., *Gall.*, 1, 10, 3)

César mit le légat Labiénus à la tête de la fortification qu'il avait faite.

Le nom déterminé peut figurer dans la proposition relative et être repris dans la proposition principale par un anaphorique• (⟶ paragraphe 291).

[*Quam quisque norit artem*], *in hac se exerceat !* (Cic., *Tusc.*, I, 41)

Le métier que chacun connaît, qu'il s'y exerce !
= Que chacun pratique le métier qu'il connaît !

La proposition relative explicative

Quand elle est apposée, la proposition relative ne détermine pas la référence• du GN auquel elle se rapporte, mais donne une information supplémentaire :

Graeci illi, quorum copiosior est lingua quam nostra... (Cic., *Tusc.*, 2, 35)

Ces Grecs, dont la langue est plus riche que la nôtre...

Quand la proposition relative est apposée à un pronom, elle définit ce que recouvre ce pronom :

Exclusi eos quos tu ad me salutatum mane miseras. (Cic., *Catil.*, I, 10)

J'ai chassé ceux que tu avais envoyés pour me saluer le matin.

L'ensemble de ceux qui ont été chassés, ici, est identique à celui qui est défini par la proposition relative quos tu ad me salutatum mane miseras.

La proposition relative à valeur circonstancielle

La proposition relative peut présenter une valeur circonstancielle et commuter• avec les propositions subordonnées correspondantes. Elle est alors généralement au mode subjonctif.

– Valeur finale ou consécutive :

Exploratores centurionesque praemittit, qui locum idoneum castris deligant. (Caes., *Gall.*, 2, 17, 1)

Il envoie en avant des éclaireurs et des centurions, pour qu'ils choisissent un endroit favorable pour établir le camp.

La proposition relative, ici, commute avec la proposition circonstancielle de but (⟶ paragraphe 225) ut locum idoneum castris deligant.

– Valeur causale :

Tu es lapide silice stultior, qui hanc ames. (Plaut., *Poen.*, 291)

Tu es plus stupide qu'un caillou, toi qui aimes (= d'aimer) cette fille.

La proposition relative, ici, commute avec la proposition circonstancielle de cause (⟶ paragraphe 228) quia hanc amas.

Le pronom-adjectif relatif est alors souvent accompagné d'un adverbe (quippe, ut ou utpote) qui renforce la valeur causale :

Satin nequam sum, utpote qui hodie amare inceperim ? (Plaut., *Rud.*, 462)

Suis-je assez scélérat, moi qui suis (= d'être) tombé amoureux aujourd'hui ?

– Valeur concessive :

Nam qui luxuriae immoderatissimae esset, ter omnino per quattuordecim annos languit. (Suet., *Ner.*, 51)

En effet, bien qu'il s'adonnât sans aucune retenue aux plaisirs, il ne fut malade en tout que trois fois en quatorze ans.

La proposition relative, ici, commute avec la proposition circonstancielle de concession (⟶ paragraphe 236) quamquam luxuriae immoderatissimae erat.

– Valeur conditionnelle :

Qui videret, equum Trojanum introductum, urbem captam diceret. (Cic., *Verr.*, 2, 4, 52)

Si quelqu'un avait vu ce spectacle, il aurait dit qu'on avait laissé rentrer le cheval de Troie, qu'on avait pris la ville.

La proposition relative, ici, commute avec la proposition circonstancielle de condition (⟶ paragraphe 243) si quis videret.

216 La proposition relative sans antécédent

Une proposition relative ne dépendant pas d'un antécédent constitue à elle seule un GN. Les pronoms relatifs indéfinis (⟶ paragraphe 68) introduisent des propositions relatives qui sont toujours dépourvues d'antécédent :

Quemcumque rogaveris, hoc respondebit. (Cic., *Cluent.*, 90)

Tout homme que tu interrogeras te répondra cela.

Ces propositions peuvent remplir les diverses fonctions d'un GN.

La fonction sujet

Quam qui appetiverunt, adplicant se et proprius admovent. (Cic., *Lael.*, 32)

Ceux qui la (l'honnêteté) recherchent se rapprochent et se réunissent.

On rencontre notamment une relative sujet au subjonctif, dans les expressions sunt qui… (*il y a des gens qui*) et quis est qui… ? (*qui est-ce qui… ?*).

At etiam sunt qui dicant (…) a me ejectum in exsilium esse Catilinam. (Cic., *Catil.*, 2, 12)

Mais il y en a pour dire que j'ai poussé Catilina à l'exil.

La fonction complément d'objet

Quae disputari de amicitia possunt, ab eis censeo petatis qui ista profitentur. (Cic., *Lael.*, 17)

Ce qu'on peut dire sur l'amitié, demandez-le, à mon avis, à ceux qui se disent spécialistes.

La proposition relative, ici, est complément d'objet du verbe petatis (*demandez*).

La fonction complément d'adjectif

Quelques adjectifs, comme dignus (*digne de*), idoneus (*capable de*) ou aptus (*apte à*), peuvent se construire avec une relative au subjonctif qui commute• avec un GN :

Et qui modeste paret, videtur [qui aliquando imperet] dignus esse. (Cic., *leg.*, 3, 5)

Et celui qui obéit avec discipline semble digne [de commander un jour].

De l'adjectif dignus, ici, dépend la relative qui aliquando imperet.

217 La coordination des propositions relatives

Les propositions relatives peuvent être coordonnées entre elles par simple juxtaposition ou par l'emploi d'une conjonction de coordination (⟶ paragraphe 245).

La simple juxtaposition

Chaque proposition relative est introduite par un pronom-adjectif relatif :

De his qui dissimulant, qui Romae remanent, qui nobiscum sunt, nihil dicimus ? (Cic., *Catil.*, 2, 17)

Au sujet de ceux qui dissimulent, qui restent à Rome, qui sont avec nous, nous ne disons rien ?

L'emploi d'une conjonction de coordination

– Avec reprise du relatif :

Sed credo deos immortalis sparsisse animos in corpora humana, ut essent qui terras tuerentur, quique caelestium ordinem contemplantes imitarentur eum. (Cic., *Cato*, 77)

Mais je crois que les dieux immortels ont répandu les âmes dans les corps humains, pour qu'il y en ait qui gardent la terre et qui, en contemplant l'ordre céleste, l'imitent.

⚠ En l'absence d'antécédent, les deux relatives coordonnées peuvent désigner les mêmes personnes (comme dans l'exemple précédent) ou des personnes différentes.

– **Sans reprise du relatif :**

Equidem efferor studio patres vestros, quos colui et dilexi, videndi. (Cic., *Cato*, 83)

Pour ma part, je brûle du désir de voir vos pères, que j'ai aimés et chéris.

Dans ce cas, et coordonne les verbes et non la proposition entière.

– Avec un pronom anaphorique• (morphologie ⟶ paragraphes 59 à 62 ; emploi ⟶ paragraphes 291 à 297) à la place du relatif :

Species pulchritudinis eximia quaedam, quam intuens in eaque defixus ad illius similitudinem manum dirigebat... (Cic., *orat.*, 9)

Un idéal de beauté, qu'il regardait et sur lequel il fixait son regard pour diriger sa main en essayant de l'imiter...

LES PROPOSITIONS SUBORDONNÉES COMPLÉTIVES

218 Les propositions complétives : généralités

Les propositions complétives remplissent la fonction de complément d'objet. Elles peuvent aussi être sujet de certaines locutions verbales.
Elles commutent• avec l'anaphorique• id (morphologie ⟶ paragraphe 60 ; emploi ⟶ paragraphe 293).
Elles sont classées en proposition infinitive (⟶ paragraphe 219), proposition directe au subjonctif (⟶ paragraphe 220), proposition conjonctive au subjonctif (⟶ paragraphe 221), proposition introduite par quod (⟶ paragraphe 222), proposition interrogative indirecte (⟶ paragraphe 223).

219 La proposition infinitive

La proposition infinitive est constituée d'un verbe au mode infinitif (morphologie ⟶ paragraphes 126 à 129) et d'un sujet à l'accusatif.
Dans la proposition indépendante suivante, le sujet, omnia, est au nominatif neutre pluriel ; le verbe, fiunt, est à l'indicatif présent :

Fato omnia fiunt. (Cic., *fat.*, 21)

Tout arrive par le destin.

Dans la proposition infinitive correspondante, omnia est à l'accusatif neutre pluriel ; le verbe, fieri, est un infinitif présent :

Concedendum est [fato omnia fieri]. (Cic., *fat.*, 26)

Il faut admettre [que tout arrive par le destin].

La proposition infinitive complément d'objet

La proposition infinitive est complément d'objet de verbes ou locutions déclaratifs (dico : *dire*, nuntio : *annoncer*, etc.), de verbes d'opinion (puto : *penser*, existimo : *estimer*, etc.), de connaissance (scio : *savoir*, etc.), de volonté (sino : *laisser*, patior : *accepter*).

Fatetur [se esse hostem]. (Cic., *Catil.*, 2, 17)

Il reconnaît [qu'il est un ennemi].

Elle peut également être complément d'objet de locutions impersonnelles (⟶ paragraphes 134 et 160) :

[Interfectum esse L. Catilinam] (...) oportebat. (Cic., *Catil.*, 2, 3)

Il fallait [que L. Catilina fût tué].

La proposition infinitive sujet

La proposition infinitive peut être sujet de verbes déclaratifs au passif ou de diverses locutions :

Romam erat nuntiatum [fracto animo fugisse Antonium]. (Cic., *Fam.*, 11, 12, 1)

Il avait été annoncé à Rome [qu'Antoine, abattu, avait pris la fuite].

Il arrive alors fréquemment que le sujet de la proposition infinitive passe au nominatif et devienne sujet du verbe principal employé au passif (c'est ce qu'on appelle le "passif personnel" ⟶ paragraphe 347) :

Thales primus [defectionem solis praedixisse] fertur. (Cic., *div.*, 1, 112)

Il est raconté que Thalès fut le premier à prédire une éclipse du soleil.
= Thalès fut le premier, dit-on, à prédire une éclipse du soleil.

L'annonce de la proposition infinitive

La proposition infinitive peut être annoncée par un pronom ou un adverbe cataphorique• (id, hoc, illud, sic ⟶ emploi : paragraphe 291) :

Si hoc optimum factu judicarem, Patres Conscripti, [Catilinam morte multari]... (Cic., *Catil.*, 1, 29)

Si je considérais, Pères Conscrits, comme l'action la meilleure [de punir de mort Catilina]...

Elle est parfois apposée à un GN (sémantiquement apparenté à l'une des classes de verbes énumérés précédemment), dont elle développe le contenu :

Spes tamen una est, [aliquando populum Romanum majorum similem fore]. (Cic., *Fam.*, 12, 22, 2)

Il y a cependant un espoir [qu'un jour, le peuple romain ressemble à ses ancêtres].

L'expression spes est, ici, équivaut à spero (*j'espère*), verbe qui se construit avec une proposition infinitive.

220 La proposition (complétive) directe au subjonctif

Dans la langue de la conversation familière (dialogues de comédie, lettres) et de l'administration, certains verbes se construisent directement avec une proposition subordonnée au subjonctif qui n'est pas introduite par un subordonnant : volo (*vouloir*) et ses composés (nolo : *refuser*, malo : *préférer*), fac (*fais*), sine (*permets*) et certains verbes impersonnels (licet : *il est permis*, necesse est : *il faut nécessairement que*). Cette proposition concurrence les autres formes de complétives que l'on rencontre généralement avec de tels verbes :

Velim [mihi ignoscas]. (Cic., *Fam.*, 13, 75, 1)

Je voudrais [que tu me pardonnes].

Volo est généralement suivi d'une proposition infinitive : Velim te mihi ignoscere.

Sine modo [adveniat senex]. (Plaut., *Most.*, 11)

Laisse seulement [arriver le vieillard].

Sino peut aussi se construire avec une proposition infinitive (⟶ paragraphe 219) :

Nec eos intrare castra sinit. (Liv. 38, 2, 23)

Et il ne les laisse pas entrer dans le camp.

221 Les propositions conjonctives au subjonctif

Les propositions introduites par ut / ne

Certains verbes sont suivis d'une proposition complétive introduite par ut dont le verbe est au subjonctif. Ce sont des verbes exprimant le souhait (opto : *souhaiter*), la volonté (impero : *ordonner*, rogo : *demander*), ou bien des verbes événementiels (accidit : *il arrive que* ; accedit : *il s'ajoute que*).

Optemus potius [ut eat in exsilium]. (Cic., *Catil.*, 2, 16)
Souhaitons plutôt [qu'il parte en exil].

Eadem nocte accidit [ut esset luna plena]. (Caes., *Gall.*, 4, 29, 1)
Cette nuit-là, il se trouva que c'était la pleine lune.

Lorsque la subordonnée est négative, la négation est amalgamée à la conjonction, qui prend la forme ne :

Moneo [ne faciatis]. (Cic., *Rab. Post.*, 18)
Je vous engage à ne pas le faire.

REM – Quand la subordonnée contient une négation partielle portant sur un adverbe ou un pronom-adjectif indéfini, la conjonction prend la forme ne et elle est accompagnée d'un indéfini à polarité négative• (umquam : *jamais*, usquam : *quelque part*, ullus : *aucun*, quis : *quelqu'un*, quid : *quelque chose* ⟶ paragraphe 300).
Caesar (...) suis imperavit ne quod omnino telum in hostes reicerent. (Caes., *Gall.*, 1, 46, 2)
César ordonna à ses soldats de ne jeter absolument aucun trait sur les ennemis.
– Quand la subordonnée négative est elle-même coordonnée, le subordonnant prend la forme neve / neu (⟶ paragraphe 250) :
Pompeius suis praedixerat ut Caesaris impetum exciperent neve se loco moverent. (Caes., *civ.*, 3, 92, 2)
Pompée avait enjoint à ses troupes d'attendre l'attaque de César et de ne pas quitter leurs positions.

Les propositions introduites par ne / ne non

Les verbes signifiant *craindre* (timeo, metuo, vereor) confèrent une forme négative (ne) à la conjonction qui introduit la subordonnée ; mais la subordonnée n'est pas elle-même négative :

Vereor etiam [ne durior sim]. (Cic., *ad Q. fr.*, 1, 1, 17)
Je crains aussi d'être trop exigeant.

Quand la subordonnée est négative, la négation est exprimée de manière autonome par non :

Vereor [ne non liceat]. (Cic., *Att.*, 2, 19, 3)
Je crains que ce ne soit pas permis.

Les propositions introduites par ne ou quin

Les verbes signifiant *empêcher* (impedio : *empêcher*, obsto : *s'opposer à*) sont suivis d'une subordonnée introduite par ne ou quin.

– Ne (ou quominus), si la principale est positive :

Impedior dolore animi [ne plura dicam]. (Cic., *Sull.*, 92)

Le chagrin m'empêche d'en dire plus.

– Quin (ou quominus), si la principale est négative ou interrogative :

Non possumus [quin alii a nobis dissentiant] recusare. (Cic., *ac.*, 2, 7)

Nous ne pouvons refuser que d'autres soient en désaccord avec nous.

REM – Les verbes d'empêchement peuvent aussi se construire avec une proposition infinitive (⟶ paragraphe 219).

– Quelques locutions impersonnelles marquant l'impossibilité ou le doute se construisent avec quin + subjonctif : non potest quin (*il n'est pas possible que*), non dubito quin (*je ne doute pas que*).

– Dans la locution impersonnelle fieri non potest quin (*il n'est pas possible que… ne… pas*), la conjonction quin a une valeur négative.

222 Les propositions introduites par quod

Le pronom relatif neutre quod, lorsqu'il n'a pas d'antécédent et qu'il introduit une proposition, signifie *le fait que…* Cette proposition peut être complément de certains verbes, ou employée à la place d'une proposition infinitive.

Quod + indicatif, complément de certains verbes

La proposition introduite par quod peut être complément des verbes événementiels (accidit : *il arrive que*, accedit : *il s'ajoute que*, etc.) :

Accedit [quod mirifice ingens excellentibus delectatur].

(Cic., *Fam.*, 6, 6, 8)

À cela s'ajoute le fait) qu'il apprécie par-dessus tout les talents exceptionnels.

ou de verbes qui admettent l'accusatif adverbial id (gaudeo : *se réjouir*, accuso : *accuser* ⟶ paragraphe 182) :

Sane gaudeo [quod te interpellavi]. (Cic., *leg.*, 3, 1)

Je suis très heureux de t'avoir interrompu.

Id gaudeo. (Ter., *Andr.*, 362)

Je m'en réjouis.

Quod + indicatif, à la place d'une proposition infinitive

Dans la langue familière, la proposition introduite par quod commute• avec la proposition infinitive, après les verbes déclaratifs (dico : *dire*, nuntio : *annoncer*, etc.) ou de connaissance (scio : *savoir*, etc.).

Equidem scio jam filius [quod amet meus / istanc meretricem]. (Plaut., *Asin.*, 52-53)

Moi, je sais déjà que mon fils est amoureux de cette courtisane.

223 La proposition interrogative indirecte

Les modes et temps employés

La proposition interrogative indirecte est introduite par les mêmes mots interrogatifs que la phrase interrogative (⟶ paragraphe 271), mais son verbe est au subjonctif, avec le temps requis (⟶ paragraphes 328 à 331) :

"Quid negoti est ?
– [Quid negoti sit] rogas ?" (Plaut., *Aul.*, 296)

"Quel est le problème ?
– Tu me demandes quel est le problème ?"

Haud facile discerneres [utrum imperatori an exercitui carior esset]. (Liv., 21, 4, 3)

On aurait du mal à distinguer si c'est au général ou à l'armée qu'il était le plus cher.

Les verbes introducteurs

La proposition interrogative indirecte est introduite par des verbes signifiant *demander* (rogo, quaero), des verbes de perception (video : *voir*, sentio : *sentir*, etc.), de déclaration (dico : *dire*, scribo : *écrire*) ou de connaissance (scio : *savoir*).

Quaesivi cognosceretne signum. (Cic., *Catil.*, 3, 10)

Je lui ai demandé s'il reconnaissait le sceau.

Quid ad Statium scripserit nescio. (Cic., *Att.*, 6, 2, 2)

J'ignore ce qu'il a écrit à Statius.

REM Dans l'interrogation double, le second membre prend la forme annon ou necne, quand ce second membre est l'exact contraire du premier :

Quaesivi a Catilina [in nocturno conventu ad M. Laecam fuisset necne]. (Cic., *Catil.*, 2, 13)

J'ai demandé à Catilina s'il avait participé à une entrevue nocturne chez Laeca ou pas.

LES PROPOSITIONS SUBORDONNÉES CIRCONSTANCIELLES

224 Les propositions circonstancielles : généralités

Les propositions subordonnées circonstancielles sont des expansions du GV. Elles commutent• avec des GN, éventuellement introduits par des prépositions, qui sont compléments circonstanciels (⟶ paragraphes 166 à 172). Elles sont classées d'après leur sens (⟶ paragraphes 225 à 244).

225 Les propositions circonstancielles de but

Les propositions de but sont introduites par la conjonction ut et leur verbe est au subjonctif :

Esse oportet [ut vivas], non vivere [ut edas]. (Heren., 4, 39)

Il faut manger [pour vivre], et non pas vivre [pour manger].

L'annonce de la subordonnée dans la principale

La proposition subordonnée de but peut être annoncée dans la proposition principale par un adverbe (ideo, idcirco) ou une locution (ad eam rem) :

Idcirco in hanc urbem venisti, ut hujus urbis jura et exempla corrumperet ? (Cic., *Dejot.*, 32)

C'est pour cela que tu es venu à Rome, pour ruiner les lois et les coutumes de cette ville ?

La forme négative

Quand la subordonnée de but est négative, la négation est amalgamée à la conjonction, qui prend la forme ne :

Vercingetorix jubet portas claudi, ne castra nudentur. (Caes., *Gall.*, 7, 70, 7)

Vercingétorix fait fermer les portes, pour que le camp ne se vide pas.

La présence d'un comparatif

Quand la subordonnée de but comprend un comparatif (adjectif ou adverbe ⟶ paragraphes 42 à 44, 80), la conjonction est généralement quo :

Expectabat, quo aequiore loco proelium committeret. (Caes., *civ.*, 2, 34, 1)

Il attendait pour engager le combat sur un terrain plus favorable.

226 Les propositions circonstancielles de conséquence

Comme les propositions de but, les propositions consécutives sont caractérisées par le mode subjonctif et la conjonction ut :

Mons altissimus impendebat [ut facile perpauci iter prohibere possent]. (Caes., *Gall.*, 1, 6, 1)

Une très haute montagne était en surplomb, [de sorte qu'une poignée d'hommes pouvait facilement bloquer le passage].

L'annonce de la subordonnée dans la principale

La proposition consécutive est souvent annoncée dans la proposition principale par des adverbes (adeo, ita, sic, tam, tantum) ou des pronoms-adjectifs (talis, tantus) corrélatifs• :

Sunt ita multi ut eos carcer capere non possit. (Cic., *Catil.*, 2, 22)

Ils sont si nombreux que la prison ne peut les contenir.

Tantos processus efficiebat ut evolare, non excurrere videretur. (Cic., *Brut.*, 272)

Il faisait de si grands progrès qu'il semblait voler, et non courir.

La forme négative

Quand la proposition subordonnée contient une négation, celle-ci ne s'amalgame pas au subordonnant :

Dabo egenti, sed ut ipse non egeam. (Sen., *benef.*, 2, 15, 1)

Je donnerai à l'indigent, mais en faisant en sorte de ne pas tomber moi-même dans l'indigence.

La négation peut être ne, surtout dans les consécutives restrictives (⟶ paragraphe 227) :

Verum tamen hoc ita est utile, ut ne plane illudamur ab accusatoribus. (Cic., *S. Rosc.*, 55)

Cela est assurément utile (l'abondance des accusateurs), mais sans que nous soyons maltraités par les accusateurs.

Quand la proposition principale contient une locution négative (nemo est : *il n'y a personne qui*) ou interrogative (quis est ? *y a-t-il quelqu'un qui ?*), le subordonnant peut prendre la forme quin :

Nemo est tam fortis quin rei novitate perturbetur. (Caes., *Gall.*, 6, 39, 3)

Personne n'est si courageux qu'il ne soit troublé par la nouveauté.

REM La proposition consécutive peut être complément du comparatif :
Indulgebat sibi liberalius, quam ut invidiam vulgi posset effugere. (Nep., *Chabr.*, 12, 3, 2)
Il avait atteint un degré de luxe supérieur à celui qui a pour conséquence qu'on échappe encore à la jalousie générale.
= Il se complaisait dans une vie trop luxueuse pour pouvoir échapper à la jalousie générale.

227 Les propositions circonstancielles de conséquence : tours particuliers

La restriction de la principale par ita ou sic

Ita ou sic, signifiant proprement *dans de telles conditions*, peuvent annoncer une consécutive qui restreint la portée de la principale :

Ita probanda est clementia, ut adhibeatur rei publicae causa severitas. (Cic., *off.*, I, 88)

Il faut priser la clémence, tout en usant (= de telle sorte qu'on use cependant) de sévérité dans l'intérêt de l'État.

L'emploi de tantum abest (*tant s'en faut*)

Tantum abest est suivi de deux propositions en ut + subjonctif, une complétive (⟶ paragraphes 218, 221) et une consécutive :

prop. complétive — prop. consécutive

Tantum abest [ut scribi contra nos nolimus], [ut id etiam maxime optemus]. (Cic., Tusc., 2, 4)

Tant s'en faut que nous refusions qu'on écrivît contre nous, que nous le souhaitons au plus haut point.
= Loin de refuser qu'on écrivît contre nous, au contraire, nous le souhaitons au plus haut point.

Le rapport de subordination peut être parfois inversé ; la conséquence constitue alors la proposition principale et tantum abest ut devient une locution subordonnante :

[Tantum afuit ut inflammares nostros animos], somnum vix tenebamus. (Cic., *Brut.*, 278)

Bien loin que tu aies enflammé nos cœurs, c'est à peine si nous pouvions nous empêcher de dormir.

On peut rencontrer la conjonction nedum + subjonctif avec le même sens :

Vix in ipsis tectis et oppidis frigus vitatur, [nedum in mari sit facile abesse ab injuria temporis]. (Cic., *Fam.*, 16, 8, 2)

Bien loin qu'il soit facile en mer d'être à l'abri du mauvais temps, c'est à peine si on évite le froid à l'intérieur même de la maison et en ville.

228 Les propositions circonstancielles de cause à l'indicatif

La proposition subordonnée à l'indicatif énonce un fait qui est présenté comme la cause de de la proposition principale. On peut rencontrer les conjonctions quia, quod ou quoniam.

Quia ou quod + indicatif

Nam quia vos tranquillos video, gaudeo. (Plaut., *Amph.*, 958)

En effet, c'est parce que je vous vois tranquilles, que je me réjouis.

Quoniam + indicatif

Vos, Quirites, quoniam est nox, (...) in vestra tecta discedite. (Cic., *Catil.*, 3, 29)

Vous, citoyens, puisque c'est la nuit, rentrez chez vous.

Quoniam indique la condition suffisante pour la réalisation de la principale.

229 Les propositions circonstancielles de cause au subjonctif

Cum + subjonctif

Une proposition subordonnée présentant un fait logiquement antérieur à celui de la principale peut avoir une valeur explicative ou causale.

Dolo erat pugnandum, cum par non esset armis. (Nep., *Hann.*, 10, 4)

Il fallait combattre par la ruse, étant donné qu'il n'y avait pas d'égalité dans les forces.

Quod + subjonctif

Quand la cause n'est pas assumée par l'énonciateur, mais par un sujet interne à l'énoncé (⟶ paragraphe 260), le verbe se met au subjonctif :

Decima legio ei gratias egit quod de se optimum judicium fecisset. (Caes., *Gall.*, I, 41, 2)

La dixième légion le remercia d'avoir eu à son sujet une opinion si bonne.

Non quod (ou quia) + subjonctif

Quand on oppose vraie et fausse causes, la cause niée est généralement exprimée au subjonctif :

subj. prés.

In jactandis caestibus ingemescunt, non quod doleant (...), sed quia

ind. prés.

profundenda voce omne corpus intenditur. (Cic., *Tusc.*, 2, 56)

En brandissant leurs cestes, ils gémissent, non qu'ils souffrent, mais parce qu'en poussant un cri ils tendent tout leur corps.

On rencontre non quo + subjonctif avec la même valeur :

In quo ego, non quo libenter male audiam, sed quia causam non libenter relinquo, nimium patiens et lentus existimor. (Cic., *de orat.*, 2, 305)

Dans ce cas, j'accepte de passer pour trop patient et trop flegmatique, non que j'aime entendre dire du mal de moi, mais parce que j'aime encore moins abandonner ma cause.

230 Les propositions circonstancielles de temps : généralités

Les propositions temporelles donnent un repère temporel (moment ou période) qui permet de situer la proposition principale (⟶ paragraphe 231).

Les événements ou situations contenus dans la proposition principale peuvent être spécifiés comme simultanés (⟶ paragraphe 232), postérieurs (⟶ paragraphe 233) ou antérieurs (⟶ paragraphe 234) à ceux de la subordonnée.

Le verbe de la subordonnée temporelle peut être soit à l'indicatif, soit au subjonctif.
Les propositions temporelles commutent• avec des GN, éventuellement introduits par une préposition, à l'accusatif (⟶ paragraphe 180) ou à l'ablatif (⟶ paragraphe 198).

231 Le repérage temporel simple

Cum, ubi, ut(i) + indicatif

Cum, ubi, ut(i) + indicatif servent à repérer la proposition principale à partir d'un autre événement :

Cum Artaxerxes Aegyptio regi bellum inferre voluit, Iphicraten ab Atheniensibus ducem petivit. (Nep., *Iph.*, 2, 4)

Lorsqu'Artaxerxès voulut attaquer le roi d'Égypte, il demanda Iphicrate aux Athéniens pour lui donner le commandement.

La relation temporelle peut être soulignée par la présence de tum ou tunc (*alors*) dans la principale :

Nam cetera maleficia tum persequare [ubi facta sunt]. (Sall., *Catil.*, 52, 4)

Car on ne peut poursuivre les autres crimes que lorsqu'ils sont accomplis.

Valeur particulière de cum + indicatif

Quand la proposition temporelle introduite par cum suit la proposition principale, elle présente fréquemment un événement nouveau, alors que la proposition principale constitue l'arrière-plan :

Hannibal jam subibat muros [cum repente in eum (...) erumpunt Romani]. (Liv., 19, 7)

Hannibal s'approchait déjà des murs quand soudain les Romains se ruent sur lui.

Cum + subjonctif

Cum + subjonctif, en revanche, indique le cadre qui sert d'arrière-plan aux événements de la principale :

Pyrrhus [cum Argos oppugnaret], lapide ictus interiit. (Nep., *Reg.*, 2)

Alors qu'il assiégeait Argos, Pyrrhus reçut une pierre et en mourut.

[Cum advesperasceret], occulte ad pontem Mulvium pervenerunt. (Cic., *Catil.*, 3, 5)

Comme le soir approchait, ils se rendirent en cachette au pont Mulvius.

Cet arrière-plan peut avoir une fonction explicative (⟶ paragraphe 229) :

Dolo erat pugnandum, [cum par non esset armis]. (Nep., *Hann.*, 10, 4)

Il fallait combattre par la ruse, étant donné qu'il n'y avait pas d'égalité dans les forces.

L'ablatif absolu

Quelques tours figés indiquant les magistrats en exercice servent à dater les faits rapportés :

Is M. Messala M. Pisone consulibus conjurationem nobilitatis fecit. (Caes., *Gall.*, I, 2, 1)

Celui-ci, sous le consulat de M. Messala et M. Pison (= 61 avant J.-C.), forma une conjuration de la noblesse.

Sur la structure de l'ablatif absolu ⟶ paragraphe 235.

232 Les propositions temporelles marquant la simultanéité

Dum, donec, quoad, quamdiu + indicatif

Dum (ou donec, quoad, quamdiu) + indicatif indique que la durée des événements de la principale est égale à celle des événements de la subordonnée :

Dum fuit, dedit. (Plaut., *Truc.*, 217)

Tant qu'il y en eut, il donna.

Donec eris felix, multos numerabis amicos. (Ov., *trist.*, I, 9, 5)

Tant que tu seras riche, tu compteras de nombreux amis.

Valeur particulière de dum + indicatif présent

Dum + indicatif présent indique la période à l'intérieur de laquelle est situé l'événement de la principale, que ce soit dans le passé, dans le présent ou dans l'avenir :

Archimedes dum in pulvere quaedam describit attentius, ne patriam quidem captam esse sensit. (Cic., *fin.*, 5, 50)

Pendant qu'il dessinait attentivement certaines figures dans la poussière, Archimède ne se rendit même pas compte que sa patrie avait été prise.

Dum, donec, quoad + subjonctif

Dum (ou donec, quoad) + subjonctif peut indiquer que la fin des événements de la principale dépend de l'achèvement des événements de la subordonnée ; la relation temporelle se double alors d'une nuance finale :

Exspecta, amabo te, dum Atticum conveniam. (Cic., *Att.*, 7, 1, 4)

Attends, je te prie, (jusqu'à ce) que je rencontre Atticus.

Cette même valeur se rencontre parfois, chez les auteurs archaïques, pour dum + indicatif :

Exspectabo dum venit. (Ter., *Eun.*, 206)

J'attendrai jusqu'à ce qu'il arrive.

Simul (ac) + indicatif

Simul (ac) + indicatif indique une antériorité si faible que les deux propositions sont perçues comme quasi simultanées :

Simul atque de Caesaris legionumque adventu cognitum est, ad eum venit. (Caes., *Gall.*, 5, 3, 3)

Dès que fut connue l'arrivée de César avec ses légions, il vint le trouver.

233 Les propositions temporelles marquant la postériorité

Postquam + indicatif

La proposition subordonnée introduite par postquam (post... quam) + indicatif rend explicite la postériorité de la principale :

Postquam omnes Belgarum copias (...) *ad se venire vidit, flumen Axonam* (...) *exercitum traducere maturavit.* (Caes., *Gall.*, 2, 5, 4)

Après avoir vu venir vers lui toutes les troupes belges, il résolut de faire traverser l'Aisne à son armée.

Ubi primum, ut primum, cum primum + indicatif

Ubi primum, ut primum, cum primum indiquent que la principale est immédiatement postérieure :

Qui ubi primum adolevit, (...) *non se luxu neque inertiae corrumpendum dedit.* (Sall., *Jug.*, 6, 1)

Dès qu'il fut adolescent, il ne se laissa corrompre ni par le luxe ni par l'oisiveté.

234 Les propositions temporelles marquant l'antériorité

La proposition subordonnée est introduite par antequam (ante… quam) ou priusquam (prius… quam), suivis soit de l'indicatif, soit du subjonctif :

Neque prius fugere destiterunt quam ad flumen Rhenum pervenerunt. (Caes., *Gall.*, I, 53, 1)

Ils ne cessèrent pas de fuir avant d'avoir atteint le Rhin.

Caesar, priusquam se hostes ex terrore ac fuga reciperent, in fines Suessionum (…) exercitum duxit. (Caes., *Gall.*, 2, 12, 1)

Avant que les ennemis ne se reprennent de leur effroi et de leur fuite, César conduisit ses troupes chez les Suessions.

235 L'ablatif absolu : proposition participiale

L'ablatif absolu est une proposition participiale constituée d'un GN sujet à l'ablatif et d'un GV participial à l'ablatif (syntaxe des cas ⟶ paragraphe 197).

La constitution du GV participial

Le GV peut contenir, par ordre de fréquence :

– un participe parfait passif (morphologie ⟶ paragraphe 125) ;

[His rebus cognitis] Caesar Gallorum animos verbis confirmavit. (Caes., *Gall.*, I, 33, 1)

Ces choses ayant été apprises (= ayant appris la situation), César releva en quelques mots le courage des Gaulois.

– un participe présent (morphologie ⟶ paragraphes 121-122) ;

Cum, [Superbo regnante], in Italiam venisset… (Cic., *Tusc.*, I, 38)

Comme il était venu en Italie, sous le règne de Tarquin le Superbe…

– un adjectif qualificatif attribut (avec ellipse du verbe sum), dans des locutions usuelles ;

Hostibus victis, civibus salvis, re placida, / bello exstincto, integro exercitu et praesidiis… (Plaut., *Pers.*, 753-754)

Une fois les ennemis vaincus, les citoyens sauvés, la situation tranquille, la guerre finie, l'armée et les garnisons intactes…

– un nom attribut, dans des tours figés.

[Natura duce] errari nullo pacto potest. (Cic., *leg.*, I, 20)

La nature étant le guide (= avec la nature pour guide), il n'y a pas moyen de se tromper.

Les valeurs de l'ablatif absolu

L'ablatif absolu a diverses valeurs circonstancielles. Il commute• généralement avec des propositions circonstancielles de temps (⟶ paragraphes 230 à 234), de cause (⟶ paragraphes 228-229), de condition (⟶ paragraphes 240 à 244) ou de concession (⟶ paragraphe 236).

Quand il contient un participe (présent ou parfait passif), l'ablatif absolu combine souvent une valeur temporelle et une valeur causale :

[*Quibus rebus* (...) *cognitis*] *cunctatus non sum.* (Cic., *Fam.*, 10, 15, 2)

Après avoir (= et parce que j'avais) appris cette nouvelle, je ne me suis pas attardé.

REM – Les verbes ou locutions impersonnels (⟶ paragraphe 134) peuvent constituer le GV d'un ablatif absolu ; il n'y a alors pas de sujet à l'ablatif :

Cognito [*vivere Ptolemaeum*]... (Liv., 33, 41, 5, 2)

Comme on savait que Ptolémée vivait...

Le participe cognito, ici, n'a pas de sujet à l'ablatif ; l'ablatif absolu commute• avec la proposition temporelle cum cognitum esset vivere Ptolemaeum.

– Lorsque le sujet de l'ablatif absolu est une proposition (infinitive ou relative ⟶ paragraphes 214, 219), il n'est pas à l'ablatif :

Terga dantibus [*qui modo secuti erant*]... (Liv., 31, 37, 7)

Alors que prenaient la fuite [ceux qui venaient de le suivre]...

236 Les propositions circonstancielles de concession

Une proposition concessive est une proposition qui laisse attendre une conséquence inverse de ce qu'exprime la principale. Cette opposition entre la conséquence attendue et la réalité observée est souvent soulignée par l'adverbe tamen (*cependant*).

Cum + subjonctif

Non poterant tamen, cum cuperent, Apronium imitari. (Cic., *Verr.*, 2, 3, 78)

Ils ne pouvaient, bien qu'ils le désirassent (= malgré leur désir), imiter Apronius.

Quamquam + indicatif

Quamquam excellebat Aristides abstinentia, tamen exilio decem annorum multatus est. (Nep., *Aris.*, 1)

Bien qu'Aristide fût d'un remarquable désintéressement, il fut pourtant condamné à un exil de dix ans.

Quamvis + subjonctif

Quamvis s'emploie de préférence avec un adjectif ou un adverbe :

Illa quamvis ridicula essent (...), mihi tamen risum non moverunt. (Cic., *Fam.*, 7, 32, 3)

Si gaies qu'elles fussent, ces choses ne m'ont pas fait rire.

Quamvis (et parfois quamquam) peut s'employer dans des constructions elliptiques ; il devient un simple adverbe :

Quamvis pauci adire audent. (Caes., *Gall.*, 4, 2, 5)

Bien qu'en petit nombre, ils osent attaquer.

Etsi, tametsi + indicatif

Etsi et tametsi introduisent des propositions hypothético-concessives :

Nostri tametsi a duce et a Fortuna deserebantur, tamen omnem spem salutis in virtute ponebant. (Caes., *Gall.*, 5, 34, 2)

Bien qu'ils fussent abandonnés de leur chef et de la Fortune, nos hommes n'en mettaient pas moins tous leurs espoirs de salut dans leur courage.

Etiamsi

Etiamsi est une variante de si : la distribution des temps et des modes est la même que dans les propositions conditionnelles (⟶ paragraphes 240 à 243).

Licet + subjonctif

Le verbe impersonnel licet, suivi du subjonctif, est l'équivalent de etsi :

Fremant omnes licet, dicam quod sentio. (Cic., *de orat.*, I, 195)

Ils auront beau tous protester, je dirai ce que je pense.

REM La concession peut être exprimée par d'autres propositions :

– l'ablatif absolu (⟶ paragraphe 235) ;

Id (...) paucis defendentibus expugnare non potuit. (Caes., *Gall.*, 2, 12, 2)

Malgré le petit nombre de défenseurs, il ne put s'en emparer (de cette place).

– la proposition relative au subjonctif (⟶ paragraphe 215).

Nam qui luxuriae immoderatissimae esset, ter omnino per quattuordecim annos languit. (Suet., *Ner.*, 51)

En effet, bien qu'il s'adonnât sans aucune retenue aux plaisirs, il ne fut malade en tout que trois fois en quatorze ans.

La proposition relative, ici, commute avec la proposition concessive quamquam luxuriae immoderatissimae erat ;

– la proposition de comparaison (⟶ paragraphe 237).

Per quod tempus, ut quies certaminum erat, ita ab apparatu operum ac munitionum nihil cessatum. (Liv., 21, 8, 1)

Pendant ce temps, si on fit trêve dans les combats, pourtant, on ne cessa nullement de préparer travaux et fortifications.

237 Les propositions circonstancielles de comparaison : généralités

Les propositions circonstancielles de comparaison établissent un rapport généralement d'équivalence, soit entre deux propositions qui composent la phrase (⟶ paragraphe 238), soit entre des constituants de ces propositions (⟶ paragraphe 239).

Les subordonnées sont introduites soit par des conjonctions (ut, quo), soit par des pronoms-adjectifs (qualis, quantus, quot ⟶ morphologie : paragraphe 69).

La proposition principale contient souvent un adverbe (sic, ita) ou un pronom-adjectif corrélatif• (talis, tantus, tot) qui annonce ou rappelle le terme introducteur de la subordonnée.

Le mode employé est l'indicatif.

238 La comparaison globale entre deux propositions

La comparaison entre deux propositions peut être simple ou proportionnelle.

La comparaison simple

La subordonnée comparative est introduite par ut / quemadmodum + indicatif :

Quamobrem, ut saepe jam dixi, proficiscere. (Cic., *Catil.*, 1, 23)

C'est pourquoi, comme je l'ai déjà dit, va-t'en.

La comparaison entre deux propositions peut être soulignée par la reprise de sic (ou ita) dans la principale, soulignant la dépendance réciproque (rapport causal) entre les deux propositions :

Ut sementem feceris, ita metes. (Cic., *de orat.*, 2, 261)

Comme tu auras semé, ainsi tu récolteras.

Mais ut peut mettre en parallèle deux propositions qui sont logiquement indépendantes l'une de l'autre ; l'effet de sens produit est assez souvent l'opposition.

Per quod tempus, ut quies certaminum erat, ita ab apparatu operum ac munitionum nihil cessatum. (Liv., 21, 8, 1)

Pendant ce temps, si on fit trêve dans les combats, pourtant, on ne cessa nullement de préparer travaux et fortifications.

Ut… ita… est concurrencé par cum… tum… :

Cum autem omnium rerum simulatio vitiosa est (…), *tum amicitiae repugnat maxime.* (Cic., *Lael.*, 92)

Si la simulation est un défaut en toutes circonstances, c'est surtout avec l'amitié qu'elle est incompatible.

La comparaison proportionnelle

La comparaison proportionnelle établit une comparaison entre les différents degrés de deux qualités. Elle est exprimée par eo (tanto) + comparatif dans la proposition principale et quo (quanto) + comparatif dans la proposition subordonnée (morphologie du comparatif ⟶ paragraphes 42 à 44) :

Eo crassior est aer quo terris est propior. (Sen., *nat.*, 7, 22)

L'air est d'autant plus dense qu'il est plus proche de la terre.

En l'absence de comparatif dans la subordonnée, la conjonction prend la forme quod :

Haec eo facilius (…) *faciebant, quod nostrae naves tempestatibus detinebantur.* (Caes., *Gall.*, 3, 12, 5)

Ils faisaient cette manœuvre d'autant plus facilement que nos vaisseaux étaient retenus par la tempête.

On rencontre avec la même valeur ut, répondant à sic (ou ita), quand la proposition comporte le pronom-adjectif distributif quisque (⟶ paragraphes 73, 301) accompagné d'un superlatif (⟶ paragraphes 42, 45-46) :

Ut quaeque res est turpissima, sic maxime vindicanda est. (Cic., *Cael.*, 7)

Plus un acte est odieux, plus il doit être châtié.

239 La comparaison entre deux constituants

La comparaison peut concerner l'identité, la qualité, la quantité des constituants, ou bien le degré d'une qualité ou d'une action.

L'identité des constituants

L'identité est exprimée par le pronom-adjectif idem (*le même* → paragraphes 61, 294), accompagné de ac ou qui qui introduisent le second terme de la comparaison :

Idem sum in re publica qui fui semper. (Cic., *Planc.*, 93)

Je suis en politique le même que j'ai toujours été.

La qualité des constituants

La comparaison qualitative est exprimé par talis… qualis… ou similis… ac… :

Si quis est talis, quales esse omnes oportebat… (Cic., *Catil.*, 2, 3)

Si quelqu'un est tel que devrait être tout le monde…

La quantité des constituants

La comparaison quantitative est exprimée par tot… quot… quand il s'agit d'une quantité dénombrable, et par tantus… quantus… quand la quantité n'est pas dénombrable :

Tot et tantas res optare quot et quantas di immortales ad Cn. Pompeium detulerunt… (Cic., *Rab. Post.*, 48)

Souhaiter des succès aussi nombreux et aussi grands que les dieux immortels en ont apporté à Pompée…

Le degré d'une qualité ou d'une action

L'égalité de degré ou d'intensité est exprimée par tam… quam… :

Non tam praeclarum est scire Latine quam turpe nescire. (Cic., *Brut.*, 140)

Il n'est pas aussi glorieux de savoir le latin qu'il est honteux de l'ignorer.

REM La proposition comparative est souvent elliptique. Il n'en subsiste alors que le terme sur lequel porte la comparaison (→ paragraphe 149).

Tam ego homo sum quam tu. (Plaut., *Asin.*, 490)

Je suis autant un homme que toi.

240 Les propositions circonstancielles de condition : généralités

On appelle système conditionnel une phrase dans laquelle la proposition subordonnée constitue la condition qui rend possible ou nécessaire la vérification de la proposition principale.

Les conjonctions sont généralement dérivées de si → paragraphe 241.

Les modes employés

Les systèmes conditionnels sont soit à l'indicatif (⟶ paragraphe 242), soit au subjonctif (⟶ paragraphe 243). À l'indicatif, la condition constitue une supposition : on peut paraphraser par *si on suppose que…* Au subjonctif, la condition constitue une hypothèse : on peut paraphraser par *au cas où…*

La condition et les autres circonstances

Le rapport conditionnel recouvre deux autres rapports : un rapport causal et un rapport temporel.
Inversement, les subordonnées temporelles peuvent également exprimer une condition. C'est le cas notamment de l'ablatif absolu (⟶ paragraphe 235) :

Maximas vero virtutes jacere omnis necesse est voluptate dominante. (Cic., *fin.*, 2, 117)

Il est inévitable que toutes les plus grandes vertus gisent abattues quand si) le plaisir l'emporte.

241 Les conjonctions introduisant les propositions circonstancielles de condition

L'emploi de si

Si est la conjonction usuelle qui introduit une proposition subordonnée conditionnelle. Elle peut être renforcée par quod, accolé ou non, en début d'énoncé :

Quod si (ou *quodsi) curam fugimus, virtus fugienda est.* (Cic., *Lael.*, 47)

Et si nous fuyons les soucis, il faut fuir les vertus.

La conjonction sin introduit une seconde hypothèse contradictoire de la précédente :

Si domi sum, foris est animus ; sin foris sum, animus domi est. (Plaut., *Merc.*, 589)

Si je suis à la maison, mon cœur est dehors, mais si je suis dehors, mon cœur est à la maison.

L'emploi de ut

Ut introduit une hypothèse présentée comme une restriction :

Prudentiam, ut cetera auferat, adfert certe senectus. (Cic., *Tusc.*, I, 94)

La vieillesse, à supposer qu'elle emporte tout le reste, apporte du moins la sagesse.

La forme négative

Quand la proposition conditionnelle est niée, la négation est amalgamée à la conjonction, sous la forme nisi ou ni :

Nec vero habere virtutem satis est, quasi artem aliquam, nisi utare. (Cic., *rep.*, 1, 2, 1)

Et il ne suffit pas de posséder la vertu, comme un art quelconque, si on ne la met pas en pratique.

Nisi sert souvent à introduire une condition restrictive ; il est alors fréquemment accompagné de l'adverbe forte (*par hasard*) :

Nemo enim fere saltat sobrius, nisi forte insanit. (Cic., *Mur.*, 13)

En effet, en général, personne ne danse sans être ivre, à moins d'avoir perdu la raison.

On rencontre également si minus :

Epistulam Caesaris misi si minus legisses. (Cic., *Att.*, 13, 22, 4)

Je t'ai envoyé la lettre de César, pour le cas où tu ne l'aurais pas lue.

Si non est employé pour insister sur la négation, en particulier quand on oppose deux systèmes conditionnels :

Si mala sunt, is qui erit in iis beatus non erit ; si mala non sunt, jacet omnis ratio Peripateticorum. (Cic., *fin.*, 5, 86)

Si ce sont des maux, celui qui en sera affligé ne sera pas heureux ; si ce ne sont pas des maux, tout le raisonnement des Péripatéticiens est par terre.

L'emploi de sive... sive... (ou seu... seu...)

Sive... sive... (ou seu... seu...) coordonne deux propositions conditionnelles qui forment une alternative :

Perspicitis genus hoc quam sit facetum, (...) sive habeas vere quod narrare possis, sive fingas. (Cic., *de orat.*, 2, 241)

Vous voyez combien ce genre est plaisant, que l'on ait réellement de quoi raconter ou que l'on invente.

L'emploi de etsi, tametsi et etiamsi

Etsi, tametsi et etiamsi introduisent des conditions dont l'effet restrictif est nié (elles équivalent alors à des propositions circonstancielles de concession ⟶ paragraphe 236) :

Ista veritas etiamsi jucunda non est, mihi tamen grata est. (Cic., *Att.*, 3, 24, 2)

Cette vérité, même si elle n'est pas agréable, m'est chère.

L'emploi de quasi, ut si, tamquam si

Quasi, ut si, tamquam si + subjonctif introduisent une comparaison conditionnelle :

Aedes totae confulgebant tuae quasi essent aureae. (Plaut., *Amph.*, 1096)

Toute ta demeure resplendissait, comme si elle était en or.

L'emploi de dum, dummodo, modo

Dum, dummodo, modo + subjonctif introduisent une temporelle conditionnelle ; la proposition principale est soumise à une condition nécessaire qui est la réalisation simultanée (dum ⟶ paragraphe 232) de la proposition subordonnée :

Oderint dum metuant ! (Cic., *off.*, I, 97)

Qu'ils haïssent, pourvu qu'ils craignent !

242 Les propositions conditionnelles à l'indicatif

On peut se trouver dans un système conditionnel au présent, au futur ou au passé.

Au présent

– Valeur causale : la proposition conditionnelle commute• avec quoniam (⟶ paragraphe 228).

Abeo, si jubes. (Plaut., *Amph.*, 857)

Je m'en vais, si tu l'ordonnes (= puisque tu l'ordonnes).

– Valeur temporelle : la proposition conditionnelle commute avec cum + indicatif (⟶ paragraphe 231). Elle peut notamment indiquer une éventualité qui peut se renouveler :

Si adsunt amici, honestissimi sermones explicantur. (Plin., *epist.*, 3, 1, 4)

S'il y a des amis (= quand il y a des amis), des entretiens très élevés se développent.

Elle peut aussi avoir une valeur de vérité générale :

Nam si amitti vita beata potest, beata esse non potest. (Cic., *fin.*, 2, 86)

Car si le bonheur peut être perdu, ce ne peut pas être le bonheur.

L'antériorité de la condition par rapport à la proposition principale peut être soulignée par l'emploi du parfait.

ind. parfait — ind. présent — ind. présent

Si aquam gelidam biberunt, primo relevari videntur, deinde multo gravius vehementiusque adflictantur. (Cic., *Catil.*, I, 31)

Si on boit de l'eau glacée, d'abord on semble aller mieux, puis on est beaucoup plus gravement et plus durement atteint.

Au futur

L'antériorité de la condition par rapport à la proposition principale est souvent exprimée par le futur antérieur dans la subordonnée :

ind. futur antérieur — ind. futur

Si feceris id quod ostendis, magnam habebo gratiam. (Cic., *Fam.*, 5, 19, 2)

Si tu fais ce que tu indiques, je t'en aurai une grande reconnaissance.

Mais la condition d'un événement futur peut être située dans le présent de l'énonciateur :

ind. futur — ind. présent

Faciam ego hodie te superbum, nisi hinc abis. (Plaut., *Amph.*, 357)

Je ferai de toi un grand seigneur, si tu ne t'en vas pas d'ici.

Au passé

Quand le système conditionnel est situé dans le passé, il a généralement pu être vérifié :

– Au parfait, la subordonnée a le plus souvent une valeur causale.

Si quidem Homerus fuit et Hesiodus ante Romam conditam, serius poeticam nos accepimus. (Cic., *Tusc.*, I, 3)

S'il est vrai que (= puisque) Homère et Hésiode ont vécu avant la fondation de Rome, nous, nous avons connu la poésie plus tard.

– Au plus-que-parfait, on a plutôt une valeur de répétition dans le passé.

Si quod erat grande vas et majus opus inventum, laeti adferebant. (Cic., *Verr.*, 2, 4, 47)

Si (= chaque fois qu') ils trouvaient quelque grand vase, quelque œuvre au-dessus de l'ordinaire, tout joyeux ils l'apportaient.

243 Les propositions conditionnelles au subjonctif

La proposition subordonnée et la proposition principale sont généralement au même temps.

Au présent : le potentiel

L'hypothèse est présentée comme possible dans l'avenir :

Perfecta quidem sapientia simus, si nihil habeat res viti. (Cic., *Lael.*, 38)

Nous atteindrions la sagesse parfaite, si nous ne commettions aucune faute.

Mais il peut s'agir aussi d'une hypothèse dont la réalisation est invraisemblable :

Si existat hodie ab inferis Lycurgus, gaudeat ruinis eorum. (Liv., 39, 37, 3)

Si Lycurgue sortait des enfers, il se réjouirait de leur ruine.

À l'imparfait : l'irréel du présent

L'imparfait signale une hypothèse qui n'est pas réalisée au moment présent (sa possible réalisation future n'est pas prise en compte) ; sa conséquence ne l'est donc pas non plus :

Servi mei (...) si me isto facto metuerent, ut te metuunt omnes cives, domum meam relinquendam putarem. (Cic., *Catil.*, I, 17)

Si mes esclaves me craignaient pour cette raison, comme te craignent tous les citoyens, j'estimerais devoir quitter ma maison.

Cet énoncé de faits contraires à la réalité précède souvent une expression de ce qui est effectif au moment présent :

(Semina virtutum) quae si adolescere liceret, ipsa nos ad beatam vitam natura perduceret. Nunc autem (...) in omni continuo pravitate (...) versamur. (Cic., *Tusc.*, 3, 2)

(Les germes de vertu) s'il leur était permis de se développer, la nature nous conduirait d'elle-même au bonheur. Mais, en réalité, nous nous trouvons immédiatement dans une complète fausseté.

Au plus-que-parfait : l'irréel du passé

La non-réalisation de l'hypothèse dans le passé entraîne la non-réalisation de sa conséquence :

Si quiessem, nihil evenisset mali. (Ter., *Andr.*, 604)

Si je m'étais tenu tranquille, rien de mal ne serait arrivé.

244 Les systèmes conditionnels avec deux modes différents

Subordonnée à l'indicatif / principale au subjonctif ou à l'impératif

Après une subordonnée indiquant une supposition, la principale peut présenter n'importe quelle modalité, exclamative, interrogative, déontique•; le verbe de la principale est alors au mode employé pour marquer cette modalité (⟶ paragraphes 271 à 279) :

ind. présent

Si et in urbe et in eadem mente permanent, ea quae merentur

subj. présent

exspectent. (Cic., *Catil.*, 2, 11)

S'ils demeurent à Rome et dans les mêmes dispositions, qu'ils s'attendent à ce qu'ils méritent.

Le subjonctif présent est ici la marque de l'ordre (⟶ paragraphe 278) et non du potentiel (⟶ paragraphe 243).

Subordonnée au subjonctif / principale à l'indicatif

L'emploi de l'indicatif dans la principale, après l'expression de l'irréel dans la subordonnée (⟶ paragraphe 243), donne un caractère quasi effectif à un événement (généralement menaçant) qui était sur le point de se produire :

Ni tam in tempore subvenisset, victoribus victisque pariter perniciosa fames instabat. (Liv., 25, 31, 14)

S'il (le blé) n'était pas arrivé si à propos, c'était, pour les vainqueurs comme pour les vaincus, une famine pareillement désastreuse.

LA COORDINATION

245 La coordination : généralités

La coordination est un procédé syntaxique qui a une double fonction :
– placer sur le même plan syntaxique deux constituants (ou plus) ;
ces constituants sont généralement de même nature et remplissent la même fonction syntaxique (exceptions ⟶ paragraphe 247) ;
– établir un lien sémantique entre les deux constituants reliés (rapport de sens : cause, conséquence, etc.)
La coordination peut, cependant, ne pas être marquée grammaticalement ; on parle alors d'asyndète (⟶ paragraphe 246).

Sur quoi la coordination porte-t-elle ?

La coordination peut relier tous les types de constituants, du plus petit au plus grand : des mots, des syntagmes•, des propositions, des phrases.

La nature des coordonnants

Les conjonctions de coordination relient des constituants ayant la même fonction syntaxique à l'intérieur d'une même phrase.
Les connecteurs relient des phrases entre elles. Ils ne placent pas les phrases sur le même plan syntaxique (les phrases n'ont pas de fonction les unes par rapport aux autres), mais établissent la nature du lien sémantique entre elles.
Un certain nombre de coordonnants sont à la fois des conjonctions de coordination et des connecteurs ; d'autres sont propres à chacune de ces catégories.

La valeur logique des coordonnants

Les coordonnants peuvent être classés selon leur valeur logique :
– les coordonnants marquant la simple addition des constituants (⟶ paragraphes 248 à 250) ;
– les coordonnants marquant la disjonction, qui supposent un choix entre des constituants (⟶ paragraphes 251 à 253) ;
– les coordonnants marquant l'opposition (⟶ paragraphes 254 et 255) ;
– les coordonnants marquant la cause (⟶ paragraphes 256 et 257) ;
– les coordonnants marquant la conclusion (⟶ paragraphes 258 et 259).

246 La coordination non marquée (asyndète)

La relation entre des constituants peut ne pas être marquée grammaticalement. Les constituants sont alors juxtaposés, qu'il s'agisse d'adjectifs, de noms, de GN, de GV, de propositions ou de phrases.

L'absence de conjonction de coordination

Nam pro pudore, pro abstinentia, pro virtute, audacia, largitio, avaritia vigebant. (Sall., *Catil.*, 3, 3)

Au lieu de l'honneur, du désintéressement, du mérite, c'était l'audace, la corruption, la cupidité qui régnaient.

Les trois noms, audacia, largitio, avaritia, ne sont pas explicitement coordonnés, mais remplissent bien la même fonction syntaxique de sujet du verbe vigebant; il en va de même pour les trois GN introduits par la préposition pro.

Abiit, excessit, evasit, erupit. (Cic., *Catil.*, 2, 1)

Il est parti, il s'en est allé, il s'est échappé, il a brisé ses chaînes.

Le rapport logique implicite entre les propositions est ici l'addition. Mais l'asyndète peut marquer des rapports variés, comme:

– la succession temporelle;

Veni, vidi, vici. (Suet., *Jul.*, 37)

Je suis venu, j'ai vu, j'ai vaincu.

– l'opposition.

Amicitiae nomen tollitur, propinquitatis manet. (Cic., *Lael.*, 19)

Le nom d'amitié disparaît, tandis que la parenté subsiste.

Video meliora proboque, deteriora sequor. (Ov., *met.*, 7, 20)

Je vois le bon parti et je l'approuve ; je suis pourtant le mauvais.

Ces différents rapports logiques peuvent être exprimés par des propositions subordonnées circonstancielles (⟶ paragraphes 224 à 244).

REM Quelques locutions usuelles ne présentent pas de coordination: dies noctes (*jour et nuit*), velim nolim (*bon gré mal gré*), huc illuc (*çà et là*). De même, les noms des consuls ne sont pas obligatoirement coordonnés:

L. Pisone A. Gabinio consulibus (Caes., *Gall.*, I, 6, 4)

Sous le consulat de Pison et de Gabinius

L'absence de connecteur

L'absence de connecteur dans la succession des phrases est un effet stylistique, signalant la neutralité de l'énonciateur (volonté d'objectivité) :

Cum Valentio (…) *epistula Agrigento allata esset, casu insignum iste animadvertit in cretula. Placuit ei. Quaesivit unde esset epistula. Respondit Agrigento.* (Cic., *Verr.*, 2, 4, 58)

Comme Valentius avait reçu une lettre d'Agrigente, il (Verrès) remarqua par hasard le cachet sur la cire. Il lui plut. Il demanda d'où venait la lettre. L'autre répondit : "d'Agrigente".

Mais l'absence de connecteur peut indiquer diverses relations sémantiques entre les phrases :

Omnia sunt externa unius virtute terra marique pacata ; domesticum bellum manet ; intus insidiae sunt, intus inclusum periculum est, intus est hostis. (Cic., *Catil.*, 2, 11)

Tout dans les affaires extérieures, sur terre et sur mer, se trouve en paix grâce à la valeur d'un seul homme ; reste une guerre civile ; c'est à l'intérieur qu'il y a des embuscades, un danger caché, un ennemi.

On trouve ici, par exemple, une relation d'opposition : Omnia sunt externa (…) pacata ; domesticum bellum manet… (*Tout dans les affaires extérieures se trouve en paix ; en revanche, il reste une guerre civile…*). Puis on trouve une relation causale : domesticum bellum manet ; intus insidiae sunt… (*Reste une guerre civile ; en effet, c'est à l'intérieur qu'il y a des embuscades…*)

247 La coordination de syntagmes différents

La différence de nature

Deux syntagmes de nature différente peuvent être coordonnés, s'ils remplissent la même fonction syntaxique :

Quam ignavus ac sine animo miles ! (Cic., *Att.*, 1, 18, 5)

Quel soldat lâche et sans courage !

L'adjectif qualificatif ignavus et le GN introduit par une préposition sine animo sont deux expansions du nom (⟶ paragraphe 140).

Nec dissolutio navigii sequebatur, turbatis omnibus et quod plerique ignari etiam conscios impediebant. (Tac., *ann.*, 14, 5, 2)

Le navire n'arrivait pas à se disloquer, parce que le trouble était général et que quantité d'ignorants gênaient même les complices.

L'ablatif absolu turbatis omnibus et la proposition introduite par quod remplissent la même fonction de complément circonstanciel de cause (⟶ paragraphes 169, 228-229, 235).

La différence de fonction

Deux syntagmes de fonction syntaxique différente peuvent exceptionnellement être coordonnés, s'ils remplissent la même fonction sémantique :

Sol quoque et exoriens et cum se condet in undas
signa dabit. (Verg., *georg.*, I, 438-439)

Le soleil aussi, à la fois à son lever et lorsqu'il se couchera dans les flots, permettra des prévisions.

Le participe présent oriens (*se levant*) est apposé au nom sol, tandis que cum se condet in undas est une proposition circonstancielle de temps, dépendant du GV signa dabit. Mais les deux syntagmes apportent le même type d'indication temporelle (⟶ paragraphes 146, 167, 230).

LES COORDONNANTS MARQUANT L'ADDITION

248 Les coordonnants positifs d'addition

Certaines conjonctions de coordination et certains connecteurs (définition ⟶ paragraphe 245) ne supposent aucune autre relation logique entre constituants que la simple addition :

Rem publicam, Quirites, vitamque omnium vestrum, bona, fortunas, conjuges liberosque vestros, atque hoc domicilium clarissimi imperii, fortunatissimam pulcherrimamque urbem, hodierno die, deorum immortalium summo erga vos amore, laboribus, consiliis, periculis meis, e flamma atque ferro ac paene ex faucibus fati ereptam et vobis conservatam ac restitutam videtis. (Cic., *Catil.*, 3, 1)

L'État, citoyens, et votre vie à tous, vos biens, votre richesse, vos épouses et vos enfants, et ce domicile du pouvoir le plus illustre, la ville la plus fortunée et la plus belle, aujourd'hui, grâce à l'immense amour des dieux immortels envers vous, grâce à mes efforts, mes décisions, les dangers que j'ai courus, vous les voyez arrachés aux flammes et au fer et presque à la gueule du destin, et être sauvés et vous être rendus.

Les compléments d'objet de videtis s'additionnent et certains sont explicitement coordonnés par les conjonctions et, atque (variante : ac) et -que qui remplissent globalement le même rôle.

La place des coordonnants

Quand il y a coordination d'addition entre deux constituants, la conjonction relie le second au premier en se plaçant devant (et, atque) ou en s'accolant à lui (-que) :

– e flamma atque ferro (*aux flammes et au fer*) ;

– ereptam et (...) conservatam (*arrachés et sauvés*) ;

– Rem publicam (...) vitamque omnium vestrum (*l'État et votre vie à tous*).

L'addition de plus de deux constituants

Quand plus de deux constituants sont coordonnés, le coordonnant peut :

– introduire le dernier constituant : bona, fortunas, conjuges liberosque vestros (*vos biens, votre richesse, vos épouses et vos enfants*) ;

– introduire chacun des constituants ajoutés : e flamma atque ferro ac paene ex faucibus fati ereptam (*arrachés aux flammes et au fer et presque à la gueule du destin*).

Les effets stylistiques

Quand chacun des deux membres est accompagné de la conjonction et (plus rarement de -que), l'expression devient emphatique :

Cognovit et signum et manum suam. (Cic., *Catil.*, 3, 10)

Il a reconnu et son sceau et sa main.

Ipsos etiam pedibusque manuque/turbavere lacus (Ov., *met.*, 6, 363-364)

Et avec leurs pieds et avec leurs mains, ils troublèrent l'étang lui-même.

Quand deux phrases sont reliées par un connecteur d'addition, on peut paraphraser celui-ci par *et en plus* :

Sunt igitur firmi et stabiles et constantes eligendi, cujus generis est magna penuria. Et judicare difficile est sane nisi expertum. (Cic., *Lael.*, 62)

Ce sont donc des caractères fermes, solides, constants qu'il faut choisir – espèce particulièrement rare. Et (en plus) il est bien difficile de les juger sans les avoir mis à l'épreuve.

REM La coordination peut également se faire par l'emploi d'un relatif de liaison (→ paragraphe 297).

249 Les valeurs particulières des coordonnants d'addition

Des trois conjonctions et, atque et -que, et est la plus neutre : elle marque simplement l'addition de deux constituants ; atque indique, en outre, qu'il existe une unité entre les constituants ; -que englobe les deux valeurs précédentes en ajoutant éventuellement l'idée d'une équivalence.

Valeur particulière de et

Et peut marquer le renchérissement :

Sed de Lucullo dicam alio loco, et ita dicam, Quirites, ut... (Cic., *prov.*, 10)

Mais je parlerai à un autre moment de Lucullus, et j'en parlerai, citoyens, de telle sorte que...

Avec cette valeur de renchérissement, et prend une valeur adverbiale et ne coordonne pas :

Timeo Danaos et dona ferentes. (Verg., *Aen.*, 2, 49)

Je redoute les Grecs, même quand ils apportent des présents.

Valeurs communes de atque et -que

Atque et -que sont équivalents pour lier deux notions, objets ou êtres, proches ou complémentaires :

Qui studeat omnium rerum divinarum atque humanarum vim... (Cic., *de orat.*, I, 212)

Celui qui étudierait l'essence de toutes choses divines et humaines...

Omnium divinarum humanarumque rerum (...) consensio (Cic., *Lael.*, 20)

L'accord sur toutes les choses humaines et divines

-que est particulièrement fréquent dans des expressions usuelles :
senatus populusque Romanus (*le sénat et le peuple romains*), domi bellique (*en temps de paix, comme en temps de guerre*), terra marique (*sur terre et sur mer*).

Valeur particulière de -que

-que peut ajouter l'idée d'une équivalence en reliant deux termes quasi synonymes : peto quaesoque (*je te demande et je te prie de*). Le second constituant présente ainsi parfois un rapport logique avec le précédent (causal, consécutif).

Ipsos etiam pedibusque manuque/turbavere lacus imoque e gurgite mollem/huc illuc limum saltu movere maligno. (Ov., *met.*, 6, 363-365)

Avec leurs pieds et leurs mains, ils troublèrent l'étang lui-même ; en effet, en sautant par méchanceté de-ci de-là, ils firent remonter du fond la vase molle.

250 Les coordonnants négatifs d'addition

Il existe deux coordonnants négatifs : neque (ou nec, généralement devant consonne) et neve (neu).

L'emploi de neque (ou nec)

Neque s'emploie dans les phrases déclaratives (⟶ paragraphe 269) :
– pour relier un GV, une proposition ou une phrase négatifs à un autre constituant de même nature ;

Omnes hostes terga verterunt neque prius fugere destiterunt quam ad flumen Rhenum (...) pervenerunt. (Caes., *Gall.*, I, 53, I)

Tous les ennemis prirent la fuite et ne s'arrêtèrent pas avant d'avoir atteint le Rhin.

Et ob eadem haec non si miliens senati consulto populique jussu revocaretis rediturus unquam fuerim. Nec nunc me ut redirem mea voluntas mutata, sed vestra fortuna perpulit. (Liv., 5, 51, I-2)

Et pour cette même raison, même en étant rappelé mille fois par sénatus-consulte ou par ordre du peuple, j'avais l'intention de ne jamais revenir. Et aujourd'hui, ce qui me fait revenir, ce n'est pas un changement dans mes intentions, mais un changement dans votre fortune.

Neque peut avoir la même valeur logique (cause, conséquence) que -que (⟶ paragraphe 249).
– en corrélation, pour relier deux syntagmes négatifs.

Ea sola neque datur dono neque accipitur. (Sall., *Jug.*, 85, 34)

C'est la seule chose qu'on ne puisse ni donner ni recevoir.

L'emploi de neve (ou neu)

Neve s'emploie pour coordonner :
– deux phrases impératives négatives (⟶ paragraphe 279) ;

Mulier ad rem divinam ne adsit neve videat quo modo fiat. (Cato., *agr.*, 83)

Que l'épouse n'assiste pas au sacrifice ni ne voie comment il se déroule.

– deux propositions subordonnées conjonctives (⟶ paragraphe 221), quand la seconde est négative.

Pompeius suis praedixerat ut Caesaris impetum exciperent neve se loco moverent. (Caes., *civ.*, 3, 92, 2)

Pompée avait demandé à ses hommes de résister à l'attaque de César et de ne pas céder du terrain.

REM – La simple juxtaposition (asyndète) des syntagmes négatifs est également possible pour additionner des propositions négatives:

Non avaritia ab instituto cursu ad praedam aliquam devocauit, non libido ad voluptatem, non amoenitas ad delectationem, non nobilitas urbis ad cognitionem, non denique labor ipse ad quietem. (Cic., *prov.*, 40)

La cupidité ne l'a pas détourné en cours de route vers quelque pillage, ni la fantaisie vers quelque jouissance, ni la beauté vers quelque agrément, ni la notoriété d'une ville vers quelque visite, ni enfin la fatigue même vers quelque repos.

– Quand deux termes forment contraste, un positif et un négatif, ils peuvent être coordonnées par et (ou atque):

Amat et non sentit amorem. (Ov., *met.*, 10, 637)

Elle aime et ne se rend pas compte qu'elle aime.

– Quand on coordonne une phrase impérative négative à une phrase impérative positive (⟶ paragraphes 276 à 279), le coordonnant est neque, et non neve:

Studeamus nec desidiae nostrae praetendamus alienam. (Plin., *epist.*, 4, 16, 3)

Travaillons et ne prenons pas prétexte de la paresse d'autrui.

LES COORDONNANTS MARQUANT LA DISJONCTION

251 Aut

Aut présente une alternative (ou une série de possibilités) à laquelle on ne peut échapper:

Hic vincendum aut moriendum, milites, est. (Liv., 21, 43, 5)

C'est ici, soldats, qu'il faut vaincre ou mourir.

Aut... aut...

La répétition de aut devant chaque membre donne un caractère emphatique au tour.

Quis navigavit, qui non se aut mortis aut servitutis periculo committeret, cum aut hieme aut referto praedonum mari navigaret ? (Cic., *prov.*, 31)

Qui a jamais navigué sans courir le risque soit de périr, soit d'être esclave, étant donné qu'on naviguait soit l'hiver, soit dans une mer remplie de pirates ?

Aut entre deux questions

Aut s'emploie également pour additionner les constituants interrogatifs (⟶ paragraphes 271, 273 à 275) :

Ubi sunt ergo ii quos miseros dicis, aut quem locum incolunt ? (Cic., *Tusc.*, I, 11)

Où sont donc ceux que tu nommes malheureux et en quel endroit habitent-ils ?

252 Vel

Vel présente les deux membres d'une alternative comme également acceptables :

Vel pace vel bello clarum fieri licet. (Sall., *Catil.*, 3, 1)

On peut s'illustrer soit dans la paix, soit dans la guerre.

Il peut coordonner deux expressions de sens très proche :

Venit Epicurus, homo minime malus vel potius vir optimus. (Cic., *Tusc.*, 2, 44)

Voici venir Épicure, un homme pas du tout mauvais, ou plutôt un homme excellent.

Ici, minime malus est une litote, qui est explicitée par vir optimus.

253 -ve

-ve, parallèlement à -que (⟶ paragraphe 249), réunit des termes qui forment couple :

Nec enim satis esse judicare quid faciendum non faciendumve sit. (Cic., *fin.*, I, 47)

Il ne suffit pas de déterminer ce qu'il faut faire ou ne pas faire.

Il peut être répété avec chaque membre :

Quod fuimusve sumusve... (Ov., *met.*, 15, 215)

Ce que nous fûmes ou ce que nous sommes...

LES COORDONNANTS MARQUANT L'OPPOSITION

254 Les coordonnants marquant l'opposition à l'intérieur de la phrase

Sed et verum

Sed et verum introduisent un second constituant qui corrige le premier. On les trouve donc, préférentiellement, après un premier constituant accompagné d'une négation :

Mithridates autem omne reliquum tempus non ad oblivionem veteris belli sed ad comparationem novi contulit. (Cic., *prov.*, 9)

Mithridate a consacré tout le temps disponible non à oublier la première guerre, mais à préparer la nouvelle.

Cette correction s'accompagne fréquemment d'un renchérissement, en particulier dans l'expression non solum… sed etiam :

Imminent duo reges toti Asiae, non solum vobis inimicissimi sed etiam vestris sociis atque amicis. (Cic., *prov.*, 12)

Deux rois font peser une menace sur toute l'Asie, en étant les ennemis les plus acharnés non seulement contre vous, mais aussi contre vos alliés et amis.

La présence d'une négation dans le premier membre n'est pas obligatoire ; la correction par sed ou verum signale que le second membre efface la portée du premier :

Lucius Catilina, nobili genere natus, fuit magna vi et animi et corporis, sed ingenio malo pravoque. (Sall., *Catil.*, 5, 1)

Lucius Catilina, issu d'une famille noble, avait une grande vigueur intellectuelle et physique, mais une âme mauvaise et dépravée.

Tamen

Tamen apporte une correction à l'intérieur de la phrase :

Naturam expellas furca, tamen usque recurret. (Hor., *epist.*, I, 10, 24)

Chasse la nature à coups de fourche, elle reviendra pourtant aussitôt.

On rencontre donc tamen souvent après une proposition circonstancielle de concession (→ paragraphe 236).

255 Les coordonnants marquant l'opposition entre deux phrases

Sed

Sed, placé en tête de phrase, peut exprimer :
– un simple changement de sujet entre les deux énoncés (définition ⟶ paragraphe 260) ;

In facie voltuque vecordia inerat. Sed juventutem quam (...) *inlexerat, multis modis mala facinora edocebat.* (Sall., *Catil.*, 15-16)

Son visage et son air reflétaient son égarement. Quant aux jeunes qu'il avait séduits (...), il leur enseignait le crime de multiples façons.

– une véritable opposition, surtout après un premier énoncé négatif ;

Nemo vestrum condicionis meae oblitum me huc processisse putet. Sed res ac periculum commune cogit quod quisque possit in re trepida praesidii in medium conferre. (Liv., 5, 44, 1)

Que personne, parmi vous, ne pense que j'oublie ma condition en me présentant ici. Mais notre intérêt et notre péril communs font un devoir à chacun de contribuer de son mieux dans une circonstance critique à la défense de tous.

– une objection.

Nam et praeclara res est et sumus (...) *otiosi. Sed quis ego sum aut quae est in me facultas ?* (Cic., *Lael.*, 17)

En effet, c'est un beau sujet et nous avons du loisir. Mais en suis-je capable et en ai-je la compétence ?

At et atqui

At et atqui, en tête de phrase, marquent une opposition forte, qui crée souvent un effet de dramatisation :

Brevis a natura vita nobis data est ; at memoria bene redditae vitae sempiterna. (Cic., *Phil.*, 14, 32)

Brève est la vie que nous a donnée la nature ; mais le souvenir d'une vie bien rendue est éternel.

Tamen

Tamen, souvent en deuxième position dans la phrase, figure dans un énoncé qui constitue généralement une suite inattendue de l'énoncé précédent. Il renforce fréquemment sed et at.

Cum illo quidem (...) *actum optume est, mecum incommodius, quem fuerat aequius, ut prius introieram, sic prius exire de vita. Sed tamen recordatione nostrae amicitiae sic fruor, ut beate vixisse videar, quia cum Scipione vixerim.* (Cic., *Lael.*, 15)

Il a été comblé par le sort ; moi, il m'a plus mal traité : il aurait été plus juste qu'étant entré le premier dans la vie, j'en sortisse le premier. Toutefois, le souvenir de notre amitié me comble suffisamment pour que j'aie l'impression d'avoir vécu heureux, puisque j'ai vécu avec Scipion.

Vero et autem

Vero et autem indiquent la prise en compte de deux données coexistantes :

Quid tu ais, Gnatho ? Quid tu autem, Thraso ? (Ter., *Eun.*, 474)

Que dis-tu, Gnathon ? Et toi, Thrason ?

Ces données peuvent présenter un certain degré d'opposition :

Ipse nihil scribo ; lego autem libentissime. (Cic., *Fam.*, 16, 22, 1)

Pour ma part, je n'écris rien, mais je lis bien volontiers.

Haec populi oratio est ; mea vero haec. (Cic., *Planc.*, 14)

Tel est le discours du peuple, tandis que le mien est ainsi.

LES COORDONNANTS MARQUANT LA CAUSE

256 Nam

Nam (ou namque), placé en tête de phrase, introduit une information inconnue du destinataire, qui éclaire ou explique la phrase précédente :

Is pagus appellabatur Tigurinus : nam omnis civitas Helvetia in quattuor pagos divisa est. (Caes., *Gall.*, 1, 12, 4)

Ce canton s'appelait Tigurin : en effet, tout le territoire helvète est composé de quatre cantons.

257 Enim

Enim (ou etenim) se place après le premier mot ou le premier syntagme (groupe de mots) de la phrase. Il introduit comme élément d'explication un fait supposé connu du destinataire.

Cum his enim amicitiam natura ipsa peperit. (Cic., *Lael.*, 19)

Entre parents, en effet, existe une amitié créée par la nature.

REM Employé dans une réponse, enim est une interjection, non un connecteur:
Uxor ducenda est domum ; / quid fiet ? – Non enim ducet ! (Ter., *Phor.*, 693-694)

Il doit emmener l'épouse à la maison ; que se passera-t-il ? – Eh bien ! il n'épousera pas !

LES COORDONNANTS MARQUANT LA CONCLUSION

258 Ergo et igitur

Ergo, **généralement en tête de phrase, et** igitur, **placé après le premier mot ou syntagme•, introduisent les conséquences logiques de l'énoncé précédent:**

Mus syllaba est ; mus autem caseum rodit ; syllaba ergo caseum rodit. (Sen., *epist.*, 48, 6)

"Souris" est une syllabe ; la souris grignote le fromage ; donc la syllabe grignote le fromage.

Summum a vobis bonum voluptas dicitur. Aperiendum est igitur quid sit voluptas. (Cic., *fin.*, 2, 18)

Vous définissez le plaisir comme le bien suprême. Il faut donc découvrir ce qu'est le plaisir.

259 Itaque, quamobrem, proinde

Itaque, quamobrem **et** proinde, **placés en tête de phrase, introduisent la conséquence d'une réalité avérée:**

Quam plurimas civitates suo beneficio habere constrictas volebat. Itaque rem suscipit. (Caes., *Gall.*, 1, 9, 3-4)

Il voulait s'attacher par ses bienfaits le plus de cités possible. C'est pourquoi il se charge de l'affaire.

Proinde **présente, en guise de conclusion, une exhortation (avec impératif ou subjonctif):**

Quae resecanda erunt, non patiar ad perniciem civitatis manere. Proinde aut exeant aut quiescant. (Cic., *Catil.*, 2, 11)

Les éléments qu'il faudra élaguer, je n'accepterai pas qu'ils subsistent pour nuire à la cité. En conséquence, qu'ils partent ou qu'ils se tiennent tranquilles.

GRAMMAIRE DE L'ÉNONCÉ ET DU TEXTE

260 L'énoncé et le texte : définitions

Distinguer l'énoncé du texte

L'énoncé est une unité de sens qu'un énonciateur produit pour un destinataire à un moment particulier, dans un lieu particulier et avec une intention particulière : informer, interroger, ordonner, etc. Le *texte* est un ensemble d'énoncés reliés entre eux.

O di immortales ! Ubinam gentium sumus ? (Cic., *Catil.*, I, 9)

Ô dieux immortels ! Dans quel pays vivons-nous ?

Cet extrait de texte contient deux énoncés avec leur intonation propre. Ces deux énoncés sont formés chacun d'une phrase : la première se réduit à un GN exclamatif ; la deuxième est une proposition interrogative.

La situation d'énonciation et la cohésion de l'énoncé

L'énoncé et le texte contiennent des éléments spécifiques qui assurent, d'une part, le rattachement à la *situation d'énonciation* et, d'autre part, la cohésion de l'énoncé : pronoms et adverbes divers (⟶ paragraphes 280 à 301), formes temporelles (⟶ paragraphes 302 à 327), concordance des temps (⟶ paragraphes 328 à 331), attraction modale (⟶ paragraphe 332), connecteurs (⟶ paragraphe 245).

Les types de textes

L'énonciateur, le destinataire et les repères spatio-temporels qui leur sont liés peuvent ou non figurer dans l'énoncé, suivant le type de textes : textes argumentatif (⟶ paragraphe 283), descriptif (⟶ paragraphe 311), narratif (⟶ paragraphe 320), explicatif ou injonctif.

Le discours rapporté

Un énoncé peut contenir l'énoncé produit par un autre énonciateur : il s'agit du *discours rapporté*. Le discours rapporté peut être autonome (discours direct ⟶ paragraphes 333-334), ou bien être intégré à l'énoncé principal (discours indirect ⟶ paragraphes 333 à 340).

LES MODALITÉS DE LA PHRASE

261 Les modalités : généralités

La phrase peut présenter différentes modalités : suivant le point de vue de l'énonciateur sur son énoncé (la destination qu'il donne à son énoncé et sa façon de le présenter), la phrase prend des formes différentes.

L'énonciateur peut :

– apporter une information : la phrase est déclarative et on parle de modalité assertive (⟶ paragraphes 262 à 270) ;
– solliciter une information : la phrase est interrogative et on parle de modalité interrogative (⟶ paragraphes 271 et 273 à 275) ;
– manifester un sentiment : la phrase est exclamative et on parle de modalité exclamative (⟶ paragraphes 271 et 272) ;
– provoquer une (ré)action du destinataire : la phrase est impérative et on parle de modalité déontique (⟶ paragraphes 276 à 279).

LA PHRASE DÉCLARATIVE

262 La phrase déclarative : généralités

La phrase déclarative apporte une information. Elle est généralement à l'indicatif (⟶ paragraphe 263). Quand elle est au subjonctif, l'assertion est nuancée (⟶ paragraphe 264).

La phrase déclarative peut s'employer pour présenter quelque chose comme possible (⟶ paragraphe 265) ou obligatoire (elle concurrence alors la phrase impérative ⟶ paragraphe 266).

L'information apportée peut être négative : la proposition contient alors une négation. La négation peut être totale (⟶ paragraphe 267) ou partielle (⟶ paragraphe 268). Elle peut également se combiner avec une coordination additive (⟶ paragraphe 269) ou une autre négation (⟶ paragraphe 270).

La phrase déclarative a, enfin, une intonation neutre.

263 La phrase déclarative à l'indicatif

La phrase déclarative présente généralement la proposition comme vraie. Elle est le plus souvent à l'indicatif.

Le temps du verbe

Il varie selon que l'action se situe avant, après ou au moment de l'énonciation (⟶ paragraphe 302) :

Passer mortuus est meae puellae. (Catul., 3, 3)

Le moineau de mon amie est mort.

La proposition, ici, est présentée comme vraie et l'événement est antérieur au moment de l'énonciation.

Le rôle des adverbes et des interjections

La vérité de la proposition peut être renforcée par divers adverbes : perfecto, certe (*assurément*), quidem (*du moins*).

Quod si de Antonio non laboratis, mihi certe (...) *consulere debetis.* (Cic., *Phil.*, 12, 19)

Si vous ne vous souciez pas d'Antoine, vous devez, en tout cas, veiller à mes intérêts.

L'infinitif de narration

Dans le récit, l'indicatif est concurrencé par l'infinitif dit de narration, qui équivaut à un imparfait ou à un parfait (⟶ paragraphe 174) :

Clamor permixtus hortatione, laetitia, gemitu ; strepitus armorum ad caelum ferri ; tela utrimque volare. (Sall., *Jug.*, 60, 2)

Des cris mêlés aux exhortations, de la joie, des gémissements ; le fracas des armes s'élevait jusqu'au ciel ; des traits volaient de part et d'autre.

264 La phrase déclarative au subjonctif

L'emploi du subjonctif dans une phrase déclarative indique que l'énonciateur ne donne pas l'assertion comme absolument certaine ; celle-ci se présente alors comme une possibilité ou une atténuation.

La possibilité (ou éventualité)

Elle s'exprime au subjonctif présent :

Verearis occursum, non reformides. (Plin., *epist.*, I, 10, 7)

Tu aurais du respect en le rencontrant, tu n'en aurais pas peur.

La possibilité ainsi envisagée constitue parfois une objection potentielle introduite dans une argumentation :

Nunc aliquis dicat mihi… (Hor., *sat.*, I, 3, 19)

Maintenant, quelqu'un pourrait me dire…

On rencontre le subjonctif parfait dans quelques tours usuels, comme :

Dixerit quispiam… (Cic., *nat. deor.*, 3, 76)

On dira sans doute…

La possibilité est alors souvent soulignée par des adverbes, comme fortasse, forsitan (*peut-être*) :

Riserit aliquis fortasse hoc praeceptum. (Cic., *de orat.*, 2, 99)

Peut-être rira-t-on de ce précepte.

L'atténuation

Le subjonctif présent peut atténuer une affirmation ou une demande. Il est une marque de politesse et de respect :

Velim mihi ignoscas. (Cic., *Fam.*, 13, 75, 1)

Je voudrais que tu me pardonnes.

265 La phrase déclarative marquant la possibilité

L'emploi de certains verbes ou locutions a pour effet de nuancer l'assertion contenue dans la phrase déclarative. Celle-ci n'est plus présentée comme certaine, mais seulement comme possible.

L'emploi de possum + infinitif

Minor est Serenus meus : quid ad rem pertinet ? Post me mori debet, sed ante me potest. (Sen., *epist.*, 63, 15)

Sérénus est plus jeune que moi : quelle importance ? Il doit mourir après moi, mais il est possible que ce soit avant moi.

Possum à l'indicatif s'emploie même quand l'énonciateur renonce à la possibilité :

Multosque possum bonos viros nominare. (Cic., *Tusc.*, 2, 45)

Et je pourrais citer beaucoup d'honnêtes gens.

L'affirmation de cette possibilité équivaut ici à un irréel du présent et sous-entend *mais je ne le fais pas.*

L'emploi de verbes impersonnels

Licet + infinitif (*il est permis*) et diverses locutions contenant possum (non possum facere quin + subjonctif : *je ne peux pas m'empêcher de*, fieri potest ut + subjonctif : *il peut arriver que*) marquent la possibilité ou l'impossibilité :

Id fieri non potest quin sentiant. (Ter., *Hec.*, 397)

Il n'est pas possible qu'ils ne s'en rendent pas compte.

266 La phrase déclarative marquant l'obligation

L'emploi de decet, oportet, necesse est

Quelques locutions indiquant divers degrés d'obligation constituent des variantes de l'expression de l'ordre (⟶ paragraphe 278) : decet (*il convient*), oportet, necesse est (*il faut*) + infinitif ou + subjonctif.

subj.

Faber haec faciat oportet. (Cat., *agr.*, 14, 1)

Il faut que le constructeur fasse cela.

L'adjectif verbal employé avec l'auxiliaire sum

Morphologie de l'adjectif verbal ⟶ paragraphes 130 et 132.
Ce tour a un sens passif, y compris avec les verbes déponents (⟶ paragraphe 137). Il peut avoir un sujet ou non (passif impersonnel ⟶ paragraphe 160).

Praeponenda est divitiis gloria. (Cic., *top.*, 84)

La gloire doit être préférée aux richesses.

Vivamus, moriendum est. (Sen. Rhet., *contr.*, 2, 6, 3)

Vivons, il nous faut mourir.

267 La phrase déclarative négative : négation totale

La négation totale de la phrase est marquée par l'adverbe non.

La négation porte sur l'ensemble de la phrase

Non est alors le plus souvent en tête de la phrase et signifie *il n'est pas vrai que* :

Non si Opimium defendisti, Carbo, idcirco te isti bonum civem putabunt. (Cic., *de orat.*, 2, 170)

Ce n'est pas parce que tu as défendu Opimius, Carbo, qu'ils vont t'estimer bon citoyen.

Non nie, ici, l'ensemble du système conditionnel (⟶ paragraphes 240 à 244).

La négation porte sur une proposition

Non porte alors plus spécifiquement sur le GV et se place fréquemment devant le verbe (⟶ paragraphes 151 à 156) :

Non est ergo natura hominis poenae appetens. (Sen., *ir.*, I, 6, 4)

Donc la nature humaine n'est pas avide de châtiment.

268 La phrase déclarative négative : négation partielle

Lorsque la négation ne porte que sur l'un des constituants de la proposition, elle peut prendre des formes diverses.

La négation de mot

Non se place devant le mot sur lequel il porte :

Conduxit in Palatio non magno domum. (Cic., *Cael.*, 18)

Il loua pas cher une maison sur le Palatin.

Il concurrence les préfixes négatifs in- et ne- :
gratus (*reconnaissant*) / ingratus (*ingrat*)
scio (*savoir*) / nescio (*ignorer*)
On rencontre également l'adverbe haud, surtout dans des expressions figées : haud scio an (*je ne sais pas si*).

La négation de syntagme

La négation de syntagme• est généralement non.
– Quand un syntagme nié précède un syntagme positif auquel il s'oppose, on rencontre non (solum)…, sed (etiam)… :

Ambitio multos mortalis (…) *subegit* (…) *amicitias inimicitiasque non ex re, sed ex commodo aestumare.* (Sall., *Catil.*, 10, 5)

L'ambition amena bien des gens à régler leurs amitiés et inimitiés non sur le mérite, mais sur l'intérêt.

– Quand deux ou plusieurs syntagmes niés sont coordonnés, chacun des syntagmes est précédé de nec / neque :

Neque modum neque modestiam victores habere. (Sall., *Catil.*, 11, 4)

Les vainqueurs n'avaient ni mesure ni modération.

– La négation ne… quidem indique que la négation de la proposition s'étend jusqu'au syntagme qu'elle encadre :

Ne adventu quidem novi principis commotus est. (Plin., *epist.*, 3, 7, 6)

Il ne fut pas troublé, pas même par l'arrivée du nouvel empereur.

La négation des adverbes et pronoms-adjectifs indéfinis

Quand la négation porte sur un adverbe ou pronom-adjectif indéfini, la négation est intégrée à la forme de l'indéfini : nemo (*personne*), nihil (*rien*), nullus (*aucun*), numquam (*jamais*), nusquam (*nulle part*).
Morphologie des pronoms-ajectifs indéfinis ⟶ paragraphes 72 à 76.

269 Négation et coordination dans les phrases déclaratives

Quand une proposition contient une négation et est introduite par une coordination additive (et, atque), la négation peut être amalgamée à la coordination : celle-ci prend alors la forme neque / nec (⟶ paragraphes 248 à 250).

La négation totale

Quand la négation porte sur l'ensemble de la proposition ou de la phrase, elle est amalgamée :

Hostes terga verterunt nec prius fugere destiterunt quam ad flumen Rhenum perveneront. (Caes., *Gall.*, I, 53, I)

Les ennemis prirent la fuite et ne s'arrêtèrent pas avant d'avoir atteint le Rhin.

La négation partielle

– Quand la négation non porte sur un seul syntagme•, elle n'est pas amalgamée :

Patior, judices, me laboris mei (...) *fructum esse laturos et non moleste fero.* (Cic., *Verr.*, 2, I, 2)

Je souffre, juges, de tirer profit de mes efforts et je le supporte sans acrimonie.

– Quand la négation porte sur un adverbe ou un pronom-adjectif indéfini, elle est amalgamée à la coordination et elle est accompagnée d'un indéfini à polarité négative• (umquam : *jamais*, usquam : *quelque part*, ullus : *aucun*, quisquam : *quelqu'un*, quicquam : *quelque chose* ⟶ paragraphe 300).

Veni Athenas (...) *neque me quisquam ibi adgnovit.* (Cic., *Tusc.*, 5, 104)

Je suis arrivé à Athènes, et là, personne ne m'a reconnu.

270 Les combinaisons de négations dans les phrases déclaratives

Deux négations totales

Dans une même proposition, deux négations totales s'annulent :

Nec hoc ille non vidit. (Cic., *fin.*, 4, 60)

Et il n'est pas vrai qu'il n'a pas vu cela.
= Et il a vu cela.

Une négation totale et une négation partielle

Une négation totale et une négation partielle annulent la valeur négative de la proposition, mais l'interprétation varie suivant leur place respective.
– Négation totale + négation partielle :

Non nihil commoveor. (Cic., *Quinct.*, I)

Il n'est pas vrai que je ne suis ému en rien.
= Je suis fortement ému.

– Négation partielle + négation totale :

Nemo ergo non miser. (Cic., *Tusc.*, I, 9)

Il n'y a donc personne qui ne soit pas malheureux.
= Tout le monde est donc malheureux.

L'emploi de ne… quidem et de neque… neque…

Deux négations se renforcent, quand la seconde est ne… quidem ou la double négation neque… neque… :

Numquam illum ne minima quidem re offendi. (Cic., *Lael.*, 103)

Je ne l'ai jamais heurté, pas même sur le plus petit sujet.

L'emploi d'indéfinis à polarité négative

La présence d'un seul terme négatif (conjonction, adverbe ou pronom-adjectif) permet l'accumulation d'indéfinis à polarité négative* (⟶ paragraphes 269, 300) qui se renforcent :

Nec enim cuiquam bono mali quicquam evenire potest. (Cic., *Tusc.*, I, 99)

Et il ne peut rien arriver de mal à aucun homme de bien.

LES PHRASES EXCLAMATIVE ET INTERROGATIVE

271 Les phrases exclamative et interrogative : généralités

Exclamation et interrogation présentent la même intonation, les mêmes adverbes et les mêmes pronoms-adjectifs introducteurs (morphologie ⟶ paragraphes 67, 70, 71).

L'exclamation

Emploi ⟶ paragraphe 272.

L'interrogation

La véritable modalité interrogative suppose une demande d'information auprès d'un tiers. Elle peut être totale (⟶ paragraphe 273), double (⟶ paragraphe 274) ou partielle (⟶ paragraphe 275).
Sinon, la forme interrogative est un moyen d'exprimer une réaction émotionnelle (interrogation oratoire) ; on ne peut alors la distinguer de l'exclamation (les éditeurs hésitent souvent sur la ponctuation) :

Hic tu qua laetitia perfruere ! / ? quibus gaudiis exsultabis ! / ? (Cic., *Catil.*, I, 26)

Toi, de quel bonheur jouiras-tu ici ! / ? Quelles joies te feront exulter ! / ?

272 La phrase exclamative

L'exclamation est une modalité qui peut concerner n'importe quel type de constituant : du plus réduit (un mot) jusqu'à la phrase dans son ensemble.
Outre l'intonation, elle est souvent signalée par des interjections ou des syntagmes• plus ou moins figés indiquant différents états affectifs : vae ! (*malheur*), (e)heu !, a ! (*hélas*), hercle (*par Hercule*), (ede)pol (*par Pollux*), di immortales ! (*par les dieux immortels*), etc.

Vae tibi ! (Plaut., *Asin.*, 306)

Malheur à toi !

La phrase exclamative peut avoir la forme d'un GN, d'un GV à l'infinitif ou d'une proposition.

Un GN

On rencontre des GN exclamatifs :
– au nominatif (⟶ paragraphe 175) ;

Di immortales ! Quae superbia, quanta ignoratio sui (...) ! (Cic., *Cluent.*, 109)

Dieux immortels ! Quelle arrogance, quelle fausse opinion de soi !

– au vocatif, parfois précédé de o ou pro ;

O catenarum colone ! – O virgarum lascivia ! (Plaut., *Asin.*, 298)

Ô vieil habitué des fers ! – Ô délice des coups de bâton !

– à l'accusatif (⟶ paragraphe 181).

L. Paulum (...) *quem civem ! quem virum !* (Cic., *Vatin.*, 25)

Lucius Paulus, quel citoyen ! quel homme !

Un GV à l'infinitif ou une proposition infinitive

Foras aedibus me eici ! (Plaut., *Asin.*, 127)

Me faire jeter hors de la maison !

Une proposition à un mode personnel•

Obsecro hercle, quantus et quam validus est ! (Plaut., *Amph.*, 299)

Miséricorde, qu'il est grand et fort !

273 La phrase interrogative : interrogation totale

L'interrogation totale peut ne pas comporter de mot interrogatif ; ou bien elle est introduite par un adverbe ou une particule interrogative. La réponse peut prendre des formes variées.

L'interrogation sans mot interrogatif

L'intonation peut suffire à caractériser une phrase comme interrogative :

Etiam clamas, carnufex ? (Plaut., *Amph.*, 376)

Tu cries encore, bourreau ?

L'interrogation introduite par un adverbe ou une particule interrogative

– La particule enclitique -ne, adjoint généralement au premier mot de la phrase, s'emploie quand l'énonciateur ignore la réponse ou bien comme forme neutre d'interrogation, quelle que soit la réponse supposée :

Visne (...) *fortunam experiri meam ?* (Cic., *Tusc.*, 5, 61)

Veux-tu faire l'expérience de ma situation ?

– L'adverbe nonne indique que l'énonciateur s'attend à une réponse positive :

Canis nonne est similis lupo ? (Cic., *nat. deor.*, I, 97)

Le chien n'est-il pas semblable au loup ?

L'énonciateur ne recherche pas une information, mais pousse souvent l'interlocuteur à abonder dans son sens.
– L'adverbe num indique que l'énonciateur s'attend à une réponse négative :

Num negare audes ? (Cic., *Catil.*, I, 8)

Tu oses le nier ?

Il ne s'agit pas d'obtenir une information, mais plutôt d'énoncer une interdiction sous une forme vaguement menaçante.
– L'adverbe an introduit une possibilité, généralement refusée par l'énonciateur, après une phrase interrogative :

Quid dicis ? An bello fugitivorum Siciliam virtute tua liberatam ? (Cic., *Verr.*, 2, 5, 5)

Que dis-tu ? Que la Sicile a été délivrée par ta vaillance de la guerre contre les esclaves fugitifs ?

L'interrogation sert à repousser par avance un argument de l'adversaire, en le présentant comme incroyable.

La réponse à l'interrogation totale

Elle peut prendre la forme d'un adverbe :

Haeccine tua domust ? – Ita, inquam. (Plaut., *Amph.*, 362)

C'est ici ta maison ? – Oui, te dis-je.

Cognoscin tu me saltem, Sosia ? – Propemodum. (Plaut., *Amph.*, 822)

Tu me reconnais, du moins, Sosie ? – À peu près.

Elle peut aussi être constituée par la reprise partielle, sous forme déclarative (⟶ paragraphe 262), de la proposition interrogative :

Tuae fidei credo ? – Meae. (Plaut., *Amph.*, 391)

J'ai ta parole ? – Tu l'as.

Ain heri nos advenisse huc ? – Aio... (Plaut., *Amph.*, 799)

Tu affirmes que nous sommes venus ici hier ? – Je l'affirme...

Jam nunc irata non es ? – Non sum. (Plaut., *Amph.*, 937)

Et maintenant, tu n'es plus en colère ? – Je ne le suis plus.

274 La phrase interrogative : interrogation double

Quand l'interrogation porte sur une alternative, la première proposition est introduite par utrum ou -ne, et la seconde par an.

Utrum enim defenditis plebem an impugnatis? (Liv., 5, 3, 7)

Est-ce que, en effet, vous défendez la plèbe ou est-ce que vous l'attaquez ?

Romamne venio an hic maneo? (Cic., *Att.*, 16, 8, 2)

Est-ce que je viens à Rome ou est-ce que je reste ici ?

Mais la simple présence de an peut suffire :

Tibi ego an tu mihi servus es? (Plaut., *Bacch.*, 162)

Est-ce que je suis ton esclave, ou toi le mien ?

275 La phrase interrogative : interrogation partielle

Dans l'interrogation partielle, la demande d'information porte sur une partie seulement des constituants de la proposition (généralement un seul à la fois). Ce constituant interrogatif est habituellement en tête de la proposition (adverbe, pronom-adjectif ⟶ paragraphes 67, 70, 71) :

Quam rem publicam habemus? In qua urbe vivimus? (Cic., *Catil.*, 1, 9)

Quel État avons-nous ? Dans quelle ville vivons-nous ?

Quid ais? Quid nomen tibi est? (Plaut., *Amph.*, 364)

Que dis-tu ? Quel est ton nom ?

La réponse à l'interrogation partielle est généralement constituée par un syntagme• apportant l'information souhaitée :

Quis me tenet? / – Tua Bromia ancilla. (Plaut., *Amph.*, 1076-1077)

Qui me tient ? – Ta servante Bromilla.

LA PHRASE IMPÉRATIVE

276 La phrase impérative : généralités

La phrase impérative vise à obtenir de l'interlocuteur l'action que l'on souhaite. Cette demande connaît plusieurs degrés, qui vont du souhait à l'ordre catégorique (⟶ paragraphes 277-278). Cet ordre peut être négatif ; on parle alors de défense (⟶ paragraphe 279).

La phrase impérative a son verbe à l'impératif ou au subjonctif.

277 La phrase impérative : le souhait et le regret

Le souhait est marqué à la fois par la présence d'un adverbe (utinam, quam, quantum) et par le mode subjonctif.

L'emploi du subjonctif présent

Au subjonctif présent, le souhait porte sur l'avenir :

Utinam illum diem videam ! (Cic., *Att.*, 3, 3, 1)

Pourvu que je voie ce jour !

L'emploi du subjonctif imparfait

Le subjonctif imparfait signale qu'au moment de l'énonciation, le souhait n'est pas réalisé ; il s'agit alors d'un regret :

Quam vellem Panaetium nostrum nobiscum haberemus ! (Cic., *rep.*, 1, 10)

Comme je voudrais avoir notre cher Panétius avec nous !

L'emploi du subjonctif plus-que-parfait

Quand le verbe est au subjonctif plus-que-parfait, le regret concerne le passé :

Utinam omnes M. Lepidus servare potuisset ! (Cic., *Phil.*, 5, 39)

Ah ! si Marcus Lépidus avait pu les sauver tous !

Quantum nos lusissemus, risissemus, studuissemus ! (Plin., *epist.*, 1, 15, 3)

Comme nous eussions plaisanté, ri, causé doctement !

278 La phrase impérative : l'ordre

L'ordre s'exprime soit à l'impératif, soit au subjonctif présent.

À l'impératif

L'impératif est employé pour l'ordre donné à la 2e personne. On rencontre généralement l'impératif présent (morphologie ⟶ paragraphes 112 à 114) :

Perge quo coepisti : egredere aliquando ex urbe !

Purga urbem ! (Cic., *Catil.*, 1, 10)

Continue sur la route que tu as prise : quitte un jour la ville ! Débarrasse la ville !

L'impératif futur s'emploie pour un ordre qui n'est pas à exécuter immédiatement (morphologie ⟶ paragraphes 115 à 117) ; il est fréquent, en particulier, dans les prescriptions générales (textes de lois, recettes de cuisine).

Si in Formiano non erimus, in Pompeianum venito. (Cic., *Att.*, 2, 4, 6)

Si nous ne sommes pas dans notre propriété de Formies, viens à celle de Pompéi.

Amicitia regi Antiocho cum populo Romano his legibus et condicionibus esto. (Liv., 38, 38, 2)

Que l'amitié entre le roi Antiochos et le peuple romain soit scellée en ces termes et à ces conditions.

Au subjonctif présent

Le subjonctif présent concurrence l'impératif pour la 2e personne (morphologie ⟶ paragraphes 102 à 104) :

Miser Catulle, desinas ineptire. (Catul., 8, 1)

Malheureux Catulle, cesse de te faire des idées.

Le subjonctif présent constitue la forme la plus usuelle pour les autres personnes :

Quare secedant improbi ; secernant se a bonis ; unum in locum congregentur. (Cic., *Catil.*, 1, 32)

Que les méchants se retirent à l'écart ; qu'ils se séparent des bons ; qu'ils se rassemblent en un même lieu.

REM Certaines locutions comme fac (ut), vide (ut), velim + subjonctif (⟶ paragraphes 220-221) concurrencent l'impératif et le subjonctif :

Fac ut omnia scribas. (Cic., *Att.*, 3, 15, 18)

Fais en sorte de tout m'écrire en détail.

279 La phrase impérative : la défense

L'expression de la défense est symétrique de l'ordre (⟶ paragraphe 278) ; on retrouve les modes subjonctif et impératif accompagnés d'une négation.

Ne + subjonctif

Le verbe peut être au :

– subjonctif présent à toutes les personnes ;

Ne difficilia optemus ! (Cic., *Verr.*, 2, 4, 15)

Ne demandons pas des choses difficiles !

– subjonctif parfait pour la 2e personne du singulier ou du pluriel.

Ne mortem timueritis ! (Cic., *Tusc.*, 1, 98)

Ne craignez pas la mort !

Noli / nolite + infinitif

Cette construction concerne la 2e personne du singulier et la 2e personne du pluriel et constitue à l'origine une forme polie d'interdiction :

Noli, amabo, irasci Sosiae causa mea. (Plaut., *Amph.*, 540)

Ne va pas, je te prie, te mettre en colère contre Sosie, à cause de moi.

Ne + impératif (présent ou futur)

Cette construction appartient à la langue familière et à la langue technique :

impér. prés.
Ne fle ! (Plaut., *Capt.*, 139)

Ne pleure pas !

impér. futur
Impius ne audeto placare donis iram deorum. (Cic., *leg.*, 2, 21)

Que l'impie n'ose pas apaiser la colère des dieux par des cadeaux.

REM L'impératif cave suivi du subjonctif constitue une mise en garde valant interdiction :

Cave putes quicquam esse verius. (Cic., *fin.*, 2, 71)

Garde-toi de penser qu'il y a quelque chose de plus vrai.

L'EMPLOI DES PRONOMS

280 L'emploi des pronoms : généralités

Parmi les pronoms, certains servent à introduire dans l'énoncé l'énonciateur et le destinataire : les pronoms personnels (⟶ paragraphes 281 à 286). Ils partagent cette fonction énonciative avec les adjectifs possessifs (morphologie ⟶ paragraphe 58 ; emploi ⟶ paragraphe 282) et les désinences verbales (⟶ paragraphe 84).

D'autres servent à représenter la (ou les) personne(s) extérieure(s) à la situation d'énonciation : ce sont les pronoms démonstratifs (⟶ paragraphes 287 à 290), les pronoms anaphoriques (⟶ paragraphes 287, 291 à 297) et les pronoms indéfinis (⟶ paragraphes 298 à 301).

LES PRONOMS PERSONNELS

281 Les pronoms personnels : les particularités du nominatif

Les pronoms personnels au nominatif constituent un renforcement dans l'expression de la personne. Ils correspondent à la forme d'insistance du français : *moi*, *toi*, etc.

At ego nunc, Amphitruo, dico... (Plaut., *Amph.*, 612)

Et moi, Amphitryon, je te dis ceci...

Ils s'emploient fréquemment pour souligner la violence des sentiments et des émotions :

Ego Maenas, ego mei pars, ego vir sterilis ero ? (Catul., 63, 69)

Moi, je serai une Ménade, une part de moi-même, un homme stérile ?

Le nominatif est également fréquent en parallèle avec un pronom de l'autre personne de l'énonciation :

Ego vero te quam primum, mea vita, cupio videre et in tuo complexu emori. (Cic., *Fam.*, 14, 4, 1)

Moi, je désire te voir le plus tôt possible, toi ma vie, et mourir dans tes bras.

L'insistance est encore soulignée par l'emploi de formes renforcées : egomet, tute (⟶ paragraphe 57).

Tute introspice in mentem tuam ipse. (Cic., *de orat.*, 2, 118)

Toi, regarde dans ton propre esprit.

282 Les pronoms personnels : les particularités du génitif

Pronoms personnels et adjectifs possessifs

À l'intérieur du GN, le génitif des pronoms personnels commute• avec l'adjectif possessif de la même personne (⟶ paragraphe 58), quand le nom dont il est complément est dérivé d'un verbe ou apparenté sémantiquement à un verbe :

Quintus misit filium non solum sui deprecatorem, sed etiam accusatorem mei. (Cic., *Att.*, I, 20, 7)

Quintus envoya son fils non seulement comme son intercesseur (= pour intercéder en sa faveur), mais aussi comme mon accusateur (= pour m'accuser).

L. Papirius Paetus, vir bonus amatorque noster (Cic., *Att.*, II, 8, 2)

Lucius Papirius Paetus, un homme de bien et qui nous aime (= et notre ami)

Les deux formes (le pronom personnel au génitif et l'adjectif possessif) peuvent coexister à l'intérieur du GN :

Grata mihi vehementer est memoria nostri tua. (Cic., *ad Q. fr.*, I, 2, 8)

Je te sais beaucoup de gré de ton souvenir de nous (= du souvenir que tu as gardé de nous).

L'adjectif possessif a alors une valeur subjective et le génitif une valeur objective (⟶ paragraphe 184).

Nostrum et vestrum

Les formes de génitif en -um, nostrum et vestrum, sont de véritables pluriels : ils désignent plusieurs individus de 1re et 2e personnes. Ce génitif a une valeur partitive : il indique l'ensemble dont on isole un ou plusieurs éléments (⟶ paragraphe 184).

Quis est vestrum, judices, quin intellegat ? (Cic., *Verr.*, 2, 5, 57)

Y a-t-il quelqu'un parmi vous, juges, qui ne le comprenne ?

Nostri et vestri

Les formes de génitif en -i, nostri et vestri, s'emploient quand un seul individu dans un ensemble de 1re ou de 2e personne est désigné.

On peut paraphraser assez souvent par *de notre / votre personne* :

Habetis ducem memorem vestri, oblitum sui. (Cic., *Catil.*, 4, 19)

Vous avez un chef qui pense à votre personne, et oublieux de la sienne.

Ces génitifs peuvent prendre une valeur partitive :

Nostri melior pars animus est. (Sen., *nat.*, I, 14)

L'âme est la meilleure partie de nous.

Nostri renvoie ici à chaque individu pris en particulier, dont on isole une partie (⟶ paragraphe 184).

283 Les pronoms personnels : leur emploi suivant la personne

Certaines personnes présentent des valeurs particulières : la 2e du singulier et la 1re du pluriel.

La 2e personne du singulier

Elle peut s'employer avec une valeur indéfinie (*quelqu'un*) ou générique (*tout le monde*) ; elle peut alors se traduire en français par *on*. Cet emploi est fréquent dans les textes argumentatifs :

Quid dulcius quam habere quicum omnia audeas sic loqui,
ut tecum ? (Cic., *Lael.*, 22)

Quoi de plus doux que d'avoir quelqu'un à qui l'on ose parler de tout, comme avec soi-même ?

La 2e personne commute• avec le passif impersonnel (⟶ paragraphe 160), voire les trois personnes du pluriel :

Quod si curam fugimus, virtus fugienda est. (Cic., *Lael.*, 47)

Si nous fuyons (= si on fuit) les soucis, il faut fuir la vertu.

La 1re personne du pluriel

Nos et noster se rencontrent, surtout en poésie, à la place du singulier. On parle de pluriel poétique :

Vos nolite pati nostrum vanescere luctum,
sed quali solam Theseus me mente reliquit,
tali mente, deae, funestet seque suosque. (Catul., 64, 199-201)

Vous, n'acceptez pas que notre (= mon) infortune s'évanouisse,
mais, comme il m'a abandonnée dans la solitude,
ô déesses, (faites) que Thésée, pareillement, fasse tomber le malheur sur lui et les siens !

Ce pluriel peut donner une tonalité particulière à l'énoncé :
– la dignité ;

Nos prima imperii spatia ingredimur. (Tac., *ann.*, 14, 56, 1)

Nous (= moi, Néron) faisons nos premier pas d'empereur.

– la modestie (de l'écrivain).

Cum esset Caesar in citeriore Gallia legionesque essent collocatae in hibernis, ita uti supra demonstravimus... (Caes., *Gall.*, 2, 1, 1)

Tandis que César était en Gaule citérieure et que ses légions étaient installées dans leurs quartiers d'hiver, comme nous l'avons dit plus haut...

284 Les emplois de se et suus comme réfléchis directs

Se et suus sont appelés "réfléchis directs" lorsqu'ils renvoient à l'un des constituants de la proposition dans laquelle ils se trouvent.

Le renvoi au sujet de la proposition

Se et suus (morphologie ⟶ paragraphes 57-58) renvoient généralement au sujet de la proposition dans laquelle ils se trouvent, que ce sujet soit singulier ou pluriel :

Veritas se ipsa defendet. (Cic., *ac.*, 2, 36)

La vérité se défendra d'elle-même.

Pueri mulieresque (...) *suo more pacem a Romanis petierunt.* (Caes., *Gall.*, 2, 13, 3)

Les femmes et les enfants demandèrent à leur façon la paix aux Romains.

Ils sont en concurrence avec is, ea, id (⟶ paragraphe 293), qui ne renvoie pas au sujet de la proposition :

Ciceroni in omnibus periculis ejus singularem fidem praebuit. (Nep., *Att.*, 4, 4)

Il (Atticus) témoigna à Cicéron une fidélité exceptionnelle dans tous les dangers qu'il courut.

Ejus renvoie à Ciceroni, non au sujet de praebuit (Atticus).

REM Se et suus s'emploient également quand le sujet est indéterminé :

Imperare sibi maximum imperium est. (Sen., *epist.*, 113, 30)

Commander à soi-même est le commandement suprême.

Le renvoi à un autre constituant

Le réfléchi peut renvoyer à un constituant autre que le sujet :
– au complément à l'accusatif des verbes impersonnels de sentiment (⟶ paragraphe 134) ;

Neque eam umquam sui paenitet. (Cic., *Tusc.*, 5, 54)

Et elle (la sagesse) n'a jamais honte d'elle-même.

– à un constituant mis en relief (thématisé ⟶ paragraphe 345) ; le réfléchi se traduit alors par "son propre" ;

Hunc sui cives e civitate ejecerunt. (Cic., *Sest.*, 142)

Cet homme, ce sont ses propres concitoyens qui l'ont chassé de la cité.

– à n'importe quel constituant, quand le réfléchi dépend de prépositions comme per, propter, inter.

Ratio et oratio (...) *quae conciliat inter se homines...* (Cic., *off.*, I, 50)

La raison et le discours qui unissent les hommes entre eux...

285 Les emplois de se et suus comme réfléchis indirects

Quand se et suus figurent dans une subordonnée, ils peuvent renvoyer au sujet de la proposition principale ; on parle alors de "réfléchis indirects". Ce phénomène s'observe pour les propositions complétives et pour les subordonnées représentant l'opinion, les paroles ou la volonté du sujet de la principale.

Les propositions complétives (⟶ paragraphe 218)

Sentit animus se moveri. (Cic., *Tusc.*, I, 55)

L'âme sent qu'elle se meut.

Se renvoie à animus, sujet du verbe principal sentit.

Les subordonnées représentant l'opinion, les paroles ou la volonté du sujet de la principale

Elles peuvent être au subjonctif ou à l'infinitif. Il peut s'agir de subordonnées :
– causales ;

Decima legio per tribunos militum ei gratias egit, quod de se optimum judicium fecisset. (Caes., *Gall.*, I, 41, 2)

La dixième légion, par l'intermédiaire des tribuns militaires, le remercia d'avoir une si bonne opinion d'elle.

– relatives ;

Paetus (...) omnes libros quos frater suus reliquisset mihi donavit. (Cic., *Att.*, 2, 1, 12)

Paetus m'a donné tous les livres que (disait-il) son frère lui avait laissés.

– temporelles.

Silvis se occultare jubet neque inde ante moveri quam ab se acceperint signum. (Liv., 7, 14, 8)

Il leur ordonne de se cacher dans les forêts et de ne pas bouger avant d'avoir reçu de lui le signal.

286 Présence simultanée du réfléchi direct et du réfléchi indirect

En cas de double occurrence de se ou suus, seul le contexte permet de distinguer le réfléchi direct du réfléchi indirect :

Patres conscripti legatos in Bithyniam miserunt qui a rege peterent, ne inimicissimum suum secum haberet. (Nep., *Hann.*, 12, 2)

Les sénateurs envoyèrent des émissaires en Bithynie pour demander au roi de ne pas garder avec lui leur ennemi.

Suum est un réfléchi indirect, renvoyant au sujet de la proposition principale, Patres Conscripti ; se est un réfléchi direct, renvoyant au sujet du verbe haberet (rex).

Dans le discours indirect (⟶ paragraphe 335), l'ambiguïté est parfois levée par l'emploi de ipse comme réfléchi indirect :

Caesar eos incusavit : (...) cur de sua virtute aut de ipsius diligentia desperarent ? (Caes., *Gall.*, 1, 40, 4)

César les accusa : pourquoi désespéraient-ils de leur propre courage et de sa vigilance à lui ?

Sua est un réfléchi direct renvoyant au sujet de desperarent ; ipsius renvoie au sujet de la proposition principale, Caesar.

287 Les pronoms anaphoriques et démonstratifs : généralités

Les pronoms-adjectifs et adverbes qui assurent le rattachement de l'énoncé à la situation d'énonciation (⟶ paragraphe 260) sont appelés déictiques. Ceux qui assurent la cohésion de l'énoncé sont les pronoms-adjectifs anaphoriques et les pronoms-adjectifs cataphoriques (⟶ paragraphes 291 à 297). Les pronoms-adjectifs démonstratifs peuvent alternativement fonctionner comme déictiques (⟶ paragraphes 288-289) et comme anaphoriques (⟶ paragraphe 290).

REM Le repérage spatio-temporel est souligné par l'adjonction d'une particule déictique -c(e) (morphologie ⟶ paragraphe 63) aux adverbes ou pronoms-adjectifs renvoyant aux personnes de l'énonciation. Cette particule s'emploie pour :
- le repérage temporel : nunc (*maintenant*) ;
- le repérage local : hic (*ici*), huc (*vers ici*), hinc (*d'ici*), hac (*par ici*), etc. (⟶ paragraphe 81).

Elle entre également dans l'adverbe présentatif• ecce + nominatif ou accusatif :

Ecce postridie Cassio litterae. (N.) (Cic., *Att.*, 7, 24,1)
Voilà, le lendemain, une lettre pour Cassius.

Ecce me. (Acc.) (Plaut., *Mil.*, 663)
Me voici.

Cet adverbe s'accole parfois aux démonstratifs :
Eccillum. (Plaut., *Merc.*, 435)
Le voilà.

Eccillum est mis pour ecce illum.

288 Les pronoms-adjectifs et adverbes démonstratifs : emploi comme déictiques

Si illo austero more ac modo (me agere malit), aliquis mihi ab inferis excitandus est ex barbatis illis, non hac barbula, qua ista delectatur, sed illa horrida, quam in statuis antiquis atque imaginibus videmus. (Cic., *Cael.*, 33)

Si elle préfère que j'use de ce ton et de cette manière austères, il me faut évoquer des enfers l'un de ces barbus, non avec ce duvet dont elle raffole, mais avec cette barbe drue que nous voyons sur les statues et les portraits antiques.

Les trois pronoms-adjectifs démonstratifs hic, iste, ille (morphologie ⟶ paragraphes 64 à 66), ainsi que les adverbes de lieu correspondants (⟶ paragraphe 81), servent à repérer les éléments ou personnes de l'énoncé par rapport à celui qui parle : hic désigne ce qui est proche de l'énonciateur, iste ce qui est proche de la personne à laquelle il s'adresse (destinataire) et ille ce qui est éloigné.

Le sens de hic

Hic désigne ce qui est proche dans l'espace ou dans le temps ; hac barbula (*ce duvet*) renvoie au moment présent.

Le sens de ille

Ille renvoie à ce qui est lointain dans l'espace et dans le temps : illo austero more ac modo (*ce ton et cette manière austères*), illa (barba) horrida (*cette barbe drue*).

Le sens de iste

Iste s'emploie pour la sphère du destinataire : il est souvent utilisé pour désigner l'adversaire dans un procès ou ses partisans. (Ista, ici, désigne Clodia, sœur d'un adversaire acharné de Cicéron.)

289 Les pronoms-adjectifs et adverbes démonstratifs : valeurs affectives

Le sens de iste

Iste, désignant particulièrement l'adversaire dans un procès (⟶ paragraphe 288), prend une connotation péjorative :

Hac barbula, qua ista delectatur... (Cic., *Cael.*, 33)

Ce duvet dont cette femme raffole...

La valeur péjorative de ista peut être rendue par un adjectif : *cette femme dégénérée*.
Avec cette valeur, iste est compatible avec n'importe quelle personne, y compris la première :

Iste meus stupor nil videt, nihil audit. (Catul., 17, 21)

Mon stupide abruti ne voit rien, n'entend rien.

Le sens de ille

Ille, renvoyant à un passé paré de qualités disparues, prend une valeur emphatique compatible avec n'importe quelle personne.

Ego vehemens ille consul (Cic., *Catil.*, 2, 13)
Moi, ce fameux consul si emporté

On rencontre le même ille combiné avec un autre démonstratif dont la valeur est seulement déictique (⟶ paragraphes 287 et 288) :

Hic est ille Demosthenes. (Cic., *Tusc.*, 5, 103)
C'est lui, le fameux Démosthène.

Hic, ici, est un déterminant à valeur déictique, tandis que ille ajoute une valeur emphatique.

290 Les pronoms-adjectifs et adverbes démonstratifs : emploi comme anaphoriques et cataphoriques

Hic et ille peuvent servir de simples anaphoriques, mais ils s'emploient également comme cataphoriques (⟶ paragraphe 291).

Emploi comme anaphoriques

Itaque Marcellus (...) ad Euryalum signa referri jussit (...). Praeerat huic arci Philodemus. (Liv., 25, 25, 2-3)
C'est pourquoi Marcellus ordonna de faire retraite à Euryale. Philodème commandait cette place.

Defertur ea res ad Caesarem. Ille (...) L. Plancum celeriter in Carnutes proficisci jubet. (Caes., *Gall.*, 5, 25, 4)
On rapporte la nouvelle à César. Il/celui-ci ordonne à Plancus de partir rapidement chez les Carnutes.

Quand ils sont employés dans la même phrase, hic reprend généralement l'élément le plus proche et ille le plus éloigné :

Pullo pilum in hostes immittit atque unum ex multitudine procurrentem traicit ; (...) hunc scutis protegunt hostes, in illum universi tela coniciunt. (Caes., *Gall.*, 5, 44, 6)
Pullo lance son javelot vers les ennemis et en atteint un qui courait en avant de la masse ; les ennemis protègent ce dernier de leurs boucliers et tous envoient vers Pullo leurs traits.

Emploi comme cataphoriques

Hic et ille peuvent annoncer une proposition ou un ensemble de propositions.

Hoc primum videamus, [quid sit id ipsum quod quaerimus]. (Cic., *rep.*, I, 38)
Voyons d'abord ceci : [quel est l'objet même de notre recherche ?]

Loci natura erat haec, quem nostri castris delegerant : [collis, ab summo aequaliter declivis, ad flumen Sabim (...) vergebat]. (Caes., *Gall.*, 2, 18, 1)
Voici quelle était la nature de l'emplacement que les nôtres avaient choisi pour le camp : [une colline descendait depuis le sommet, en pente régulière, jusqu'au fleuve Sabis].

291 Anaphoriques et cataphoriques : généralités

L'anaphore et la cataphore sont la reprise d'un constituant (nom, GN, proposition…) présent dans le contexte. Mais la reprise explicite n'est pas systématique (⟶ paragraphe 292).
– L'anaphore constitue la reprise d'un élément mentionné antérieurement, soit dans la même phrase, soit dans une phrase précédente.
– La cataphore est l'annonce d'un élément mentionné ultérieurement, dans la même phrase.
L'anaphore et la cataphore sont généralement assurées par des pronoms-adjectifs ou adverbes (anaphoriques, démonstratifs, indéfinis, relatifs ⟶ paragraphes 293 à 297 ; morphologie ⟶ paragraphes 54 à 76).

292 L'omission des pronoms anaphoriques

La reprise explicite des pronoms anaphoriques n'est pas systématique à l'intérieur d'une même phrase, ni dans la succession des phrases.

À l'intérieur d'une même phrase

Lorsqu'un GN est sujet de plusieurs verbes successifs, il n'est pas repris systématiquement par un pronom anaphorique, comme c'est le cas en français (⟶ les propositions sans sujet, paragraphe 160). Cette ellipse du sujet (on parle souvent d'anaphore nulle) est très fréquente à l'intérieur de la même phrase :

Arpineius et Junius, quae audierunt, ad legatos deferunt. (Caes., *Gall.*, 5, 28, 1)
Arpineius et Junius rapportent aux légats ce qu'ils ont entendu.

Bien qu'il ne soit pas exprimé, le sujet de audierunt est identique à celui de deferunt ; il ne peut s'agir des légats.

Dans la succession des phrases

L'anaphore nulle s'observe également dans la succession des phrases, avec progression à thème constant• (⟶ paragraphe 352) :

Ambiorix statim cum equitatu in Aduatucos (...) *profiscitur ; neque noctem neque diem intermittit, peditatumque se subsequi jubet.* (Caes., *Gall.*, 5, 38)

Ambiorix part aussitôt avec la cavalerie, chez les Aduatuques ; il ne s'arrête, l'intervalle ni d'un jour ni d'une nuit ; il ordonne à l'infanterie de le suivre.

Ambiorix est le sujet grammatical des verbes successifs ; chacun des énoncés consécutifs apporte une information nouvelle le concernant.

REM L'anaphore nulle s'observe aussi pour le complément d'objet :
Saepe legit flores. Et tunc quoque forte legebat, / cum puerum vidit. (Ov., *met.*, 4, 315-316)

Souvent elle cueille des fleurs. Et justement, il se trouvait qu'elle en cueillait, lorsqu'elle vit le jeune homme.

293 Is, ea, id

Morphologie ⟶ paragraphe 60.

Is est le pronom-adjectif le plus neutre pour renvoyer à un autre élément de l'énoncé : soit il renvoie à un élément déjà mentionné et on parle d'anaphore ; soit il renvoie à un élément qui va être précisé ensuite et on parle de cataphore.

Is en position d'anaphore

Itaque Hasdrubal extemplo litteras Carthaginem mittit (...). *Eae litterae* (...) *primo admodum moverunt senatum.* (Liv., 23, 27-28)

C'est pourquoi Hasdrubal envoie aussitôt une lettre à Carthage. Cette lettre ébranla d'abord beaucoup le sénat.

Le pronom is sert souvent à combler l'absence de pronom personnel de 3e personne :

Planities erat magna et in ea tumulus terrenus satis grandis. (Caes., *Gall.*, 1, 43, 1)

Il y avait une grande plaine, et sur elle, un tertre assez élevé.

Is en position de cataphore

Flavus Lucanus fuit, caput partis ejus Lucanorum (...) *quae cum Romanis stabat.* (Liv., 25, 16, 5)

Il y avait un Lucanien du nom de Flavus, chef de la/cette partie des Lucaniens qui était du côté des Romains.

REM – Les adverbes de lieu **ibi**, **eo**, **inde**, **ea** (⟶ paragraphe 81) servent d'anaphoriques et de cataphoriques pour les compléments circonstanciels de lieu :

Te Syracusis natum esse dixisti : hic natus est ibi. (Plaut., *Men.*, 1 097)

Tu as dit que tu étais né à Syracuse : lui aussi y est né.

– Les formes de génitif **ejus**, **eorum**, **earum** sont souvent employées comme possessif de 3e personne non réfléchi :

In Haeduorum fines pervenerant eorumque agros populabantur. (Caes., *Gall.*, I, 11, 1)

Ils étaient parvenus sur le territoire des Éduens et ravageaient les champs de ceux-ci (= leurs champs).

294 Idem, eadem, idem

Morphologie ⟶ paragraphe 61.

Idem (*le même ou ce même*)

Idem indique l'identité d'un élément avec un élément déjà mentionné :

Ille dies acerbissimus fuit, qui idem tibi laetissimus. (Cic., *Vatin.*, 6)

Ce jour fut pour eux très pénible, le même qui fut pour toi très heureux.
= Le même jour fut très pénible pour eux et très heureux pour toi.

Il s'emploie, en particulier, quand un même individu présente simultanément deux caractéristiques dont la coexistence est rare ou inattendue :

Cur avunculus meus, vir innocentissimus idemque doctissimus, P. Rutilius in exsilio est ? (Cic., *nat. deor.*, 2, 1)

Pourquoi mon oncle, Publius Rutilius, un homme parfaitement innocent et le même homme (= en même temps) très savant, est-il en exil ?

Idem atque et idem qui (*le même que*)

Dans son emploi cataphorique (⟶ paragraphe 291), idem forme des locutions servant à la comparaison : idem atque, idem qui (*le même que*).

Nemo nostrum idem est in senectute qui fuit juvenis. (Sen., *epist.*, 58, 22)

Aucun de nous n'est dans la vieillesse le même qui fut jeune.
= Aucun de nous n'est le même dans la vieillesse que dans la jeunesse.

295 Ipse, ipsa, ipsum

Morphologie ⟶ paragraphe 62.

Le pronom-adjectif d'insistance

Ipse est un pronom-adjectif d'insistance, signifiant *lui-même*. Il peut s'employer seul ou s'adjoindre à des noms, GN ou d'autres pronoms :

Habebat hoc a natura ipsa. (Cic., *Brut.*, 112)

Il tenait ce don de la nature elle-même.

L'élément souligné par ipse est isolé, opposé à d'autres éléments (souvent implicites) :

Res ipsa loquitur. (Cic., *Mil.*, 53)

La cause elle-même parle. (= La cause parle d'elle-même.)

Ipsa sous-entend *sans l'aide de quelqu'un d'autre.*

Le pronom-adjectif anaphorique

Dans le discours indirect (⟶ paragraphe 335), ipse sert de pronom anaphorique et permet de distinguer réfléchi direct et réfléchi indirect :

Vehementer eos incusavit (...) cur de sua virtute aut de ipsius diligentia desperarent. (Caes., *Gall.*, I, 40)

Il (César) leur fit de violents reproches : pourquoi désespéraient-ils de leur propre courage et de sa vigilance à lui ?

Sua est un réfléchi direct renvoyant au sujet de desperarent ; ipse est un réfléchi indirect renvoyant au sujet de incusavit.

REM Ipse renforce souvent un pronom réfléchi ; il s'accorde alors soit avec le sujet, soit avec le pronom réfléchi. Cette différence d'accord s'accompagne d'une différence de sens :

Acc. N.
Se ipsi interficiunt. (Caes., *Gall.*, 5, 37, 6)

Eux-mêmes se tuent. (= Ils se tuent de leurs propres mains.)

Acc. Acc.
Pompeianus miles fratrem suum, dein (...) se ipsum interfecit. (Tac., *Hist.*, 3, 51, 5)

Un soldat de Pompée tua son frère, puis se tua lui-même.

296 Alius, -a, -ud et alter, -era, -erum

Morphologie ⟶ paragraphe 76.

Le sens d'alius et d'alter

Alius et alter indiquent, au contraire de idem, la non-identité.

– Alius par rapport à un autre élément introduit par et, atque/ac, quam :

alio mense ac fas erat (Cic., *Verr.* 2, 128)

un autre mois que celui qui était permis

– Alter par rapport à l'autre élément d'un ensemble de deux unités :

Alter consulum Q. Fulvius ex Liguribus triumphavit. (Liv., 40, 59, 1)

L'autre des deux consuls (= l'autre consul), Quintus Fulvius, triompha des Ligures.

Leur répétition au même cas

Alius et alter répétés au même cas servent à énumérer : chacun des éléments est défini par rapport à l'autre, à l'intérieur d'un ensemble prédéterminé.

Numquam aliud natura, aliud sapientia dicit. (Juv., *sat.*, 14, 321)

Jamais la nature ne dit une chose et la sagesse une autre.

Eorum neuter triumphavit, quod alteri illum honorem collega, alteri mors praeripuit. (Cic., *Pis.*, 62)

Aucun des deux ne triompha, parce que cet honneur fut enlevé à l'un par son collègue, à l'autre par la mort.

Leur répétition à des cas différents

Alius et alter répétés à des cas différents ont une valeur :

– réciproque ;

Alius alium percontamur. (Plaut., *Stich.*, 370)

Nous nous interrogeons l'un l'autre.

– distributive.

Alius in alia est re magis utilis. (Cic., *S. Rosc.*, 111)

L'un est plus utile dans une chose, l'autre dans une autre.

297 Le relatif de liaison

On rencontre fréquemment, à la place de l'anaphorique is (⟶ paragraphe 293), un relatif appelé "relatif de liaison" :

Legatos ad eum mittunt. Cujus legationis Divico princeps fuit. (Caes., *Gall.*, 1, 13, 2)

Ils envoient des émissaires vers lui. À la tête de cette délégation était Divico.

Ce relatif de liaison sert à la fois de connecteur généralement d'addition (⟶ paragraphe 248) et d'anaphorique : cujus équivaut ici à et ejus.
Morphologie de qui ⟶ paragraphe 68.

298 Les pronoms-adjectifs et adverbes indéfinis : généralités

L'emploi de certains indéfinis est déterminé par la modalité de la phrase dans laquelle ils se trouvent (⟶ paragraphe 261) et/ou par la présence de certains mots.

Quidam, aliquis et quis (*quelque, quelqu'un*) ne supposent pas la même assurance concernant l'existence d'un être (⟶ paragraphe 299).

Les indéfinis à polarité négative• s'emploient dans des contextes négatifs (⟶ paragraphe 300).

L'indéfini distributif quisque ne s'emploie qu'après des catégories de mots bien spécifiques (⟶ paragraphe 301).

299 Quidam, aliquis, quis

Morphologie ⟶ paragraphe 73.

Les indéfinis quidam, aliquis et quis signifient tous *quelque, quelqu'un*, mais ils ne s'emploient pas dans les mêmes contextes.

Quidam, quaedam, quiddam

Le pronom quidam sert à désigner quelque chose d'indéterminé, mais d'identifiable par l'énonciateur :

Accurrit quidam notus mihi nomine tantum. (Hor., *sat.*, I, 9, 3)

Quelqu'un m'aborde, que je connaissais seulement de nom.

Quand l'adjectif quidam s'adjoint à quelque chose d'identifié, il atténue son identité :

Quaedam etiam neglegentia est diligens. (Cic., *orat.*, 78)

Il existe une sorte de négligence apprêtée.

Quand le nom est à la fois accompagné de quidam et d'un adjectif qualificatif, l'indéfini souligne le caractère inattendu de l'expression :

Ardeo incredibili quodam amore patriae. (Cic., *prov.*, 23)

Je brûle d'une sorte d'amour incroyable de la patrie.
= Je brûle d'un amour de la patrie vraiment incroyable.

Aliquis, -a, -id

Aliquis s'emploie dans les phrases déclaratives, pour affirmer l'existence de quelque chose d'indéterminé.

Exspectabam aliquem meorum. (Cic., *Att.*, 13, 15, 2)

J'attendais quelqu'un de ma famille.

Aliquis peut s'opposer à des adjectifs quantitatifs (⟶ paragraphe 72) et indiquer une quantité minimale, mais réelle :

Forsitan exiguas, aliquas tamen, arcus et ignis / ingenii vires comminuere mei. (Ov., *Pont.*, 3, 3, 33-34)

Ton arc et tes flammes ont diminué les forces peut-être réduites, mais qui existent, de mon esprit.

Quis, quae, quid

Quis s'emploie quand l'existence d'un être non identifié n'est pas assurée :
– dans les propositions conditionnelles (⟶ paragraphes 240 à 244) ou de valeur conditionnelle ;

Timorem si quem habetis, deponite. (Cic., *Mil.*, 4)

Si vous éprouvez quelque crainte, abandonnez-la.

– dans les phrases interrogatives introduites par num (⟶ paragraphe 273) ;

Num quid vis ? (Plaut., *Amph.*, 344)

Veux-tu encore quelque chose ?

– dans les propositions introduites par une conjonction négative (⟶ paragraphe 221).

Dent operam consules (...) ne quid res publica detrimenti capiat. (Caes., *civ.*, 1, 5, 3)

Que les consuls veillent à ce que l'État ne subisse aucun dommage.

Ne quis équivaut alors à nemo (*personne*), ne quid à nihil (*rien*).

300 Les indéfinis à polarité négative

Les indéfinis à polarité négative s'emploient après une négation ou dans des expressions de sens négatif ; il s'agit de quisquam, quicquam, ullus, umquam, usquam (morphologie ⟶ paragraphes 72 et 73).

Après une négation

Numquam nocet cuiquam. (Cic., *fin.*, I, 50)

Jamais elle ne nuit à personne.

Négation + quisquam = nemo (*personne*).
Négation + quicquam = nihil (*rien*).

Après les conjonctions de coordination neque et neve

Nec enim cuiquam bono mali quicquam evenire potest nec vivo nec mortuo, nec umquam ejus res a dis immortalibus neglegentur. (Cic., *Tusc.*, I, 99)

En effet, il ne peut rien arriver de mal à aucun honnête homme, ni dans la vie, ni dans la mort ; et jamais ses affaires ne sont négligées par les dieux immortels.

Neque + quisquam = et + nemo (*et personne*).
Neque + quidquam = et + nihil (*et rien*).
Neque + umquam = et + numquam (*et jamais*).
De même, neque + ullus = et nullus (*et aucun*).
Neque + usquam = et nusquam (*et nulle part*).

Dans des phrases qui présentent un événement comme incertain

Quando enim Socrates (...) quicquam tale fecit ? (Cic., *fin.*, 2, 1)

Quand donc Socrate a-t-il fait quelque chose de tel ?

Il s'agit, ici, d'une interrogation oratoire : l'énonciateur doute de cette éventualité.

301 Quisque, quaeque, quidque

Morphologie ⟶ paragraphe 73.

Quisque (*chaque, chacun*) a une valeur distributive : il indique que les éléments d'un ensemble sont pris un par un et que chaque élément est doté de la propriété requise pour faire partie de cet ensemble.

Quisque est un enclitique (⟶ paragraphe 13) ; il n'apparaît qu'après des mots bien spécifiques.

Quisque après un superlatif

Optimum quidque rarissimum est. (Cic., *fin.*, 2, 81)

Chaque chose qui est excellente est très rare.
= Tout ce qui est excellent est très rare.

Morphologie du superlatif ⟶ paragraphes 42, 45-46.

Quisque après un ordinal

Vix decimus quisque est qui ipsus sese noverit. (Plaut., *Pseud.*, 973)

À peine chaque dixième personne est telle qu'elle se connaît elle-même.
= À peine une personne sur dix se connaît elle-même.

Morphologie des adjectifs ordinaux ⟶ paragraphes 49, 53.

Quisque après un réfléchi (pronom ou adjectif possessif)

Trahit sua quemque voluptas. (Verg., *ecl.*, 10, 69)

Son propre plaisir entraîne chacun.
= Chacun est entraîné par son propre plaisir.

Morphologie des pronoms-adjectifs possessifs ⟶ paragraphe 58 ; emploi ⟶ paragraphes 284-285.

Quisque après un relatif ou un interrogatif

Videndum est, non modo quid quisque loquatur, sed etiam quid quisque sentiat. (Cic., *off.*, I, 147)

Il faut examiner non seulement ce que chacun dit, mais aussi ce que chacun pense.

Morphologie des pronoms-adjectifs relatifs et interrogatifs ⟶ paragraphes 67-71 ; emploi ⟶ paragraphes 214 à 217, 271, 273 à 275.

Quisque après une conjonction ou un adverbe, dans un système comparatif

Ut quisque optime dicit, ita maxime dicendi difficultatem pertimescit. (Cic., *de orat.*, I, 120)

Suivant que chacun est excellent orateur, ainsi il redoute le plus la difficulté de parler.
= Meilleur on est orateur, plus on éprouve de crainte et de difficulté à parler.

Sur les propositions circonstancielles de comparaison ⟶ paragraphes 237 à 239.

Quisque après unus (parfois écrit unusquisque)

Una quaque de re dicam. (Cic., *Cluent.*, 6)

Je parlerai de chaque chose une à la fois.
= Je reprendrai chaque point successivement.

Morphologie de unus ⟶ paragraphe 72.

L'EMPLOI DES TEMPS

302 L'emploi des temps : généralités

La valeur des temps est déterminée par le point de repère qui permet de situer l'événement.
On parle de "temps absolu" quand l'axe temporel prend pour point de repère le moment de l'énonciation (⟶ paragraphes 303 à 323).
On parle de "temps relatif" quand l'axe temporel renvoie à un point de repère interne à l'énoncé (⟶ paragraphe 260) ; les relations temporelles ainsi tissées contribuent à la cohérence textuelle (⟶ paragraphes 324 à 327).

LES TEMPS ABSOLUS

303 Les temps absolus : généralités

Quamdiu quisquam erit, qui te defendere audeat, vives, et vives ita ut vivis, multis meis et firmis praesidiis obsessus, ne commovere te contra rem publicam possis. Multorum te etiam oculi et aures non sentientem, sicut adhuc fecerunt, speculabuntur atque custodient. (Cic., *Catil.*, I, 6)

Tant qu'il y aura quelqu'un pour oser te défendre, tu vivras, et tu vivras comme tu vis, sous la surveillance étroite de mes nombreuses garnisons, pour que tu ne puisses pas t'agiter contre l'État. Il y aura quantité d'yeux et d'oreilles qui, sans que tu t'en rendes compte, comme ils l'ont fait jusqu'à maintenant, t'épieront et te surveilleront.

Par rapport au moment de l'énonciation (le 8 novembre 63), le passé est ce qui est antérieur à ce moment (fecerunt), le présent, ce qui en est contemporain (vivis) et le futur, ce qui lui est postérieur (erit, vives, speculabuntur, custodient).
Les temps absolus sont le présent (⟶ paragraphes 304 à 309), l'imparfait (⟶ paragraphes 310 à 315), le futur (⟶ paragraphes 316 à 320) et le parfait (⟶ paragraphes 321 à 323).

304 Le présent : généralités

Les formes verbales de présent (morphologie ⟶ paragraphes 86 à 88) renvoient à des périodes temporelles plus ou moins brèves, qui ont en commun d'être considérées par l'énonciateur comme relevant du moment où il parle (présent dit actuel ⟶ paragraphe 305).

Quand le moment désigné et le moment de l'énonciation ne sont pas strictement simultanés, on obtient des effets de sens (⟶ paragraphes 306 à 309).

305 Le présent actuel

Le présent actuel indique une simultanéité presque complète entre le moment de l'énonciation et le moment désigné :

Timeo, totus torpeo. (Plaut., *Amph.*, 335)

J'ai peur, je suis tout paralysé.

Dans la majorité des emplois, la durée de l'événement ou de l'état au présent excède celle de l'énonciation proprement dite. Cet événement ou état peut avoir commencé depuis un moment et se poursuivre encore dans l'avenir :

Jam dudum, Pistoclere, tacitus te sequor. (Plaut., *Bacch.*, 109)

Voilà un bon moment, Pistoclère, que je te suis sans rien dire.

306 Le présent à valeur de futur

Un événement très proche dans le futur peut être exprimé au présent pour indiquer qu'il est déjà pris en charge par l'énonciateur au moment présent :

Cras est mihi / judicium. (Ter., *Eun.*, 338-339)

Demain, j'ai un procès.

Cela peut aussi signifier que sa réalisation est absolument certaine :

Ad patrem ibo, ut matris iram sibi esse sedatam sciat.

Jam redeo. (Plaut., *Merc.*, 962-963)

Je vais trouver mon père pour qu'il sache que la colère de ma mère contre lui s'est calmée. Je reviens tout de suite.

307 Le présent historique ou de narration

Dans un récit au passé, l'emploi du présent rompt la cohérence temporelle de la narration et crée une simultanéité fictive par rapport au moment de l'énonciation. Le destinataire est ainsi supposé avoir une plus grande proximité avec l'événement :

Accipe, em ! / Ut modo argentum tibi dedimus (parfait) *apud forum, recta domum / Sumus profecti* (parfait). *Interea mittit* (présent) *erus me ad uxorem tuam.* (Ter., *Phor.*, 857-859)

Écoute. Voici : dès que je t'ai donné l'argent sur la place, nous sommes allés directement à la maison. Entre-temps, le maître m'envoie auprès de ta femme.

Les historiens utilisent régulièrement le présent de narration, dans un souci stylistique de variété.

308 Le présent de répétition

Le présent peut s'employer pour tout événement qui se répète et qui est susceptible de se produire au moment présent :

Rex Creo vigiles nocturnos singulos semper locat. (Plaut., *Amph.*, 351)

Le roi Créon met toujours, chaque nuit, une sentinelle.

309 Le présent de vérité générale

Les énoncés atemporels, vérifiables à tout moment et donc au moment de l'énonciation en particulier, sont au présent :

Furem signata sollicitant. (Sen., *epist.*, 68, 4)

Ce qui est bien enfermé attire le voleur.

Pour les vérités d'expérience, vérifiées à plusieurs reprises dans le passé, le parfait est également possible (⟶ paragraphe 322).

310 L'imparfait : généralités

L'imparfait (morphologie ⟶ paragraphes 89 à 91) situe un événement ou un état dans le passé, sans indication ni de son début ni de sa fin. Cet événement présente donc un aspect inaccompli, auquel peuvent s'ajouter des notions de durée et de répétition dans le passé (⟶ paragraphes 311 et 312).

De l'aspect inaccompli, découlent certains effets de sens : valeurs d'effort (⟶ paragraphe 313) ou d'atténuation (⟶ paragraphe 314).
Dans le genre épistolaire, enfin, l'imparfait prend une valeur particulière (⟶ paragraphe 315).

311 L'imparfait de durée

La valeur durative vient de ce qu'en l'absence de bornes temporelles, l'accent est mis sur le déroulement même de l'événement. L'imparfait est souvent accompagné d'adverbes ou de compléments de temps exprimant la durée :

Jamque alternis conatibus libratis bracchiis in avem similis gestiebam. (Apul., *met.*, 3, 24)

Et déjà, en balançant alternativement les bras, je me démenais semblable à un oiseau.

Son emploi dans les descriptions

L'imparfait dénote, pour les mêmes raisons, un état stable et se rencontre dans les descriptions :

Humi sedebat scissili palliastro semiamictus. (Apul., *met.*, 1, 6, 1)

Il était assis par terre, à moitié couvert d'un manteau déchiré.

Son emploi dans le récit

Dans le récit, l'imparfait s'emploie pour l'arrière-plan sur lequel se détachent les événements au parfait :

Cum Caesar in Galliam venit, alterius factionis principes erant Aedui, alterius Sequani. (Caes., *Gall.*, 6, 12, 1)

Lorsque César arriva en Gaule, les Éduens étaient à la tête de l'un des partis, les Séquanes de l'autre.

312 L'imparfait de répétition dans le passé

Un énoncé à l'imparfait relatant un événement sans autre indication temporelle peut indiquer une répétition dans le passé :

Princeps in proelium ibat, ultimus conserto proelio excedebat. (Liv., 21, 4, 8)

Il marchait le premier au combat, il repartait le dernier à la fin de l'engagement.

313 L'imparfait d'effort

La notion d'effort se déduit des contextes indiquant que le procès• n'est pas parvenu à son accomplissement :

Nostros intra munitiones ingredi prohibebant. At milites (...) *locum ceperunt.* (Caes., *Gall.*, 5, 9, 6)

Ils essayaient d'empêcher les nôtres de pénétrer dans le retranchement. Mais les soldats prirent la place.

314 L'imparfait d'atténuation polie

En employant l'imparfait, on fait commencer dans un passé proche une action qui dure encore au moment présent. L'énonciateur en diminue ainsi l'intensité :

Sed quid venis ? Quid quaeritas ?
– Demaenetum volebam. (Plaut., *Asin.*, 392)

Pourquoi viens-tu ? Que cherches-tu ?
– Je voulais voir Déménète.

L'imparfait (volebam) donne un caractère plus poli à la demande que le présent : Demaenetum volo (*je veux voir Déménète*).

315 L'imparfait dans le style épistolaire

L'énonciateur écrit en se projetant au moment de la réception de la lettre ; il adopte ainsi le repère temporel du destinataire : ce qui est présent pour l'énonciateur devient passé pour le destinataire.

Ante diem VIII. Kal. ego scribebam hora noctis nona. (Cic., *Att.*, 4, 3, 5)

Je t'écris le 8e jour avant les Calendes, à la neuvième heure de la nuit.

Le présent peut cependant s'employer, surtout quand l'événement dure encore au moment de la réception.

316 Le futur : généralités

Les formes de futur (morphologie ⟶ paragraphes 92 à 94) indiquent qu'un événement est postérieur au moment de l'énonciation (⟶ paragraphes 317 et 318).
En posant sa réalisation comme assurée au moment où il parle, l'énonciateur peut conférer à l'énoncé des valeurs autres que strictement temporelles, en particulier le souhait ou l'ordre (⟶ paragraphe 319).
Il existe, enfin, un futur historique (⟶ paragraphe 320).

317 Le futur de postériorité

Le futur s'emploie pour les événements postérieurs à l'énonciation, qui se dérouleront dans un avenir plus ou moins déterminable :

"Die quinto, inquit, victor in Capitolio epulaberis." (Liv., 22, 51, 2)

"Dans quatre jours, dit-il, tu banquetteras en vainqueur, sur le Capitole."

318 Le futur proche

Pour l'avenir immédiat, on peut rencontrer le futur :

Nunc pergam eri imperium exequi. (Plaut., *Amph.*, 262)

Maintenant, je vais continuer d'exécuter les ordres de mon maître.

Mais on peut aussi bien trouver la forme périphrastique participe futur (morphologie ⟶ paragraphes 123-124) + sum au présent :

Sed, mihi credite, non est iturus. (Cic., *Catil.*, 2, 15)

Mais, croyez-moi, il ne va pas partir.

La valeur temporelle de futur proche peut se doubler d'une nuance d'intentionnalité ou d'obligation :

Bellum scripturus sum quod populus Romanus cum Jugurtha (...) *gessit.* (Sall., *Jug.*, 5,1)

Je me propose d'écrire la guerre que le peuple romain a menée contre Jugurtha.

319 Le futur de souhait ou d'ordre

Le futur de souhait

Dans des formules stéréotypées de la langue parlée, le futur exprime un souhait :

Di te amabunt, quisquis es. (Plaut., *Men.*, 278)

Que les dieux te bénissent, qui que tu sois !

Le futur d'ordre

En considérant un fait comme nécessairement accompli dans un futur assez proche, l'énonciateur peut en imposer son accomplissement au destinataire :

Tu, miles, apud me cenabis. (Plaut., *Curc.*, 728)

Toi, soldat, tu dîneras chez moi.

Le futur s'emploie en particulier pour les recettes, à la place de l'impératif :

Postea patinam perunges et eam impones cineri calido, et sic impensam supra scriptam mittes. (Apic., 4, 136)

Ensuite, tu enduiras un plat et tu le poseras sur la cendre chaude, et tu mettras la préparation décrite ci-dessus.

320 Le futur historique

Le futur historique, comme le présent historique, marque un arrêt dans la progression du récit ; le narrateur place fictivement le point de repère temporel dans le passé :

Is pavor perculit Romanos auxitque pavorem consulis vulnus periculumque intercursu tum primum pubescentis filii propulsatum. Hic erit juvenis penes quem perfecti hujusce belli laus est. (Liv., 21, 46, 7-8)

Cette peur ébranla les Romains, et ce qui l'accrut, ce fut la blessure du consul et le danger dont il fut préservé par l'intervention de son fils, alors à peine adolescent. Ce jeune homme sera celui à qui revient la gloire d'avoir mis un terme à cette guerre.

321 Le parfait : généralités

Le parfait latin (morphologie ⟶ paragraphes 96-97), comme le passé composé français, s'emploie pour un événement situé dans le passé et accompli (achevé) au moment présent :

Filium unicum adulescentulum / habeo – at quid dixi habere ? Immo habui, Chreme ; / nunc habeam necne, incertumst. (Ter., *Haut.*, 93-95)

J'ai un fils unique, tout jeune – que dis-je, j'ai ? Non, j'ai eu, Chrémès ; maintenant, l'ai-je ou non, je l'ignore.

Ces deux valeurs, valeur temporelle de simple passé (⟶ paragraphe 322) et valeur aspectuelle d'accompli (⟶ paragraphe 323), peuvent être dissociées.

322 Le parfait à valeur de passé

Fuisti igitur apud Laecam illa nocte, Catilina ; distribuisti partes Italiae. (Cic., *Catil.*, I, 9)

Tu étais donc, Catilina, chez Laeca, cette nuit-là ; tu as fait la distribution des régions de l'Italie.

Le parfait situe dans le passé et s'emploie notamment dans l'énumération des actions ou événements successifs.
Il peut également indiquer la répétition d'un événement dans le passé ; il peut conférer à l'énoncé une portée de vérité générale, compatible avec le présent et même l'avenir :

Omne humanum genus, quodque est (présent)*, quodque erit* (futur)*, morte damnatum est* (parfait)*.* (Sen., *epist.*, 71, 15)

Tout le genre humain, d'aujourd'hui comme de demain, est condamné à mort.

323 Le parfait à valeur d'accompli

Nunc intellexi. (Plaut., *Cist.*, 624)

Maintenant, j'ai compris.

Le parfait indique que l'accomplissement d'une action passée débouche sur un résultat présent (ce qui autorise l'adverbe nunc). Cette valeur de résultat présent est particulièrement nette dans les phrases passives sans agent (→ paragraphe 204) :

Gallia est omnis divisa in partes tres. (Caes., *Gall.*, I, I, I)

L'ensemble de la Gaule est divisé en trois parties.

Le verbe est divisa, ici, doit être traduit par un présent et non par *a été divisé*.
Ainsi, certains verbes au parfait ne renvoient plus à un événement passé : vixit signifie *il est mort*, plutôt que *il a vécu* ; novi, parfait de nosco (*chercher à connaître*), signifie *je sais*. D'autres n'ont plus de formes d'infectum : coepi (*commencer*), odi (*haïr*), memini (*se souvenir*) renvoient au présent de l'énonciation (morphologie → paragraphe 135).

LES TEMPS RELATIFS

324 Les temps relatifs : généralités

Définition

À l'intérieur d'un énoncé, certains événements sont situés par rapport à un autre événement qui leur sert de repère. On parle alors de "temps relatif".

Les temps relatifs expriment l'antériorité (⟶ paragraphe 325), la simultanéité (⟶ paragraphe 326) ou la postériorité (⟶ paragraphe 327) par rapport à ce repère.

La concordance des temps

On appelle "concordance des temps" les contraintes pesant sur l'emploi des temps dans certaines propositions subordonnées : le temps du verbe de la proposition principale détermine le temps du verbe des propositions complétives conjonctives, interrogatives indirectes et, de manière partielle, des circonstancielles de but et de conséquence, ainsi que des relatives à valeur finale (⟶ paragraphes 328 à 331).

325 L'antériorité

Par rapport à un repère présent

On rencontre le plus souvent le parfait, l'imparfait, voire le plus-que-parfait de l'indicatif ou du subjonctif :

ind. prés.

Video enim esse hic in senatu quosdam, qui tecum

ind. parf.

una fuerunt. (Cic., *Catil.*, 1, 8)

J'en vois, en effet, ici au sénat, certains qui étaient avec toi.

Par rapport à un repère passé

Le plus-que-parfait de l'indicatif ou du subjonctif marque l'antériorité par rapport à l'imparfait ou au parfait de l'indicatif :

ind. p-q-p. ind. parf.

Illi quod nemo fecerat fecerunt. (Cic., *Phil.*, 2, 114)

Ceux-ci firent ce que personne n'avait fait.

subj. p-q-p. ind. parf.

Cum ille (...) primo reticuisset, patefeci cetera. (Cic., *Catil.*, 2, 13)

Comme d'abord il s'était tu, j'ai révélé tout le reste.

Par rapport à un repère futur

On rencontre le futur antérieur de l'indicatif :

ind. fut. ant. ind. fut.

Quocumque jusseris, ibimus. (Curt., 9, 6, 13)

Où tu l'auras ordonné, nous irons.

= Où tu l'ordonneras, nous irons.

On peut également trouver le présent de l'indicatif :

ind. prés. / ind. fut.

Si bellum omittimus, pace numquam fruemur. (Cic., *Phil.*, 7, 19)

Si nous renonçons à la guerre, nous ne jouirons jamais de la paix.

⟶ aussi les propositions circonstancielles de temps : paragraphes 230 à 234.

326 La simultanéité

L'événement repéré est généralement au même temps que l'événement qui sert de repère (⟶ paragraphe 232) :

ind. prés. / ind. prés.

Romae videor esse, cum tuas litteras lego. (Cic., *Att.*, 2, 15, 1)

J'ai l'impression d'être à Rome, lorsque je lis ta lettre.

ind. fut. / ind. fut.

Quamdiu quisquam erit, qui te defendere audeat, vives. (Cic., *Catil.*, 1, 6)

Tant qu'il y aura quelqu'un pour oser te défendre, tu vivras.

327 La postériorité

Par rapport à un repère présent

On rencontre le futur ou le participe futur (⟶ paragraphes 123-124) + auxiliaire sum au présent :

ind. fut. / ind. prés.

Vir omnium qui sunt, fuerunt, erunt virtute princeps (est). (Cic., *Quir.*, 16)

Parmi tous les hommes qui existent, ont existé ou existeront, c'est le prince de la vertu.

subj. prés. / part. fut.

Dei isti Segulio male faciant homini nequissimo omnium qui sunt, qui fuerunt, qui futuri sunt ! (Cic., *Fam.*, 11, 21, 1)

Que les dieux nuisent à ce Ségulius, l'homme le pire de tous ceux qui existent, ont existé ou existeront !

Par rapport à un repère passé

On rencontre le participe futur (⟶ paragraphes 123-124) + auxiliaire sum à l'imparfait :

part. fut. / ind. parf.

Terra quicquid utile futurum nobis erat protulit. (Sen., *benef.*, 7, 10, 2)

La terre nous a donné tout ce qui nous serait utile.

Par rapport à un repère futur

On rencontre le futur ou le participe futur (⟶ paragraphes 123-124) + auxiliaire sum au futur :

impér. fut. — ind. fut.

Observatote quam blande mulieri palpabitur. (Plaut., *Amph.*, 507)

Observez avec quelles flatteries il cajolera la dame.

⟶ aussi les propositions circonstancielles de temps : paragraphes 230 à 234.

328 La concordance des temps

Définition ⟶ paragraphe 324.

La concordance des temps s'observe dans certaines propositions subordonnées au subjonctif : propositions complétives conjonctives (⟶ paragraphe 221), interrogatives indirectes (⟶ paragraphe 223) ; de manière partielle, dans les circonstancielles de but (⟶ paragraphe 225) et de conséquence (⟶ paragraphe 226), ainsi que dans les relatives à valeur finale (⟶ paragraphe 215). Elle se rencontre aussi dans le discours indirect (⟶ paragraphes 333, 335 à 339).

La concordance dans les subordonnées à un mode personnel•

Le choix du temps de la proposition subordonnée au subjonctif dépend de deux critères :

– le temps du verbe principal : présent (ou futur) / passé ;

– le rapport temporel avec le verbe principal (temps relatif) : antériorité, simultanéité, postériorité.

PRINCIPALE	SUBORDONNÉE À UN MODE PERSONNEL		
	antériorité	**simultanéité**	**postériorité**
PRÉSENT OU FUTUR	PARFAIT	PRÉSENT	PRÉSENT OU -TURUS SIM
Scio / sciam (*Je sais / je saurai*)	quid fecerit. (*ce qu'il a fait.*)	quid faciat. (*ce qu'il fait.*)	quid facturus sit. (*ce qu'il fera.*)
PASSÉ	PLUS-QUE-PARFAIT	IMPARFAIT	-TURUS ESSEM
Sciebam / scivi (*Je savais / j'ai su*)	quid fecisset. (*ce qu'il avait fait.*)	quid faceret. (*ce qu'il faisait.*)	quid facturus esset. (*ce qu'il ferait.*)

REM – La concordance des temps peut s'appliquer dans des propositions subordonnées qui ne dépendent pas directement du verbe principal:

Chius Aristo dixit [solum bonum esse [quod honestum esset]]. (Cic., *Att.*, 10, 1, 4)

Ariston de Chios a dit que seul était bien ce qui était honnête.

La forme d'imparfait esset est un effet de la concordance avec le verbe principal au parfait dixit; elle marque, en même temps, la simultanéité par rapport à sum.

– La postériorité n'est marquée par la forme périphrastique participe futur + sum que dans les interrogatives indirectes (⟶ paragraphe 223) et dans certaines propositions introduites par quin (⟶ paragraphe 221). Dans les autres propositions au subjonctif, on rencontre le subjonctif présent:

Moneo ne faciatis. (Cic., *Rab. Post.*, 18).

Je vous engage à ne pas le faire.

L'action exprimée par faciatis est logiquement postérieure à celle de moneo.

Les temps dans les subordonnées à l'infinitif

Le choix du temps de la proposition infinitive dépend uniquement de son rapport avec la proposition principale: antériorité, simultanéité, postériorité.

PRINCIPALE	SUBORDONNÉE À L'INFINITIF		
	antériorité	simultanéité	postériorité
PRÉSENT, PASSÉ OU FUTUR	PARFAIT	PRÉSENT	FUTUR
Scio / sciebam / sciam (*Je sais / je savais / je saurai*)	te venisse. (*que tu es / étais / es venu.*)	te venire. (*que tu viens / venais / viens.*)	te venturum esse. (*que tu viendras / viendrais / viendras.*)

REM À la place de l'infinitif futur passif ou quand le verbe est dépourvu d'infinitif futur, on rencontre la périphrase fore ut + subjonctif:

An non putamus fore ut eos paeniteat? (Cic., *Phil.*, 12, 7)

Ne pensons-nous pas qu'ils auront honte?

329 La concordance au présent

La forme du verbe principal est considérée comme un repère présent (⟶ tableau du paragraphe 328) aux modes et temps suivants.

Le présent de l'indicatif

ind. prés. subj. prés. subj. prés.

Non ego istuc curo, qui sit, unde sit. (Plaut., *Most.*, 627)

Je ne me soucie pas de savoir qui il est, d'où il vient.

Les deux verbes sit, ici, marquent la simultanéité par rapport à curo.

Le futur de l'indicatif

ind. fut.

Quamquam est scelestus, non committet hodie umquam iterum

subj. prés.

ut vapulet. (Ter., *Ad.*, 159)

Bien que ce soit une canaille, il ne se comportera pas aujourd'hui de façon à recevoir à nouveau des coups.

Le présent du subjonctif

subj. prés. subj. prés.

Optemus potius ut eat in exsilium. (Cic., *Catil.*, 2, 16)

Souhaitons plutôt qu'il parte en exil.

Le parfait du subjonctif exprimant la défense ou l'atténuation

subj. parf.

Tu ne quaesieris quem mihi, quem tibi finem

subj. parf.

di dederint. (Hor., *carm.*, I, II, I)

Toi, ne cherche pas quel terme les dieux ont fixé à ma vie, quel terme ils ont fixé à la tienne.

Le verbe dederint marque l'antériorité par rapport au verbe quaesieris.

L'impératif

impér. prés. subj. prés.

Cogita quo loco sis. (Cic., *Verr.*, I, 51)

Songe à la place que tu occupes.

Le verbe sis marque la simultanéité par rapport au verbe cogita.

L'infinitif présent exclamatif

inf. prés.

Essene quemquam tanta audacia praeditum, qui id petere

subj. prés.

audeat ! (Cic., *Q. Rosc.*, 4)

Y avait-il quelqu'un d'une si grande audace pour oser demander cela !

Le verbe audeat marque la simultanéité par rapport à esse.

330 La concordance au passé

La forme du verbe principal est considérée comme un repère passé (⟶ tableau du paragraphe 328) aux modes et temps suivants.

L'imparfait, le parfait, le plus-que-parfait de l'indicatif et du subjonctif, le futur antérieur de l'indicatif

ind. parf. subj. imparf.
Eadem nocte accidit ut esset luna plena. (Caes., *Gall.*, 4, 29, 1)

Cette même nuit, il se trouva que la lune était pleine.

Le verbe esset marque la simultanéité par rapport au verbe accidit.

subj. imparf. subj. p-q-p.
Cum interrogaretur, cur nullum supplicium constituisset in eum,
subj. p-q-p.
qui parentem necasset, respondit se id neminem facturum putasse. (Cic., S. *Rosc.*, 70)

Comme on lui demandait pourquoi il n'avait pas prévu de châtiment contre celui qui avait tué son père, il répondit qu'il avait pensé que personne ne commettrait ce crime.

Les verbes constituisset et necasset, ici, marquent l'antériorité par rapport à interrogaretur.

L'infinitif de narration

inf. prés. subj. imparf.
Vociferari Decius quo fugerent quamve in fuga spem
subj. imparf.
haberent. (Liv., 10, 28, 12)

Décius leur demandait à grands cris où ils fuyaient et quel espoir ils mettaient dans leur fuite.

Les verbes fugerent et haberent marquent la simultanéité par rapport à vociferari.

L'infinitif parfait exclamatif

inf. parf. subj. imparf.
Quemquamne fuisse tam sceleratum qui hoc fingeret ! (Cic., *Phil.*, 14, 14)

Peut-il y avoir eu quelqu'un d'assez scélérat pour imaginer cela !

Le verbe fingeret marque la simultanéité par rapport à fuisse.

331 La concordance soit au passé, soit au présent

La forme du verbe principal est considérée soit comme un repère présent, soit comme un repère passé (⟶ tableau du paragraphe 328), aux modes et temps suivants.

Le présent de narration

subj. imparf. ind. prés. subj. prés.

Virgis ne caederetur monet ut caveat. (Cic., *Verr.*, 2, 5, 116)

Il avertit de veiller à ce qu'il ne soit pas battu de verges.

Caveat et caederetur marquent la simultanéité par rapport à monet, le verbe principal, mais caveat est au présent (concordance d'après la forme de monet : présent) et caederetur est à l'imparfait (concordance d'après la valeur temporelle de monet : passé).

Le parfait à valeur d'accompli

subj. prés. ind. parf.

De te homines quid sentiant experti sumus. (Cic., *Vatin.*, 10)

Nous avons mesuré (= nous savons) ce que les gens pensent de toi.

ind. parf. subj. imparf.

Saepe expertus sum quantum me amares. (Cic., *Fam.*, 9, 13, 2)

J'ai souvent mesuré à quel point tu m'aimais.

Sentiant et amares marquent tous deux la simultanéité par rapport à experti sumus et expertus sum ; mais, dans le premier exemple, la concordance se fait d'après la valeur de présent du verbe principal, dans le second, d'après sa forme de parfait.

332 L'attraction modale

On appelle "attraction modale" l'emploi du subjonctif dans des propositions régulièrement à l'indicatif (relatives, temporelles), quand elles dépendent d'une autre proposition au subjonctif ou à l'infinitif :

subj. subj.

Ita fit ut, quod bonum sit, id etiam honestum sit. (Cic., *fin.*, 3, 27)

Il s'ensuit que ce qui est bon est aussi moral.

Le subjonctif dans la proposition relative (quod bonum sit) n'a pas de valeur circonstancielle (⟶ paragraphes 214-215) ; il indique seulement que cette proposition dépend d'une proposition elle-même subordonnée. Si la proposition principale était à l'indicatif, on aurait : quod bonum est, id honestum est.

L'attraction entre deux propositions de modalité identique

L'attraction modale signale une cohésion forte des deux propositions, en particulier une modalité identique :

subj. subj.
Si solos eos diceres miseros quibus moriendum esset, neminem (...)
subj. subj.
eorum qui viverent exciperes. (Cic., *Tusc.*, I, 9)

Si tu qualifiais de malheureux seulement ceux qui doivent mourir, tu n'exclurais aucun de ceux qui sont actuellement vivants.

Le subjonctif imparfait employé dans le système conditionnel (diceres / exciperes) **indique un irréel du présent (⟶ paragraphe 243) ; cette modalité est répercutée sur les propositions relatives qui en dépendent :** quibus moriendum esset **et** qui viverent.

Les exceptions à l'attraction modale

L'attraction modale n'est pas systématique :

ind. ind. inf.
Omnia quae fiunt quaeque futura sunt, definita dicis esse fataliter. (Cic., *div.*, 2, 19)

Tout ce qui arrive et arrivera, tu dis que c'est fixé par le destin.

L'indicatif se conserve dans les subordonnées relatives et temporelles, surtout quand elles précèdent la proposition principale ou qu'elles ne sont pas étroitement liées à elle.

⚠ La présence du subjonctif dans une proposition relative dépendant d'une autre proposition au subjonctif peut s'expliquer de plusieurs manières différentes :

subj. subj.
Di tibi dent quaecumque optes ! (Plaut., *Asin.*, 45)

Que les dieux te donnent tout ce que tu souhaites ! (attraction modale)

Que les dieux te donnent tout ce que tu peux souhaiter ! (valeur modale d'éventualité ⟶ paragraphe 264)

LE DISCOURS RAPPORTÉ

333 Le discours rapporté : généralités

On appelle "discours rapporté" l'insertion par l'énonciateur de l'énoncé d'autrui dans son propre énoncé (définition ⟶ paragraphe 260) :
– On parle de "discours direct" lorsque l'énoncé inséré prend pour repère son propre énonciateur ; il contient alors des éléments qui renvoient à sa propre situation d'énonciation (⟶ paragraphe 334).
– On parle de "discours indirect" lorsque l'énoncé inséré prend pour repère l'énonciateur principal (⟶ paragraphes 335 à 339).
– On parle de "discours indirect libre" quand un énoncé est intégré dans un autre énoncé, sans marque de subordination, mais avec une concordance des temps et une intonation propres (⟶ paragraphe 340).

334 Le discours direct

Le discours direct est explicitement rapporté à l'énonciateur qui produit le discours :

Tum Venus : "Haud equidem tali me dignor honore." (Verg., *Aen.*, I, 335)

Alors Vénus : "Je ne m'estime certes pas digne d'un tel honneur."

L'introduction du discours direct

La plupart du temps, le discours direct est introduit par un verbe ou une locution signifiant *dire* ou *penser* :

"O fortunati, quorum jam moenia surgunt !" / Aeneas ait. (Verg., *Aen.*, I, 437-438)

"Ô bienheureux, dont les remparts déjà s'élèvent !" dit Énée.

Ce verbe peut être inséré dans l'énoncé sous la forme d'une incise :

"Quid ? Tu" inquit "ignoras latronibus infestari vias, qui hoc noctis iter incipis ?" (Apul., *met.*, I, 15, 2)

"Quoi ? Tu ne sais pas, dit-il, que les routes sont infestées de brigands, pour te mettre en route à cette heure de la nuit ?"

Le discours direct et la situation d'énonciation

Le discours direct reproduit exactement l'énoncé de l'énonciateur. Les marques de personne (pronoms personnels, adjectifs possessifs ⟶ paragraphes 281 à 286, et formes verbales) et les repères spatio-temporels renvoient à cet énonciateur et à la situation d'énonciation :

Saepe pater dixit : "Generum mihi, filia, debes." (Ov., *met.*, I, 481)

Souvent, son père lui a dit : "Tu dois me trouver un gendre, ma fille."

La première personne (mihi) renvoie au sujet de l'énonciation (pater) ; la deuxième personne (debes) renvoie à son interlocuteur (filia) ; le temps présent (debes) indique la simultanéité par rapport au moment de l'énonciation (⟶ paragraphe 326).

L'intonation du discours direct

Le discours direct présente une intonation propre, indépendante de celle de l'énoncé dans lequel il est inséré.

335 Le discours indirect : généralités

< Caesar > petit ab utroque (...) *ne graventur sua ad eum postulata deferre :* (...) *Tota Italia dilectus haberi, retineri legiones II quae ab se simulatione Parthici belli sint abductae, civitatem esse in armis. Quonam haec omnia nisi ad suam perniciem pertinere? Sed tamen ad omnia se descendere paratum atque omnia pati rei publicae causa. Proficiscatur Pompeius in suas provincias, ipsi exercitus dimittant.* (...) *Haec quo facilius certisque condicionibus fiant et jure jurando sanciantur, aut ipse propius accedat aut se patiatur accedere ; fore uti per conloquia omnes controversiae conponantur.* (Caes., *civ.*, I, 9)

< César > les prie tous deux de bien vouloir transmettre à Pompée ses demandes : (...) dans toute l'Italie on lève des troupes, on retient les deux légions qui lui ont été enlevées sous prétexte de guerre contre les Parthes, la cité est en armes. À quoi donc tendent ces préparatifs, sinon à sa perte ? Et pourtant, il est prêt à consentir à tout, et à tout supporter dans l'intérêt de l'État. Que Pompée parte pour ses provinces, qu'ils licencient leurs armées. Que, pour y parvenir plus facilement, pour régler les conditions du pacte et le sanctionner par un serment, il se rapproche ou accepte que lui se rapproche ; tous les litiges seront réglés par des conversations.

Le discours indirect est un procédé littéraire, bien représenté chez les historiens. Il est d'un emploi beaucoup moins aisé que le discours direct, se conforme à des règles complexes et est source d'ambiguïtés. Cela explique qu'il ait peu survécu sous la forme stricte illustrée ci-avant.

Le fonctionnement du discours indirect

Le discours indirect est constitué de propositions subordonnées dépendant grammaticalement d'un verbe ou d'une locution signifiant *dire* ou, du moins, impliquant un discours.

Par rapport au discours direct, les oppositions de personne sont neutralisées quand l'énonciation est de la 3e personne. La valeur des modes est modifiée.

L'emploi des temps est soumis à la concordance par rapport au verbe principal (⟶ paragraphes 328 à 331).

Comparaison des formes du discours indirect et du discours direct

FORMES DU DISCOURS INDIRECT	FORMES CORRESPONDANTES DU DISCOURS DIRECT
PRONOMS PERSONNELS	
ipse, ipsi se, sibi, se	ego, nos ego, me, mihi, me/te, tibi, te nos, nobis/vos, vobis
ADJECTIFS POSSESSIFS	
suus	meus, tuus, noster, vester
MODE DU VERBE EN PROPOSITION PRINCIPALE	
infinitif subjonctif	indicatif subjonctif ou impératif
MODE DU VERBE EN PROPOSITION SUBORDONNÉE	
infinitif subjonctif indicatif	infinitif indicatif ou subjonctif indicatif

336 Les propositions à l'infinitif du discours indirect

Les propositions à l'infinitif du discours indirect correspondent:
– à des assertions à l'indicatif du discours direct (⟶ paragraphe 263).

Tota Italia dilectus haberi, civitatem esse in armis. (Caes., *civ.*, I, 9, 4)

Dans toute l'Italie, des levées de troupes sont faites, la cité est sous les armes.

Au discours direct, ici, on aurait: Tota Italia dilectus habentur, civitas est in armis;
– à des interrogations oratoires du discours direct, valant une assertion (⟶ paragraphe 271);

Cui enim non apparere, affectare eum imperium in Latinos? (Liv., I, 50, 4)

Qui, en effet, ne voyait pas qu'il aspirait à régner sur les Latins?

– à des propositions infinitives du discours direct (⟶ paragraphe 219).

Scire se [illa esse vera]. (Caes., *Gall.*, I, 20, 2)

Il savait que cela était vrai.

La phrase équivalente au discours direct serait: Scit [illa esse vera].

337 Les propositions au subjonctif du discours indirect

Dans la proposition principale

En proposition principale du discours indirect, les propositions au subjonctif correspondent à:
– des injonctions du discours direct (à l'impératif ou au subjonctif ⟶ paragraphe 278).

Iret, ea consulibus nuntiaret. (Liv., 2, 36, 2)

Qu'il parte, qu'il l'annonce aux consuls.

Au discours direct, on aurait des verbes à l'impératif: I, ea consulibus nuntia.

Ceteri sibi consulerent. (Liv., 3, 50, 9)

Que les autres pensent à eux.

Au discours direct, on aurait un verbe au subjonctif: Ceteri sibi consulant;
– des interrogatives du discours direct exprimant une véritable demande d'information (⟶ paragraphes 271, 273 à 275).

Litteras ad senatum misit: (...) quid de praeda faciendum censerent? (Liv., 5, 20, 3)

Il envoya une lettre au sénat: quelle mesure croyaient-ils qu'il fallait prendre au sujet du butin?

La phrase correspondante, au discours direct, serait : Quid de praeda faciendum censetis ?
– des interrogations oratoires du discours direct, à valeur d'injonction (⟶ paragraphe 271).

Cunctantes arma capere increpabat : quid cessarent tergiversarenturque ? (Liv., 10, 35, 8)

Il s'emportait contre les soldats qui hésitaient à prendre les armes : pourquoi traînaient-ils et tergiversaient-ils ?

La phrase correspondante, ici, serait : Quid arma capere cessatis tergiversaminique ?

Dans la proposition subordonnée

En proposition subordonnée du discours indirect, le subjonctif correspond soit à l'indicatif, soit au subjonctif du discours direct :
– Il correspond à l'indicatif notamment dans des temporelles, des relatives, des comparatives (⟶ paragraphes 230, 214, 237).

Ariovistum autem, ut semel Gallorum copias proelio vicerit, quod proelium factum sit Admagetobrigae, superbe et crudeliter imperare. (Caes., *Gall.*, 1, 31, 12)

Arioviste, depuis qu'il avait remporté une unique victoire sur les armées gauloises –combat qui s'était déroulé à Admagétobrige –, commandait avec insolence et cruauté.

Au discours direct, ici, on aurait une temporelle et une relative à l'indicatif : Ariovistus autem, ut semel Gallorum copias proelio vicit, quod proelium factum est Admagetobrigae, superbe et crudeliter imperat.
– Le subjonctif demeure dans les propositions qui sont déjà au subjonctif dans le discours direct.

Factum esse uti ab Arvernis Sequanisque Germani mercede arcesserentur. (Caes., *Gall.*, 1, 31, 4)

Il était arrivé que des Germains fussent engagés comme mercenaires par les Arvernes et les Séquanes.

Au discours direct, on aurait une complétive au subjonctif (⟶ paragraphe 220) : Factum est uti ab Arvernis Sequanisque Germani mercede arcesserentur.

338 L'intégration du système conditionnel dans le discours indirect

Les propositions conditionnelles du discours indirect sont toutes au subjonctif, au temps réclamé par la concordance des temps (⟶ paragraphes 328 à 331). Elles correspondent soit à des suppositions à l'indicatif du discours direct, soit à des hypothèses au subjonctif du discours direct (⟶ paragraphes 240 à 244). De même, la proposition principale a toujours son verbe à l'infinitif, mais la forme de l'infinitif permet assez souvent de distinguer la supposition de l'hypothèse.

L'infinitif présent et l'infinitif parfait

Ils indiquent un système avec supposition :

Si quid accidat Romanis, summam in spem per Helvetios regni obtinendi venire. (Caes., *Gall.*, I, 18, 9)

Si les Romains subissent un revers, il a très bon espoir de devenir roi avec l'aide des Helvètes.

La phrase équivalente au discours direct serait : Si quid accidit / -et / -erit Romanis, summam in spem per Helvetios regni obtinendi venio.

L'infinitif futur

Il neutralise l'opposition qui existe au discours direct entre futur (supposition) et potentiel (hypothèse).

– Le futur :

Rei publicae se non defuturum pollicetur, si audacter ac fortiter sententias dicere velint. (Caes., *civ.*, I, I, 2)

César promet de ne pas manquer à l'État, s'ils sont décidés à exprimer leur avis avec courage et énergie.

La phrase équivalente au discours direct serait : Rei publicae non deero, si audacter ac fortiter sententias dicere voletis / vultis.

– Le potentiel :

Demonstrabit (...) scriptorem ipsum, si exsistat, non probaturum. (Cic., *inv.*, 2, 139)

Il démontrera que l'auteur lui-même, s'il se manifestait, n'approuverait pas.

La phrase équivalente au discours direct serait : Si exsistat, non probet.

Le participe futur + fuisse

La forme périphrastique participe futur + fuisse (morphologie ⟶ paragraphes 123-124, 128), dans la principale, indique soit l'irréel du présent, soit l'irréel du passé (la distinction est sauvegardée par l'opposition imparfait / plus-que-parfait dans la subordonnée) :

Invitum se dicere, nec dicturum fuisse, ni caritas rei publicae vinceret. (Liv., 2, 2, 5)

Il parlait à contrecœur, et il ne parlerait pas si l'amour de la patrie n'était pas le plus fort.

Au discours direct, ici, on aurait l'irréel du présent : Invitus dico nec dicerem, ni caritas rei publicae vinceret.

Quid illum facturum fuisse, si adversa pugna evenisset ? (Liv., 8, 31, 5)

Qu'aurait-il fait, si le combat avait mal tourné ?

Au discours direct, on aurait l'irréel du passé : Quid ille fecisset, si adversa pugna evenisset ?

REM L'infinitif futur et le participe futur + fuisse sont concurrencés par posse (pour le potentiel) et potuisse (pour les irréels) + infinitif :

Equidem et Platonem existimo, si genus forense dicendi tractare voluisset, gravissime et copiosissime potuisse dicere. (Cic., *off.*, I, 4)

Pour ma part, je pense que Platon, s'il avait voulu pratiquer le genre de l'éloquence publique, aurait pu) parlé(r) avec beaucoup d'élévation et d'abondance.

339 Les propositions à l'indicatif dans le discours indirect

Restent à l'indicatif les propositions qui ne dépendent pas de l'énonciateur du discours rapporté ; ce sont généralement :

– des commentaires ou précisions de l'énonciateur principal (le narrateur), qui sont extérieurs, en fait, au discours indirect ;

Apud Hypanim fluvium, [qui ab Europae parte in Pontum influit], Aristoteles ait bestiolas quasdam nasci, quae unum diem vivant. (Cic., *Tusc.*, I, 94)

Aristote dit qu'auprès du fleuve Hypanis, qui se jette dans le Pont en venant d'Europe, naissent des insectes qui ne vivent qu'un seul jour.

– des faits constatés indépendamment de l'énonciateur du discours rapporté.

Sciunt ii, qui me norunt, me id maxime defendisse, ut vincerent, qui vicerunt. (Cic., *S. Rosc.*, 136)

Ceux qui me connaissent savent que j'ai surtout assuré cette défense pour que triomphent ceux qui ont triomphé.

340 Le discours indirect libre

Le discours indirect libre est très rare en latin. Il n'est pas signalé par des marques explicites de subordination (en particulier, le mode). En revanche, il donne lieu à la neutralisation des formes personnelles du discours direct, comme le discours indirect (⟶ paragraphe 335). Il est caractérisé par l'emploi de l'imparfait :

Currens ad illum Postumus Curtius venit, nihil nisi classis loquens et exercitus. Eripiebat Hispanias, tenebat Asiam, Siciliam, Africam, Sardiniam, confestim in Graeciam persequebatur. (Cic., *Att.*, 9, 2a, 3)

Se précipitant sur lui (César), arrive Postumus Curtius, ne parlant que de flottes et d'armées : il (César) arrachait (à Pompée) les Espagnes, tenait l'Asie, la Sicile, l'Afrique, la Sardaigne, sans s'arrêter le poursuivait jusqu'en Grèce.

L'ORDRE DES MOTS ET L'ORGANISATION DES INFORMATIONS

341 L'ordre des mots et l'organisation des informations : généralités

En latin, l'ordre des mots dans la proposition est globalement libre : la fonction d'un mot ne se déduit pas, comme en français, de sa place.

Quelques tendances et usages

On observe un certain nombre de tendances générales et d'usages : place du verbe en fin de proposition (⟶ paragraphe 342), place préférentielle des adjectifs et des déterminants (⟶ paragraphe 343), discontinuité et entrecroisement des syntagmes• (⟶ paragraphe 344).

Les autres paramètres

L'ordre des mots est, en outre, déterminé par une série de paramètres hétérogènes :

– l'organisation des informations dans l'énoncé (⟶ paragraphe 345) ;

– des contraintes morphophonologiques• : les mots enclitiques suivent obligatoirement un mot accentué et les mots proclitiques précèdent obligatoirement un mot accentué (⟶ paragraphe 13) ;

– des contraintes syntaxiques : certains mots occupent des places privilégiées dans la phrase, par exemple les connecteurs (⟶ paragraphe 245), qui sont placés au début de la proposition qu'ils introduisent ; ils indiquent ainsi les limites de la proposition (fonction démarcative) ;

– des contraintes métriques dans les textes poétiques (⟶ paragraphe 353).

342 La place du verbe dans la proposition

Le verbe est majoritairement en fin de proposition, surtout dans les propositions subordonnées :

Nam propter frigora, [quod Gallia sub septemtrionibus, [ut ante dictum est], posita est], (...) frumenta in agris matura non erant. (Caes., *Gall.*, I, 16, 2)

Mais, en raison du froid, étant donné que la Gaule est située au nord, comme il a été dit auparavant, les blés n'étaient pas mûrs dans les champs.

343 La place des adjectifs et des déterminants

Les adjectifs possessifs

Les adjectifs possessifs (⟶ paragraphe 58) suivent majoritairement le nom:

Servi mehercule mei si me isto pacto metuerent, ut te metuunt omnes cives tui, domum meam relinquendam putarem. (Cic., *Catil.*, I, 17)

Si mes esclaves me craignaient comme te craignent tous tes concitoyens, je penserais qu'il me faut quitter ma demeure.

Les autres déterminants

Les adjectifs anaphoriques (⟶ paragraphes 59 à 62), démonstratifs (⟶ paragraphes 63 à 66), indéfinis (⟶ paragraphes 72 à 76), numéraux (⟶ paragraphes 47 à 53), précèdent majoritairement le nom:

Existat igitur ex hac ipsa familia aliquis, ac potissimum Caecus ille. (Cic., *Cael.*, 33)

Que se lève donc quelqu'un de cette famille même et, de préférence, ce fameux Caecus.

Quand ille a une valeur emphatique (⟶ paragraphes 66, 289), il est souvent postposé: Caecus ille (*ce fameux Caecus*).

Les adjectifs qualificatifs

Les adjectifs qualificatifs présentent deux tendances:

– Les adjectifs indiquant une qualité (⟶ paragraphe 144) précèdent majoritairement le nom.

At Catilinae crudelis animus eadem illa movebat. (Sall., *Catil.*, 31, 4)

Mais l'esprit cruel de Catilina ressassait ces mêmes projets.

– Les adjectifs à valeur déterminative (commutant• généralement avec un GN au génitif ⟶ paragraphe 184) suivent le plus souvent le nom.

Bellum scripturus sum quod populus Romanus cum Jugurtha rege Numidarum gessit. (Sall., *Jug.*, 5, 1)

Je me propose d'écrire la guerre que le peuple romain mena contre le roi des Numides Jugurtha.

Ici, populus Romanus = populus Romanorum.

Certains adjectifs suivant un nom ont fini par former avec lui de véritables noms composés:

res publica: *la chose publique ⟶ la république*

aes alienum: *l'argent d'autrui ⟶ la dette*

344 Discontinuité et entrecroisement des syntagmes

Discontinuité

Les constituants d'un syntagme• peuvent être discontinus, mais les phénomènes d'accord (⟶ paragraphe 141) permettent de rétablir leur cohésion :

Interea toto agmine Hannibal traducto per saltum (...) in agro Allifano posuit castra. (Liv., 22, 17, 7)

Cependant, Hannibal, après avoir fait passer son armée par le défilé, installa son camp sur le territoire d'Allifes.

L'ablatif absolu toto agmine traducto (⟶ paragraphe 197) est discontinu de part et d'autre du sujet Hannibal.

Entrecroisement

Les constituants de plusieurs syntagmes peuvent s'entrecroiser :

Studia te tua clarum et nobilem efficient. (Sen., *epist.*, 21, 2)

Tes études te rendront célèbre et illustre.

Le GN sujet studia tua s'entrecroise avec le groupe verbal.

L'ORGANISATION DES INFORMATIONS DANS LA PHRASE DÉCLARATIVE

345 L'organisation des informations : généralités

Ordinairement, une phrase déclarative (⟶ paragraphe 262) présente d'abord une information déjà connue, le thème, au sujet duquel est apportée une information nouvelle, le propos (ou rhème).
Le thème correspond généralement au sujet et le propos au groupe verbal :

thème propos
Hoc est utile. (Sall., *Jug.*, 85, 35)

Ceci est utile.

La mise en relief du thème et du propos

Le thème peut être mis en relief par des procédés syntaxiques : l'emploi du passif (⟶ paragraphes 346 à 348), l'emploi des cas (⟶ paragraphe 349) ou bien encore par l'ordre des mots (⟶ paragraphe 350).
Certains constituants du propos peuvent également être mis en relief : on parle de focalisation (⟶ paragraphe 351).

La progression thématique

Un texte est constitué d'informations qui s'enchaînent, par progression thématique (⟶ paragraphe 352).

REM Une phrase peut n'être constituée que d'informations nouvelles (d'un propos); c'est notamment le cas de la phrase initiale d'un texte. On a alors souvent affaire à une phrase présentative• caractérisée par le verbe en position initiale:

Erat praeterea in exercitu nostro Numida quidam, nomine Gauda. (Sall., *Jug.*, 65, 1)

Il y avait en outre, dans notre armée, un Numide du nom de Gauda.

Le sujet Numida quidam n'est pas encore connu; une fois présenté, il peut devenir le thème des phrases suivantes.

346 L'emploi du passif: généralités

Définition

L'emploi du passif (ou passivation) a pour effet de modifier le thème• de l'énoncé (⟶ paragraphes 260, 345).

Phrase active:

thème — propos

Dux et Fortuna *nostros deserebant.*

Leur chef et la Fortune abandonnaient les nôtres.

Phrase passive:

thème — propos

Nostri (...) *a duce et a Fortuna deserebantur.* (Caes., *Gall.*, 5, 34, 2)

Les nôtres étaient abandonnés de leur chef et de la Fortune.

L'expression de l'agent

Si l'agent ou la source du procès• sont exprimés, ils font partie du propos (⟶ paragraphe 345) et se trouvent réalisés à l'intérieur du GV, sous la forme d'un complément d'agent ou d'un complément de moyen (⟶ paragraphes 172, 194, 200, 203):

Dura tamen molli saxa cavantur aqua. (Ov., *ars*, 1, 474)

Les pierres dures, cependant, sont creusées par l'eau inconsistante.

Le passif personnel et l'attraction du passif

Il arrive que le sujet des constructions passives ne corresponde pas au complément d'objet de l'actif: il s'agit soit du passif dit personnel (⟶ paragraphe 347), soit d'un phénomène d'attraction (⟶ paragraphe 348).

REM – Les formes de passif se rencontrent également quand le thème de la phrase est à la fois l'agent et l'objet du procès ; ce passif correspond à la voix pronominale du français :

Cingor fulgentibus armis. (Verg., *Aen.*, 2, 749)

Je me ceins d'armes étincelantes.

L'esquisse d'une voix pronominale apparaît avec quelques verbes latins :

Cum terra in aquam se vertit... (Cic., *nat. deor.*, 3, 31)

Lorsque la terre se change en eau...

– Certains verbes, comme verto (*tourner*), muto (*changer*), inclino (*incliner*), peuvent avoir le même sens à l'actif et au passif :

Omnia vertuntur : certe vertuntur amores. (Prop., 2, 8, 7)

Tout change : forcément, les sentiments amoureux changent aussi.

Jam verterat Fortuna. (Liv., 5, 49, 5)

Déjà la Fortune avait changé.

347 Passif impersonnel et passif personnel

À la voix passive, certains verbes demandant une proposition infinitive se construisent soit de manière impersonnelle (⟶ paragraphe 160), soit de manière personnelle. Il s'agit des verbes déclaratifs (dico : *dire*, narro : *raconter*, trado : *rapporter*, fero : *rapporter*) et des verbes d'ordre (jubeo : *ordonner*, veto : *interdire*, sino : *permettre*).

Passif impersonnel :

Traditum est etiam [Homerum caecum fuisse]. (Cic., *Tusc.*, 5, 114)

On rapporte aussi qu'Homère était aveugle.

Passif personnel :

Homerus etiam [fuisse ante hanc urbem conditam] traditur. (Cic., *Tusc.*, 5, 7)

Homère est réputé avoir vécu avant la fondation de Rome.
= Homère, à ce qu'on rapporte, est antérieur à la fondation de Rome.

Tout se passe comme si, dans le cas du passif personnel, le sujet de la proposition infinitive était devenu le sujet du verbe principal (traditur). La différence entre les deux constructions est que Homerus est le thème• de la phrase dans le passif personnel, tandis qu'il fait partie du propos (⟶ paragraphe 345) dans le passif impersonnel.

348 L'attraction du passif

Les verbes aspectuels• coepi (*je commence*) et desii (*j'ai cessé* ⟶ paragraphe 135) se mettent souvent au passif quand ils sont suivis d'un infinitif passif, tout en gardant leur sens actif :

In murum lapides jaci coepti sunt. (Caes., *Gall.*, 2, 6, 2)

Des pierres commencèrent à être lancées contre le mur.
= On se mit à lancer des pierres contre le mur.

Quand coepi et desii sont suivis d'un passif impersonnel, ils sont eux aussi au passif impersonnel (⟶ paragraphe 160) :

Pugnari coeptum est. (Liv., 22, 4, 7)

On commença à se battre.

349 La mise en relief du thème par l'emploi des cas

Le thème• de la phrase peut être mis en relief par un GN au nominatif, un GN à l'accusatif ou par la préposition de + ablatif.

La mise en relief par un GN au nominatif en tête de phrase

Il s'agit d'un nominatif hors phrase (⟶ paragraphe 175). Le thème peut alors être repris dans la proposition par un anaphorique (⟶ paragraphes 59 à 62, 291 à 297) :

Ager rubricosus et terra pulla (...), *ibi lupinum bonum fiet.* (Cat., *agr.*, 34, 2)

Un sol rouge, une terre noire, là le lupin poussera bien.

La mise en relief par un GN à l'accusatif

Le GN à l'accusatif est anticipé dans la proposition principale.
On parle alors de prolepse :

Metuo fratrem / [ne intus sit]. (Ter., *Eun.*, 610-611)

J'ai peur [que mon frère ne soit à la maison].

La mise en relief par de + ablatif

De Partho silentium est. (Cic., *Att.*, 5, 16, 4)

Au sujet des Parthes, on n'entend rien dire.

Le syntagme introduit par de peut être détaché en tête de phrase et repris par un anaphorique.

De hoc, Verri dicitur habere eum toreumata. (Cic., *Verr.*, 2, 4, 38)

De cet homme, on disait à Verrès qu'il avait des vases ciselés.

350 La mise en relief par l'ordre des mots

Un syntagme• peut être mis en relief par sa position en tête ou hors de la proposition.

Syntagme en tête de la proposition

Quand un constituant du groupe verbal est mis en tête de phrase, il constitue généralement le thème• de l'énoncé (⟶ paragraphes 260, 345).

Hic servo persuadet (...) *ut litteras ad Caesarem deferat* (...). *Has ille in jaculo illigatas effert.* (Caes., *Gall.*, 5, 45, 3-4)

Celui-ci persuade un esclave de porter la lettre à César. Cette lettre, il la porte attachée à un javelot.

Cum illo vero quis neget actum esse praeclare? (Cic., *Lael.*, 11)

Quant à lui, qui peut dire que le sort ne l'a pas traité remarquablement ?

Syntagme placé hors de la proposition

Un syntagme peut être placé hors de la proposition dans laquelle il remplit une fonction (le plus souvent, il la précède immédiatement), tout en conservant le cas exigé par cette fonction :

Ego [*si Scipionis desiderio me moveri negem*], *quam id recte faciam, viderint sapientes.* (Cic., *Lael.*, 10)

Moi, si je disais que la mort de Scipion ne me touche pas, aurais-je raison ? Que les sages en décident.

Ego est au nominatif, cas qui correspond à sa fonction de sujet de negem. Mais un syntagme peut être très éloigné de la proposition à laquelle il appartient :

Quintum, fratrem meum, si me diligis, eo numero cura [*ut habeas*] *quo me.* (Cic., *Fam.*, 13, 62)

Quant à mon frère Quintus, si tu m'aimes, veuille [en user avec lui] comme avec moi.

Quintum fratrem meum est à l'accusatif, cas exigé par sa fonction de complément d'objet de habeas.

351 Les procédés de focalisation

La mise en relief d'un constituant du propos (ou focalisation) est assurée par la position de ce constituant dans la phrase.

Position post-verbale

Apud Helvetios longe nobilissimus fuit et ditissimus Orgetorix. (Caes., *Gall.*, 1, 2, 1)

Chez les Helvètes, de loin le plus noble et le plus riche était Orgétorix.

Cet ordre est usuel dans les phrases présentatives•, où le verbe sum est souvent en tête (⟶ paragraphe 345) :

Erat ea tempestate Romae Numida quidam nomine Massiva. (Sall., *Jug.*, 35, 1)

Il y avait à cette époque, à Rome, un Numide nommé Massiva.

Position initiale

Duabus his artibus, audacia in bello, ubi pax evenerat aequitate, seque remque publicam curabant. (Sall., *Catil.*, 9, 3)

C'est d'après ces deux principes, audace à la guerre, équité une fois la paix revenue, qu'ils se dirigeaient eux-mêmes et dirigeaient l'État.

352 La progression thématique

Il peut s'agir de progression à thème constant, de progression linéaire ou de progression à thèmes dérivés.

La progression à thème constant

Dans la progression à thème constant, les phrases successives présentent le même thème• et des propos différents :

Ipsi pavore defixi primum steterunt, velut ignari quid accidisset ; deinde insidias vereri ; postremo caesorum spolia legere armorumque cumulos (...) coacervare ; tum demum viam ingressi (...) ad urbem Romam perveniunt. (Liv., 5, 39, 1-2)

Eux aussi, frappés de stupeur, restèrent cloués sur place, comme s'ils ne comprenaient pas ce qui était arrivé ; puis ils redoutèrent une embuscade ; finalement, ils dépouillèrent les cadavres et entassèrent leurs armes ; c'est alors seulement qu'ils se mettent en route et arrivent devant Rome.

Les Gaulois, désignés par ipsi dans la première phrase, constituent le thème des trois phrases suivantes ; à chaque fois, est apportée une information nouvelle les concernant.

La progression linéaire

Dans la progression linéaire, le propos d'une phrase devient le thème de la phrase suivante :

Gallia est omnis divisa in partes tres, quarum unam incolunt Belgae, aliam Aquitani, tertiam qui ipsorum lingua Celtae, nostra Galli appellantur. Hi omnes lingua, institutis, legibus inter se differunt. (Caes., *Gall.*, I, 1, 1-2)

L'ensemble de la Gaule est divisée en trois parties : l'une est habitée par les Belges, la deuxième par les Aquitains, la troisième par ceux qui se nomment Celtes dans leur langue et que dans notre langue nous appelons Gaulois. Ils diffèrent tous entre eux par la langue, les coutumes et les lois.

Le thème de la seconde phrase, hi, reprend Belgae, Aquitani et Celtae, qui font partie du propos de la première phrase.

La progression à thèmes dérivés

Dans la progression à thèmes dérivés, le thème de la première phrase est repris de manière éclatée dans les phrases suivantes :

Omnes hostes terga verterunt neque prius fugere destiterunt quam ad flumen Rhenum milia passuum ex eo loco circiter quinque pervenerunt. Ibi perpauci aut viribus confisi tranare contenderunt aut lintribus inventis sibi salutem reppererunt ; in his fuit Ariovistus (...). Reliquos omnes equitatu consecuti nostri interfecerunt. (Caes., *Gall.*, I, 53, 1-3)

Tous les ennemis prirent la fuite et ne s'arrêtèrent que parvenus au Rhin, distant d'environ cinq mille pas. Là, un petit nombre d'entre eux, soit, se fiant à leurs forces, tentèrent de traverser à la nage, soit cherchèrent leur salut sur des barques qu'ils avaient trouvées ; parmi eux, se trouvait Arioviste. Tous les autres furent rattrapés par notre cavalerie qui les massacra.

Le thème de la première phrase, omnes hostes, est divisé en deux sous-groupes : perpauci et reliquos omnes, qui constituent les thèmes des phrases suivantes.

L'ORDRE DES MOTS EN POÉSIE

353 L'ordre des mots en poésie : généralités

L'ordre des mots est beaucoup plus libre dans les textes poétiques qu'en prose.

La place des connecteurs

Les connecteurs (⟶ paragraphe 245) et subordonnants (⟶ paragraphe 213) ne figurent pas nécessairement en début de phrase :

Hunc ego si potui tantum sperare dolorem,

Et perferre, soror, potero. (Verg., *Aen.*, 4, 419-420)

Si j'ai pu m'attendre à une si grande douleur, je pourrai aussi, ma sœur, la supporter.

Les contraintes métriques

L'ordre des mots est en partie soumis aux contraintes métriques (⟶ paragraphe 7). En effet, les vers sont constitués d'alternances de syllabes longues et de syllabes brèves qui ne permettent pas à n'importe quel mot de figurer dans n'importe quelle position :

Ārmă grăvī nŭmĕrō vĭŏlēntăquĕ bēllă părābăm

ēdĕrĕ, mātĕrĭā cōnvĕnĭēntĕ mŏdīs. (Ov., *am.*, I, I, I-2)

Je m'apprêtais à chanter sur un rythme majestueux les armes et les combats furieux, le sujet convenant à mes mètres.

Dans ce distique élégiaque, qui présente un hexamètre dactylique suivi d'un pentamètre, on remarque que :

– nŭmero, vĭolenta, părabam, bĕlla ou mŏdis ne peuvent figurer en début de vers, parce qu'ils commencent par une syllabe brève ;

– grăvi et numĕro ne peuvent normalement figurer à la fin de l'hexamètre, parce que leur avant-dernière syllabe est brève ;

– edere et conveniente ne peuvent figurer à la fin du pentamètre, à cause de la position de leurs syllabes longues (ēdere et conveniēnte).

La mise en relief de certains mots

Dans le vers, comme dans la phrase, certaines places sont remarquables ; le mot qui les occupe se trouve mis en relief (⟶ paragraphe 354).

354 Les places remarquables dans le vers

Le vers constitue une unité, avec un début, une fin et une coupe. Celle-ci correspond souvent à une pause. Les places initiales, finales et voisines de la coupe mettent en relief le terme qui les occupe.

La place initiale

Elle produit un effet de focalisation• (⟶ paragraphe 351) :

Primus ibi ante omnis magna comitante caterva
Laocoon ardens summa decurrit ab arce. (Verg., *Aen.*, 2, 40-41)

Le premier, là, avant tous, accompagné d'une troupe nombreuse, Laocoon, furieux, descend en courant de la citadelle.

La focalisation est encore plus forte quand il y a un rejet :

Urbs antiqua fuit (Tyrii tenuere coloni) / Karthago. (Verg., *Aen.*, 1, 12-13)

Il y avait une ville ancienne (des colons tyriens l'occupaient), Carthage.

La position finale

Elle produit également un effet de focalisation, en retardant l'apparition du terme le plus important dans le vers :

Hostis habet muros ; ruit alto a culmine Troja. (Verg., *Aen.*, 2, 290)

L'ennemi occupe nos murs ; Troie s'écroule de toute sa hauteur.

Bien qu'il n'y ait pas de rimes en latin, les termes en position finale peuvent se faire écho, assurant ainsi la cohésion du texte poétique :

Et, modo qua graciles gramen carpsere capellae,
nunc ibi deformes ponunt sua corpora phocae. (Ov., *met.*, 1, 299-300)

Et, là où naguère broutaient les chèvres frêles, maintenant posent leur corps difforme des phoques.

Les deux noms mis en relief ici, sont au nominatif et présentent la même désinence finale ; ils soulignent le contraste entre le paysage champêtre antérieur au déluge et le décor maritime qui lui succède.

La position à la coupe

Les termes de chaque côté de la coupe sont mis en relief :

Omnia pontus erant ; // deerant quoque litora ponto. (Ov., *met.*, 1, 292)

C'était partout la mer ; mais il n'y avait pas de rivage à cette mer même.

Les deux verbes ainsi mis en relief, bien qu'apparentés, s'opposent par leur sens (sum : *être* / desum : *faire défaut*) et par leur position.

TABLEAUX DE SYNTHÈSE

L'EMPLOI DES MODES

355 Le subjonctif

en indépendante ou en principale	
atténuation (→ paragraphe 264)	*Velim mihi ignoscas.* (Cic., *Fam.*, 13, 75, 1) Je voudrais que tu me pardonnes.
possibilité (→ paragraphe 264)	*Verearis occursum, non reformides.* (Plin., *epist.*, 1, 10, 7) Tu aurais du respect en le rencontrant, pas de la crainte.
souhait (→ paragraphe 277)	*Utinam illum diem videam !* (Cic., *Att.*, 3, 3, 1) Pourvu que je voie ce jour !
ordre (→ paragraphe 278)	*Miser Catulle, desinas, ineptire.* (Catul., 8, 1) Malheureux Catulle, cesse de te faire des idées.

en subordonnée	
relative (→ paragraphe 215)	*Delegisti quos Romae relinqueres, quos tecum educeres.* (Cic., *Catil.*, 1, 9) Tu as choisi des hommes à laisser à Rome et des hommes à emmener avec toi.
complétive directe (→ paragraphe 220)	*Velim mihi ignoscas.* (Cic., *Fam.*, 13, 75, 1) Je voudrais que tu me pardonnes.
complétive en ut, ne, etc. (→ paragraphe 221)	*Optemus potius ut eat in exsilium.* (Cic., *Catil.*, 2, 16) Souhaitons plutôt qu'il parte en exil.
interrogative indirecte (→ paragraphe 223)	*Quaesivi cognosceretne signum.* (Cic., *Catil.*, 3, 10) Je lui ai demandé s'il reconnaissait le sceau.

circonstancielle de but (⟶ paragraphes 225)	*Esse oportet ut vivas, non vivere ut edas.* (*Heren.*, 4, 39) Il faut manger pour vivre, et non pas vivre pour manger.
circonstancielle de conséquence (⟶ paragraphe 226)	*Sunt ita multi ut eos carcer capere non possit.* (Cic., *Catil.*, 2, 22) Ils sont si nombreux que la prison ne peut les contenir.
circonstancielle de cause (⟶ paragraphe 229)	*Decima legio ei gratias egit quod de se optimum judicium fecisset.* (Caes., *Gall.*, I, 41, 2) La dixième légion le remercia d'avoir eu à son sujet une opinion si bonne.
circonstancielle de temps (⟶ paragraphes 230, 231)	*Is cum Argos oppugnaret, lapide ictus interiit.* (Nep., *Pyr.*, 2) Alors qu'il assiégeait Argos, il (Pyrrhus) reçut une pierre et en mourut.
circonstancielle de concession (⟶ paragraphe 236)	*Non poterant tamen, cum cuperent, Apronium imitari.* (Cic., *Verr.*, 2, 3, 78) Ils ne pouvaient, malgré leur désir, imiter Apronius.
circonstancielle de condition (⟶ paragraphe 243)	*Perfecta quidem sapientia simus, si nihil habeat res viti.* (Cic., *Lael.*, 38) Nous atteindrions la sagesse parfaite, si nous ne commettions aucune faute.

356 Le gérondif et l'adjectif verbal

EMPLOI	LE GÉRONDIF
complément	
à l'accusatif (→ paragraphe 156)	
au génitif (compl. de nom, d'adjectif → paragraphes 148, 184, 187)	*Tacendi tempus est.* (Plaut., *Poen.*, 742) C'est le moment de se taire. *Venandi aut pilae studiosi* (Cic., *Lael.*, 74) Passionnés de chasse ou de jeu de balle
au datif (compl. d'adjectif, de verbe, compl. circonstanciel de but → paragraphes 189, 192, 195)	*Scribendo adfuisti.* (Cic., *Fam.*, 15, 6, 2) Tu as assisté à la rédaction.
à l'ablatif (compl. de moyen, de manière → paragraphes 200, 201)	*Hominis mens discendo alitur et cogitando.* (Cic., *off.*, 1, 105) L'esprit humain se nourrit par l'étude et la réflexion.
avec sum	
au nominatif (→ paragraphe 266)	
avec préposition	
ad, ante + accusatif (→ paragraphes 170, 209)	*Palus Romanos ad insequendum tardabat.* (Caes., *Gall.*, 7, 26, 2) Un marais ralentissait les Romains dans leur poursuite.
in, ex, ab, de + ablatif (→ paragraphe 210)	*Virtutes cernuntur in agendo.* (Cic., *orat.*, 25) C'est dans l'action qu'on voit le courage.

L'ADJECTIF VERBAL

Q. Fabius Gurges Veneris aedem faciendam curavit. (Liv., 10, 31, 9)
Quintus Fabius Gurges fit construire un temple de Vénus.

Spes potiundi oppidi (Caes., *Gall.*, 2, 7, 2)
L'espoir de prendre la place

Peritus civitatis regendae (Nep., *Tim.*, 1, 1)
Habile à diriger une cité

Praeesse agro colundo (Cic., *S. Rosc.*, 50)
être responsable des cultures

Hunc urbi condendae locum elegerunt. (Liv., 5, 54, 4)
Ils choisirent cet endroit pour fonder la ville.

Profundenda voce omne corpus intenditur. (Cic., *Tusc.*, 2, 56)
En lançant un cri, tout le corps se tend.

Praeponenda est divitiis gloria. (Cic., *top.*, 84)
La gloire doit être préférée à la richesse.

Vivis non ad deponendam, sed ad confirmandam audaciam. (Cic., *Catil.*, 1, 4)
Tu vis non pour abandonner, mais pour renforcer ton arrogance.

In amicitiis expetendis colendisque maxime excellit. (Cic., *Lael.*, 30)
Il excelle beaucoup à se gagner des amitiés et à les cultiver.

357 L'infinitif

emploi de l'infinitif

dépendant d'un verbe (→ paragraphe 154)	*Vincere scis, Hannibal ; victoria uti nescis.* (Liv., 22, 51, 4) Tu sais vaincre, Hannibal ; tu ne sais pas profiter de la victoire.
substantivé (→ paragraphes 158, 186)	*Cujusvis hominis est errare.* (Cic., *Phil.*, 12, 2) Se tromper est le lot de tout homme.
dans la proposition infinitive (→ paragraphe 219)	*Sentimus [calere ignem, nivem esse albam].* (Cic., *fin.*, 1, 30) Nous percevons que le feu est chaud, que la neige est blanche.
de narration (→ paragraphe 263)	*Clamor permixtus hortatione, laetitia, gemitu ; strepitus armorum ad caelum ferri ; tela utrimque volare.* (Sall., *Jug.*, 60, 2) Des cris se mêlaient aux exhortations, de la joie, des gémissements ; le fracas des armes s'élevait jusqu'au ciel ; des traits volaient de part et d'autre.
exclamatif (→ paragraphe 272)	*Foras aedibus me eici !* (Plaut., *Asin.*, 127) Me faire jeter hors de la maison !

358 Le supin

forme de supin

en -um (accusatif) avec verbe de mouvement (→ paragraphe 170)	*Rus habitatum abii.* (Ter., *Hec.*, 224) Je suis parti habiter à la campagne.
en -ui (datif), chez Plaute, avec quelques adjectifs (→ paragraphe 195)	*Res lepida memoratui* (Plaut., *Bacch.*, 62) Une chose agréable à rappeler
en -u (ablatif) avec certains adjectifs (→ paragraphe 148)	*Difficile dictu videtur.* (Cic., *Tusc.*, 2, 19) Cela semble difficile à dire.

L'EMPLOI DE UT, CUM, QUOD, NE

359 Ut

adv. interrogatif	
(→ paragraphe 275)	*Ut vales ?* (Plaut., *Most.*, 718) Comment vas-tu ?
conjonction	
+ indicatif proposition circonstancielle de temps (→ paragraphe 231)	*Ut peroravit, surrexit Clodius.* (Cic., *ad Q. fr.*, 2, 3, 2) Lorsqu'il eut finit de parler, Clodius se leva.
proposition circonstantielle de comparaison (→ paragraphe 238)	*Ut sementem feceris, ita metes.* (Cic., *de orat.*, 2, 261) Comme tu auras semé, tu récolteras.
+ subjonctif proposition conjonctive (→ paragraphe 221)	*Optemus potius ut eat in exsilium.* (Cic., *Catil.*, 2, 16) Souhaitons plutôt qu'il parte en exil.
prop. interrogative indirecte (→ paragraphe 223)	*Credo te audisse, ut me circumsteterint.* (Cic., *Att.*, I, 16, 4) Je crois que tu as appris comment ils se sont dressés autour de moi.
proposition circonstancielle de but (→ paragraphes 170, 225)	*Esse oportet ut vivas, non vivere ut edas.* (Heren., 4, 39) Il faut manger pour vivre, et non pas vivre pour manger.
proposition circonstancielle de conséquence (→ paragraphe 226)	*Sunt ita multi ut eos carcer capere non possit.* (Cic., *Catil.*, 2, 22) Ils sont si nombreux que la prison ne peut les contenir.
proposition circonstancielle de condition (→ paragraphe 241)	*Prudentiam, ut cetera auferat, adfert certe senectus.* (Cic., *Tusc.*, I, 94) La vieillesse, à supposer qu'elle emporte tout le reste, apporte du moins la sagesse.

360 Cum

préposition

+ GN à l'ablatif (⟶ paragraphe 210)	*Fit plerumque sine sensu, non numquam cum voluptate.* (Cic., *Tusc.*, I, 82) Cela se fait généralement sans qu'on le sente, et parfois avec plaisir.

conjonction

+ indicatif prop. circonstancielle de temps (⟶ paragraphe 231)	*Cum Artaxerxes Aegyptio regi bellum inferre voluit, Iphicraten ab Atheniensibus ducem petivit.* (Nep., *Iph.*, 2, 4) Lorsqu'Artaxerxès voulut attaquer le roi d'Égypte, il demanda Iphicrate aux Athéniens pour lui donner le commandement.
+ subjonctif prop. circonstancielle de cause (⟶ paragraphe 229)	*Dolo erat pugnandum, cum par non esset in armis.* (Nep., *Hann.*, 10, 4) Il fallait combattre par la ruse, étant donné qu'il n'y avait pas d'égalité dans les forces.
prop. circonstancielle de concession (⟶ paragraphe 236)	*Non poterant tamen, cum cuperent, Apronium imitari.* (Cic., *Verr.*, 2, 3, 78) Ils ne pouvaient, malgré leur désir, imiter Apronius.

361 Quod

conjonction

+ indicatif proposition complétive (⟶ paragraphe 222)	*Accedit quod mirifice ingeniis excellentibus delectatur.* (Cic., *Fam.*, 6, 6, 8) À cela s'ajoute (le fait) qu'il apprécie par-dessus tout les talents exceptionnels.
prop. circonstancielle de cause (⟶ paragraphe 228)	*Miserum te judico, quod numquam fuisti miser.* (Sen., *prov.*, 4, 3) Je te juge malheureux, parce que tu n'as jamais été malheureux.
+ subjonctif prop. circonstancielle de cause (⟶ paragraphe 229)	*Decima legio ei gratias egit quod de se optimum judicium fecisset.* (Caes., *Gall.*, I, 41) La dixième légion le remercia d'avoir eu à son sujet une opinion si bonne.

pronom relatif

+ indicatif
(⟶ paragraphes 68, 125)

Numquam satis dicitur quod numquam satis discitur. (Sen., *epist.*, 27, 9)
On ne répète jamais assez ce qui n'est jamais assez su.

+ subjonctif
(⟶ paragraphe 215)

Plane deest quod ad te scribam. (Cic., *Att.*, 7, 6, 1)
Je n'ai absolument rien à t'écrire.

adjectif indéfini

(⟶ paragraphes 73, 299)

Si quod erat grande vas inventum… (Cic., *Verr.*, 2, 4, 47)
Si quelque vase de bonne taille avait été trouvé…

362 Ne

adv. interrogatif

(⟶ paragraphe 273)

Visne fortunam experiri meam ? (Cic., *Tusc.*, 5, 61)
Veux-tu faire l'expérience de ma situation ?

expression de la défense

+ subjonctif présent
(⟶ paragraphe 279)

Ne difficilia optemus ! (Cic., *Verr.*, 2, 4, 15)
Ne demandons pas des choses difficiles !

+ subjonctif parfait
(⟶ paragraphe 279)

Ne mortem timueritis ! (Cic., *Tusc.*, 1, 98)
Ne craignez pas la mort !

conjonction

+ subjonctif
proposition (conjonctive)
(⟶ paragraphe 221)

Moneo [ne faciatis]. (Cic., *Rab. Post.*, 18)
Je vous engage à ne pas le faire.

Vereor etiam [ne durior sim]. (Cic., *ad Q. fr.*, 1, 1, 17)
Je crains aussi d'être trop exigeant.

circonstancielle de but
(⟶ paragraphe 225)

Vercingetorix jubet portas claudi, [ne castra nudentur]. (Caes., *Gall.*, 7, 70, 7)
Vercingétorix fait fermer les portes, pour que le camp ne se vide pas.

INDEX

INDEX DES NOTIONS

d

e

f

g, h

i

l

m

q, r

s

t

v

INDEX DES MOTS LATINS

a

b

c

d

j, k, l

m

n

o

p

Cet ouvrage est composé en Gill Sans, en Perpetua et en Pill.
Le Gill Sans est un caractère "bâton" ; son dessin associe la simplicité des formes géométriques à une vivacité du trait qui rend sa lecture fluide et agréable.
Il est utilisé pour le texte courant, pour énoncer "la règle" et pour la commenter.

ABCDEFGHIJKLMNOPQRSTUVWXYZ
abcdefghijklmnopqrstuvwxyz

Le Perpetua est un caractère "à empattement" ; son italique, raffiné, rappelle l'écriture et la littérature. Il est utilisé pour les exemples et pour les traductions.

ABCDEFGHIJKLMNOPQRSTUVWXYZ
abcdefghijklmnopqrstuvwxyz

Le Gill Sans et le Perpetua, bien que très différents, furent créés par le même dessinateur, Eric Gill, dans les années 20. Ils se complètent ainsi grâce à certaines caractéristiques communes dues à la main de leur créateur.

Le Pill est un caractère hybride, mélange du Gill Sans et du Perpetua.
Il est utilisé dans sa version à empattement pour les mots latins dans la règle, et dans sa version incise pour les titres de chapitre ou de partie.

ABCDEFGHIJKLMNOPQRSTUVWXYZ
abcdefghijklmnopqrstuvwxyz
ABCDEFGHIJKLMNOPQRSTUVWXYZ
abcdefghijklmnopqrstuvwxyz

Conception graphique et réalisation :
c-album — Jean-Baptiste Taisne, Bruno Charzat, Guillaume Lanneau

Achevé d'imprimer en Espagne par Macrolibros
Dépôt légal : 93175-8/09 - octobre 2016